DIREITO ROBÓTICO:
PERSONALIDADE JURÍDICA DO ROBÔ

DIREITO ROBÓTICO:
PERSONALIDADE JURÍDICA DO ROBÔ

MARCO AURÉLIO DE CASTRO JÚNIOR

Salvador
2019

Mãos dadas.

Não serei o poeta de um mundo caduco.
Também não cantarei o mundo futuro.
Estou preso à vida e olho meus companheiros
Estão taciturnos mas nutrem grandes esperanças.
Entre eles, considero a enorme realidade.
O presente é tão grande, não nos afastemos.
Não nos afastemos muito, vamos de mãos dadas.
O tempo é a minha matéria, o tempo presente, os homens presentes,
a vida presente.

Carlos Drummond de Andrade[1]

[1] Andrade, C.D. (1983). *Nova reunião: 19 livros de poesia* (Vol. 1, pp. 78). Rio de Janeiro: Livraria José Olympio Editora S.A.

Dedico este livro, o meu primeiro, a minha filha Maria, que fez minha vida e meu mundo melhores, na esperança de que o mundo seja um lugar melhor para todos e que todos os Homens tenham o privilégio de encontrar suas Marias.

PREFÁCIO

Trata-se da 2ª edição do livro, desta vez em formato Kindle. Ele cuida do robô da singularidade tecnológica que poderá advir em poucos anos. Para poder afirmar que esse robô deve ser tratado como sujeito de direito, como uma pessoa individual, o Autor fez profunda pesquisa sobre o que caracteriza o Homem, apresentando seu conceito na filosofia desde os pré-socráticos até os filósofos contemporâneos.

Em seguida procura compreender que caracteres do Ser Humano o Direito se apropria ou utiliza para trata-lo como sujeito de direitos em oposição aos objetos do direito.

O livro envereda pela análise da teoria da evolução darwiniana para apresentar a ideia de que o robô da singularidade tecnológica, fenômeno ímpar que pode ocorrer nos próximos anos, poderá ser a evolução do Homo Sapiens.

Busca, ainda, demonstrar que o processo evolutivo, lento, pode não ser caracterizado como inteligente e, sendo assim, é possível que de uma base não inteligente possa surgir inteligência e de uma menos inteligente uma mais inteligente.

O livro avança no tratamento do tema sempre procurando apresentar exemplos elucidativos.

A obra passeia pela lógica paraconsistente de Newton da Costa e pelos teoremas da incompletude de Göddel, bem como pela Lei dos Retornos Acelerados de Ray Kurzweil.

Da psicanálise de Freud e Lacan procura extrair os conceitos de consciência e inconsciente para tratá-los sob a ótica da robótica, cibernética e inteligência artificial.

Discute ainda os fatores que podem propiciar a ocorrência da singularidade tecnológica, como a nanotecnologia, a computação quântica e o big data.

O autor trata ainda de temas como inteligência, natural, animal, humana e artificial e o conceito de vida biológica e vida artificial para aduzir que o robô da singularidade tecnológica deverá ser tratado como ser vivo.

O que mais impressiona é que Marco Aurélio de Castro Júnior vem cuidando do tema, seja em palestras, no Brasil e no exterior, seja em publicações, desde 2000, sendo pioneiro no campo de estudo no Brasil e um dos primeiros no mundo a tratar do tema dessa forma. A primeira edição do livro veio a lume quando nenhuma outra obra, seja no Brasil, seja no exterior, tinha sido publicada especificamente sobre o tema.

É a obra seminal para tratar de direito robótico e leitura obrigatória para todos que querem estar em dia com os mais assombrosos avanços da humanidade.

Rodolfo Pamplona Filho

Juiz Titular da 1ª Vara do Trabalho de Salvador/BA (Tribunal Regional do Trabalho da Quinta Região). Professor Titular de Direito Civil e Direito Processual do Trabalho da Universidade Salvador — UNIFACS. Professor Adjunto da Graduação e Pós-Graduação em Direito (Mestrado e Doutorado) da Faculdade de Direito da UFBA.

AGRADECIMENTOS

Na primeira edição fiz agradecimentos específicos a pessoas que contribuíram diretamente para a consecução daquela edição. Repito aqui todos aqueles agradecimentos.

Agradeço nesta edição a todos que seguiram e seguem ao meu lado desde então, especialmente aos meus pais, Carmen e Marco, pelo imenso amor e permanente incentivo à boa formação intelectual e moral.

Agradeço aos meus saudosos avós, Oscar, Hilda, Zelina e Claudionor, que povoam muitas de minhas melhores lembranças.

Agradeço a minha amada mulher, Célia, pela paciência, compreensão e estímulo para que esse e tantos outros trabalhos chegassem ao fim ainda que à custa de maior e mais desejada convivência. e por, a todo momento, me fazer ver o mundo de outra perspectiva.

Agradeço às minhas filhas Maria e Rafaela pela alegria maior de ser seu pai. Ser pai de meninas inteligentes, lindas e carinhosas é o maior presente que já recebi.

Agradeço a meu irmão e compadre, Adriano, por me mostrar que a arte é essencial para a vida.

Agradeço ao meu amigo professor Rodolfo Pamplona Filho, que sempre teve uma palavra de estímulo quando outros criticavam, mesmo, muita vez termos opiniões divergentes, aceitando, mais uma vez, prefaciar a obra.

Agradeço ao meu professor Augusto Aras pelas frequentes e interessantes discussões filosóficas sobre o tema desse trabalho e outros que sempre se seguiram em nossas conversas, e por, muito antes, pelo exemplo, ter me tornado professor.

Somente tenho a agradecer aos meus Colegas do Escritório, da Procuradoria e da Faculdade. Eles sempre estão prontos a me ajudar e alertas para mostrar outras visões do mundo.

Agradeço aos meus alunos, a todos eles, estímulo permanente para manter viva a vontade de aprender e conhecer. Saibam eles que mais aprendo do que ensino.

SUMÁRIO

1 INTRODUÇÃO

O avanço da tecnologia em velocidades crescentes tem tornado o que até pouco tempo era ficção em realidade concreta. A desmaterialização e a desterritorialização das atividades humanas propiciada pelo alargamento do acesso a redes mundiais de computadores, a popularização de plataformas de comunicação portáteis, a desagregação dos instrumentos modernos de produção dos seus suportes físicos com a computação em nuvem criam uma realidade impensável até pouquíssimo tempo, destronando paradigmas amalgamados há muito.

Em um primeiro contato, poder-se-ia pensar ser esta uma obra de ficção científica, mas ver-se-á que esta não é a proposta. Essa reação não me causa espanto, mas é preciso rememorar que outrora as viagens espaciais, a telecomunicação sem fio e a clonagem eram obras de ficção científica e tornaram-se realidade em pouco tempo. O celular tornou-se instrumento indispensável do cotidiano até de crianças. O uso do GPS se alastra rapidamente, inclusive em países em desenvolvimento como o Brasil e para os mais diversos fins, sejam recreativos, seja para segurança pessoal ou de bens em trânsito. A clonagem aproxima-se cada vez mais de ter sua realização confirmada em seres humanos. A substituição de órgãos humanos por partes fabricadas, ficção científica até há pouco, vai se tornando uma realidade e faz com que o Homem tenda à imortalidade, com sua ciborguização, como já ocorre com algumas pessoas, inclusive famosas, a exemplo de Stephen Hawking, que sem sua aparelhagem tecnológica não conseguiria andar e se comunicar.

Isso muito se assemelha às avessas ao romance O Homem Bicentenário[2], no qual o protagonista robô busca humanizar-se e nes-

---

[2] ASIMOV, Isaac. **O homem bicentenário**. Trad. de Ronaldo Sergio de Biasi. Rio de Janeiro: Record, 1994, p. 251.

se seu intento compreende que a condição humana implica, dentre outras coisas, a finitude temporal da vida, quando, então, passa a persegui-la, inclusive em Juízo. A proposta deste trabalho é a discussão de problemas antes que eles cheguem ao cotidiano e aos tribunais: O advento de máquinas mais inteligentes que os humanos resultará em sua personalidade jurídica? O conceito jurídico de pessoa atualmente existente no Brasil abarca a compreensão do robô como pessoa de direito? Não é um trabalho visionário, é apenas um planejamento de estudo jurídico para uma realidade por vir.

Basta ver que já se discute, no âmbito jurídico, temas impensáveis até há pouco tempo, como os direitos dos clones, as provas produzidas na internet, a validade das prisões de pessoas localizadas pela triangulação de sinais de GPS e celulares, os tratados internacionais sobre exploração extraterrestre, as questões previdenciárias decorrentes da maior longevidade humana, fruto dos desenvolvimentos científicos, dentre outros. Aproxima-se o tempo em que questões filosóficas, morais e jurídicas sobre, se não a eternidade, ao menos a maior longevidade do Ser Humano haverão de ser discutidas em outras bases.

Não é preciso, portanto, ir longe para ver que a atual realidade supera a ficção, tornando o trabalho dos autores daquele gênero literário cada vez mais difícil, pois o imaginado se realiza em curto espaço de tempo. Verifique-se que as ideias de Darwin ganharam o mundo e o mudaram para sempre em cerca de dez anos; que Einstein passou de um absoluto desconhecido a um dos maiores gênios da Humanidade em poucas décadas e que entre o primeiro voo do mais pesado que o ar e a chegada do Homem à Lua passaram-se menos de setenta anos! Todos esses eventos foram presenciados, do início ao ápice pelas mesmas gerações a eles contemporâneas. Tudo acontece muito rápido e numa aceleração crescente, exponencial, e o panorama que aqui se recolhe informa que a atual geração poderá vir a conhecer máquinas tão ou mais inteligentes que os Homens, ainda na primeira metade do primeiro século desse milênio.

Mas a poesia está latente para quem sabe vê-la e do título a última palavra, o pequeno grande poema "Mãos Dadas", de Carlos Drummond de Andrade[3], em tudo parece se amalgamar ao que penso acerca desse tema. Verdadeiramente, é preciso estar de mãos dadas para enfrentar essa questão que poderá se tornar insuperável em pouco tempo.

Além da necessidade de comunhão de esforços, profetizada no título do poema, sinto-me, "ainda que mal comparado"[4], para parafrasear outra poesia de Drummond, como ele. Não sou fã de ficção científica, não quero falar de futurologia, pretendo, apenas, diante da '"enorme realidade"[5], real ou virtual, tentar compreendê-la.

Tratar do tema abordado neste livro é de complexidade evidente. Aborda-se, a um só tempo, concepções humanísticas, filosóficas, religiosas, biológicas, existenciais, técnicas, psicológicas, especialmente psicanalíticas e jurídicas, ponto de chegada do estudo e sob a ótica do qual foi elaborado.

Evidentemente que não seria possível no escopo de um trabalho jurídico tratar pormenorizadamente de todas as questões circundantes, sob pena de perder-se o foco principal, mas elas foram em maior ou menor grau enfrentadas naquilo que julguei pertinente e indispensável para a compreensão do pensamento aqui desenvolvido.

Daí, por que, antes de ingressar em temas estritamente jurídicos impôs-se percorrer os caminhos da informática e dentro deles os da cibernética e inteligência artificial e, nesta, a robótica, fazendo-se referência à vida artificial.

Forçoso foi perquirir sobre aspectos psicológicos e cognitivos para tocar em temas como inteligência, mente, personalidade, consciência e inconsciente.

No sobrevoo pela filosofia, indagou-se sobre o que é ser Homem e pessoa e o que, dos caracteres constitutivos do conceito do Homem, o direito apreende para tratar da sua personalidade jurídica.

Nos domínios da lógica e da matemática, caminhou-se rapida-

---

[3] ANDRADE, Carlos Drummond de, *op. cit.*, loc. cit.

[4] *Ibidem*, p. 460.

[5] *Ibidem*, p.78.

21

mente desde a antiguidade à lógica paraconsistente, que não afasta o terceiro e, assim, serve, dentre outros, de fundamento para os sistemas de inteligência artificial, bem como se trilhou o difícil e às vezes incompreendido caminho da incompletude dos sistemas, de todos os sistemas.

Na biologia, especificamente na teoria da evolução, colheu-se elementos que podem ser usados para relacioná-la com a lei dos retornos acelerados, aplicável à evolução biológica e tecnológica. Ademais, foi no trabalho dos biólogos Maturana e Varela, evidentemente, em conjunção com a cibernética, que se recolheu o conceito de ser vivo aqui utilizado.

Da psicanálise vieram os conceitos de consciência, id, ego, superego e principalmente inconsciente, relacionando-o com a informática, pela analogia com o *software e sistema operacional.*

Tudo isso para poder chegar até o ponto de se discutir se efetivamente é possível que os robôs tenham personalidade jurídica e se o direito positivo comporta tal entendimento.

Não fui além disso para discutir quais direitos da personalidade poder-se-ia vislumbrar para os robôs, limitando-se a fazer meras referências a variações decorrentes do estágio de desenvolvimento dessas máquinas, haja vista que tal esforço mereceria nova obra, a ser elaborada no futuro, seja pelo Autor, seja por outros estudiosos. Igualmente não avancei, (no estudo da pessoa jurídica) porque, uma vez tratado como pessoa singular, talvez se torne inócua essa discussão.

Busquei, ainda, fazer uma pequena incursão no Direito Anglo-Saxônico, não apenas para informar como a doutrina tem tratado da questão em seus domínios, mas também, para evidenciar, como era de se esperar, que o caminho para as soluções podem ser diversos dos que podem ser palmilhados pelo sistema do direito continental europeu, especificamente em Portugal e no Brasil.

Do direito consuetudinário pesquisei, ainda jurisprudência e legislação relativas aos robôs, dada a ausência, até onde se pode verificar, de normas nacionais ou lusitanas — nosso mais próximo exemplo — sobre a matéria.

Deliberadamente deixei de lado o direito oriental, limitando-me a trazer notícias filosóficas sobre a visão existente acerca do lugar do Homem e das demais criaturas na natureza e alguns poucos exemplos de fabrico de figuras humanas.

Noticiei, nesse passo, que a doutrina nacional é quase inexistente sobre o tema específico, tendo sido encontrados apenas um artigo escrito pelo próprio Autor em 2000 e uma referência ao tema em outro artigo posterior. Mesmo no exterior, não há, até onde se pôde verificar, um único livro específico sobre o tema aqui abordado, existindo poucos artigos e raríssimas obras que relacionam robótica e direito.

Esta obra apresenta uma estrutura dividida em seis capítulos, sendo a introdução, capítulos de desenvolvimento e a conclusão.

O **primeiro capítulo** do desenvolvimento apresenta algumas **noções sobre o antropocentrismo e as diversas visões antropocêntricas na filosofia, desde o período cosmológico até os dias de hoje. Além disso, este capítulo traz considerações sobre a condição humana.** Assim, pode ser verificado se tais elementos são exclusivos dos seres humanos ou passíveis de adoção para outros seres vivos e inanimados, mediante a desconstrução do conceito de homem.

O **segundo capítulo** do desenvolvimento apresenta um estudo sobre os conceitos jurídicos associados ao Homem e à pessoa, bem como o tratamento jurídico dado no Direito Brasileiro e em outros ordenamentos. Estudei ainda, sob uma ótica desconstrutivista, a condição pós-humana como contraponto e complemento à ideia de humanidade para a corroboração dos argumentos elencados. Este capítulo é encerrado com um estudo da personalidade jurídica e do conceito de vida.

O **terceiro capítulo** do desenvolvimento **aprofunda as questões técnicas associadas à robótica**, tratando de temas como a cibernética, inteligência artificial, robô, supercondutividade, nanotecnologia, computação quântica, lei dos retornos acelerados, dentre outros fatores que podem contribuir para o advento da singularidade tecnológica. Este capítulo traz elementos indispensáveis a compreensão da proposta apresentada neste trabalho. Sem tais conhecimentos a compreensão dos argumentos restará extremamente prejudicada.

O **quarto capítulo** do desenvolvimento, núcleo deste livro, reafirma de maneira sistemática o que foi até aqui levantado. **São apresentados os critérios e argumentos de reconhecimento da personalidade jurídica do robô**. Também são apresentadas as três leis da robótica e a visão da jurisprudência e da escassa legislação acerca do tema.

Muito tempo levei para compreender que esta obra não pode ser completada no momento. Mas, por que publicá-la então? Porque é preciso. Por que dez anos de pesquisas e quase quatro centenas de obras examinadas resultaram em uma tese de doutorado. Antes disso, porém, permaneceram latentes, com apenas pequenos lampejos, na forma de dois artigos publicados e algumas palestras ministradas.

Essa latência entre concepção e publicação não me é exclusiva e me sinto muito honrado nesse particular com a companhia de Darwin e Gödel — foi experimentada também por, pelo menos, dois autores consultados de áreas diversas da jurídica e, antes de ser danosa, foi proveitosa para uma dialética interna se estabelecer em mim e produzir bons efeitos.

É uma tese, não uma verdade absoluta. A própria tese foi adiada, deixada de lado, desestimulada por alguns mestres, incompreendida quando parcialmente divulgada em palestras, mas pelos desdobramentos do destino, a minha linha de pesquisa do doutorado foi abruptamente extinta após meu ingresso, já com minha primeira tese sobre uso de tratados para evitar pluritributação no comércio Brasil — China praticamente pronta e dois anos de investimentos em pesquisas, viagens, tempo e dinheiro.

Se era assim, por que não avançar com o direito robótico? Era o que me faltava para, em dois meses, escrever a nova tese. Após a defesa, mais de um ano de novas leituras, aprofundamentos e reflexões, foi necessário para resultar nesta obra, ainda assim em constante elaboração.

Convido a uma leitura que, talvez, exija desapegar-se da visão antropocêntrica do mundo para, sem preconceitos, aceitar outras opiniões sobre a vida e pessoa individual. Talvez sem isso não sejam completamente apreensíveis as minhas ideias. Convido, também, a postura aberta a novos sentidos para conceitos já arraigados, que *a priori* tenham sido concebidos, pois, talvez, eles possam não ser mais úteis dentro de algum tempo.

Muito me ajudou uma postura pessoal de algum modo irreverente, umas poucas vezes quase anárquica, meu respeitoso agnosticismo ainda sustentado, minha apriorística e persistente dúvida sistemática e abertura para o novo sem desprezo pela experiência, até porque aqui não se inventa a roda, mas, antes, se constrói sobre alicerces existentes, alguns há mais de um século.

A obra parte de algumas áreas de conhecimento fora do direito, bem ao molde de minha concepção de que o direito é apenas uma parcela ínfima do conhecimento, importante, mas não acima das outras, não uma ilha, mas uma gleba. Por isso precisa se comunicar com o mundo.

Portanto, como o direito era para efeito de construção e desconstrução do núcleo título da obra, insuficiente, foi preciso ir beber nas fontes da biologia, lógica, matemática, psicanálise, informática, cibernética e filosofia, para, então retornar ao direito e, assim, conhecendo o que na minha concepção, serviu para a construção do conceito jurídico de pessoa, poder dizer que um robô pode assim ser adjetivado.

Não são ideias fáceis de serem assimiladas ou mesmo aceitas, mas, penso, há uma coerência interna própria que me permitiu escrever o que aqui se lê.

Também não pretendo atrair seguidores ou profetizar. A obra aqui entregue não está acabada. Muitas outras fontes que julgo serem dignas de exame já estão à minha espera em minha biblioteca e, eventualmente, serão incorporadas ao trabalho.

Todavia, se durante uma década a latência fora importante, já não é mais, porque conscientizei-me da importância de fazer e de ser essa obra apenas uma ponte para um futuro que pode, mesmo, não advir. Contudo, se vier na forma esboçada, poderá encontrar utilidade nas páginas seguintes.

Se permanentemente inacabada, a sua publicação atual não causa prejuízo, pois eventuais acréscimos a comporão, mas não a concluirão, ao menos diante de minha concepção atual.

Outros virão para desconstruí-la, ajustá-la, refutá-la, completá-la, ignorá-la, enfim, dar-lhe existência.

Espero que a leitura seja tão agradável como o prazer de escrevê-la, mas sem a tortura de confrontá-la com ideias arraigadas e não encontrar respostas fáceis, prontas ou qualquer manifestação próxima de aprovação.

Houve, em realidade, também, grande esforço próprio e sacrifício de minha convivência familiar. Muitas e muitas páginas foram escritas no carnaval baiano, na Praia do Forte, no *réveillon*, nas férias, em momentos familiares jamais recuperáveis. Aqueles dias não voltarão; os pedidos de minha Maria para estar com ela na piscina aos seus 3 e 4 anos eu jamais ouvirei de novo; os momentos com minha amada Célia, também, não serão revividos. O preço pago foi alto e o resultado vos entrego de coração.

Desde a primeira publicação da obra, pela Editora Juruá, em 2013, com o título "Direito e pós-humanidade: quando os robôs serão sujeitos de direito, o desenvolvimento continua sendo acelerado e não dá mostras de arrefecer.

Nesta nova edição, com o novo título — que, aliás, sempre foi o de minha predileção — fiz algumas revisões, mas não pretendi esgotar a tratativa da casuística, desde então, dada a enormidade de exemplos de robôs que surgiram.

Nos últimos quatro anos, o que mais tem contribuído para os avanços na área da inteligência artificial, em meu sentir, é o aprendizado de máquina (*machine learning*) e o desenvolvimento dos sistemas de *big data*. Acerca deles faço breves referências no capítulo apropriado.

Agora a obra já não me pertence. É dos leitores. Façam bom proveito.

2 ALGUMAS NOÇÕES GERAIS SOBRE O ANTROPOCENTRISMO

O ponto de partida e de chegada do Direito tem sido o Homem. Universal e historicamente, o Direito é visto sob a perspectiva antropocêntrica, na qual é feito pelo Homem, para o Homem e em razão do Homem.

Essa visão jurídica pode vir a sofrer forte abalo em curto espaço de tempo se todas as previsões, lastreadas em dados técnicos e empíricos, se concretizarem e surgirem robôs realmente inteligentes, ou, como talvez seja melhor colocado, que pareçam inteligentes, porque agem de modo aparentemente inteligente, indistinguível, em seus resultados, ao que um humano faria.

O paradigma fundamental do Direito, como de resto quase tudo de origem humana, é o seu antropocentrismo. Sem o Ser Humano, sem as pessoas não haveria direito por esse paradigma.

Lecionando sobre a natureza antropocêntrica do Direito, aduz Vasconcelos[6]:

> *A pessoa humana constitui o fundamento ético-ontológico do Direito. [...] sem pessoas não existiria o Direito. O Direito existe pelas pessoas e para as pessoas. Tem como fim reger a sua interação no Mundo de um modo justo. As pessoas constituem, pois, o princípio e o fim do Direito.*

Essa visão do mundo é antropocêntrica e, de tudo que se viu nos últimos séculos, notadamente com o surgimento da ciência, do iluminismo e do positivismo não poderia deixar de ser, embora, como toda perspectiva, seja limitada.

Todavia, com o surgimento da tecnologia mais recente, fundada no silício, mas certamente não limitada a ele, esse paradigma tende a ser questionado. As máquinas estão se tornando não apenas

---

[6] VASCONCELOS, Pedro Pais de. **Direito de personalidade**. Coimbra: Almedina, 2006, p. 6.

onipresentes e onipotentes, mas, sobretudo, inteligentes, talvez a ponto de se igualar aos seres humanos e, mesmo superá-los, tornando-se oniscientes. Poderá chegar o dia em que os ultrapassem em capacidade cognitiva geral, racional, como já o fazem em força física, e atinjam o nível de consciência de sua existência própria, apartada do outro e cheguem a ter sentimentos.

Nesse momento, ou um pouco antes, de nada pode adiantar a civilização calcada no Homem, centro de tudo, pois o Homem poderá se tornar obsoleto, desprezível, descartável e, até mesmo, subjugado.

Segundo Negroponte[7],

> *A mudança dos átomos para os bits é irrevogável e não há como detê-la. A digitalização possui muitos méritos, entre os quais a compressão de dados e a correção de erros, o que é importante na transmissão da informação através de um canal caro e ruidoso. Isso, porque os bits misturam-se facilmente e podem ser infinitamente reutilizados juntos ou isoladamente. Ademais é possível incluir um bit de controle, com dados sobre os outros bits. Essas características permitem adensar informações em um nível nunca antes pensado, desmaterializando-a. Um simples cd pode comportar cerca de cem obras clássicas, leitura suficiente para cinco anos.*

A razão de ser desse esforço teórico é apresentar um cenário no qual os robôs, aqui também chamados indistintamente de máquinas ou computadores, passam a ter direitos como os humanos, outorgados por estes e não criados por elas, se for possível, para que o paradigma existencial atual, o sistema jurídico nos moldes em que vigora, a visão de mundo antropocêntrica não desmorone, não se arruíne, algo que, em princípio, ninguém há de desejar.

Essa visão de mundo antropocêntrica começou a ser desconstruída quando Nicolau Copérnico, seguido de Galileu Galilei[8], causou a primeira ferida narcísica no Homem ao destruir sua percepção

---

[7] NEGROPONTE, Nicholas. **A vida digital**. Trad. de de Sérgio Tellaroli. 2. ed., 2. reimp. São Paulo: Companhia das Letras, 1997, p. 10.
[8] BANFI, Antonio. **Galileu**. Trad. de de Antonio Pinto Ribeiro. Lisboa: Edições 70, 1986.

de mundo geocêntrica, substituindo-a pela visão heliocêntrica do sistema solar.

Em decorrência disso, o Mundo deixava de ser o centro do Universo e passava a gravitar em torno do Astro Rei, o Sol. O lugar de morada do ser considerando o mais importante abaixo de Deus, o Homem, que naturalmente deveria ser o centro do Universo, era deslocado, desalojado dessa posição.

Uma segunda ferida narcísica foi ocasionada pela teoria darwiniana[9] da evolução[10] das espécies. A origem do Homem deixava de ser divina. O Ser humano não foi criado à imagem e semelhança de Deus, tal como é, mas, é o que é em decorrência de um longo processo evolutivo, através do qual, *grosso modo*, os aptos persistem e os menos adaptados sucumbem, resultando no surgimento de novas espécies capazes de se desenvolver em plenitude em cada rincão do mundo. É nessa seara que o homem se imiscui atualmente com a engenharia genética. Talvez seja assim que se possa, eventualmente, superar o robô inteligente.

O Homem passou a estar mais próximo dos outros primatas do que de Deus, em relação à sua origem. A Deus se reservara o lugar de adoração e crença, não de criação humana.

A percepção, então, era de que o Homem era conhecedor do universo, ciente de sua posição, mas cioso e orgulhoso daquilo que, se pensava, o distinguia de todas as demais espécies: ser racional. E a razão científica dava causa e esteio. Ser racional e poder governar-se com autonomia, ciente e consciente de tudo que o cerca, do que é, do que pode, do que realiza, do que quer, permitia considerar-se, enquanto espécie, superior às demais. Por isso, sujeito de Direito *e não* objeto do Direito, haja vista que na escala evolutiva teria atingindo o ápice, o cume.

A razão positiva, cartesiana e científica, exercida somente pelo

---

[9] DARWIN, Charles Robert. **A origem das espécies por meio da seleção natural**. Trad. de André Campos Mesquita. Tomo I. 2. ed. Escala, São Paulo, 2008.
[10] DESMOND, Adrian e MOORE, James. **Darwin: a vida de um evolucionista atormentado**. Trad. de Gustavo Pereira *et alii*. São Paulo: Geração editorial, 1995.

Homem, fruto de seu total domínio e controle de seu ser lhe dava a nota de destaque, afastando-o dos demais seres vivos.

Nessa linha de raciocínio, haveria uma hierarquia evolutiva. Seria o ser humano a espécie mais avançada, mais evoluída porque subjuga as demais e molda o mundo à sua forma, do jeito que deseja, ressalvadas as forças incontroláveis da natureza. Tudo governado pela razão, pela conduta absolutamente consciente.

Seriam mais evoluídos do que uma barata, por exemplo, embora ela tenha presenciado a chegada e a extinção dos dinossauros, sobreviva a hecatombes, possa naturalmente nadar e voar, ficar dias sem respirar ou comer, andar proporcionalmente mais rápido que os humanos, captar aromas e sabores em maior profusão que os homens, ser mais sensíveis e reagir mais rapidamente a ataques, poder comer coisas que aqueles não digerem, enfim, ser perfeitamente adaptada à vida em qualquer circunstância e ambiente existente na terra, com exceção das áreas cobertas de água e dos polos.

Onde os humanos morreriam de fome, frio, calor, doenças, sufocados, afogados etc., esses animais, considerados inferiores na escala evolutiva, proliferariam alegremente, embora não moldem o mundo à sua maneira, mas se adaptem a ele.

E os humanos seguem considerando-se mais evoluídos, relacionando inteligência, capacidade de resolver, racional e conscientemente, problemas rapidamente com a evolução, embora nada haja que comprove a relação entre inteligência e evolução, até, porque o conceito de evolução proposto por Darwin[11] não se relacionava com a inteligência, mas com a capacidade de adaptação. Não há relação entre evolução pelo método da seleção natural e a inteligência.

Conforme lecionam Maturana e Varela[12], todos os seres vivos são iguais enquanto vivos, posto que um ser vivo está adaptado ao seu meio até que se desintegre, e que, em relação a isso, sua condição de variação se mantém. Como todos estão vivos, todos cumpriram

---

[11] DARWIN, Charles Robert, *op. cit.*
[12] MATURANA, Humberto R; VARELA, Francisco J. **A Árvore do Conhecimento** - as bases biológicas da compreensão humana. São Paulo: Palas Athena, 2007.

todos os requisitos para uma ontogenia ininterrupta. Logo, não há sobrevivência do **mais** apto; sobrevive o apto, o que se mantém em equilíbrio com o meio.

Ademais, é preciso considerar que o meio é um ininterrupto "seletor" das modificações estruturais que o organismo conhece em sua ontogenia. Num sentido estrito, acontece a mesma coisa com o meio, posto que o acoplamento estrutural é sempre mútuo: o meio e o organismo são alterados. Neste contexto, a conservação dos organismos como sistemas dinâmicos em seu meio depende de uma compatibilidade organismo/meio. É o que se denomina *adaptação*.[13]

Entende-se por ontogenia a história das modificações estruturais de uma unidade, sem que sua organização seja perdida. Essas modificações acontecem como diferenciações originadas por interações oriundas do meio em que se encontra ou, como decorrência de sua dinâmica interna. As transformações ontogenéticas de uma unidade continuam até que ela se desintegre.[14]

Portanto, inteligência não pode ser atributo da evolução, pois um processo que dure bilhões de anos não pode ser considerado inteligente. Prudente sim, mas inteligente não. Ademais, a evolução gerou um código genético não muito eficiente — embora assombrosamente interessante — cheio de redundâncias e sequências que não computam, ou seja, que não geram proteínas. Kurzweil[15] cita o exemplo de uma sequência aparentemente insignificante chamada ALU, compreendida por 300 (trezentos) pares de nucleotídeos, que ocorre cerca de 300.000 (trezentas mil vezes) no genoma humano, equivalente a mais de 3% (três por cento) dele!

Contudo, o programa genético funciona relativamente bem. Basta ver que a molécula da hemoglobina é criada cerca de 500.000.000.000.000 (quinhentas trilhões de vezes) por segundo.

---

[13] *Ibidem*, p. 115.
[14] *Ibidem*, p.86.
[15] KURZWEIL, Ray. **After the singularity:** a talk with Ray Kurzweil. Disponível em: <www.kurzweilai.net/meme/frame.html?main=/articles/art0451. html?>. Acesso em: 05 jan. 2009.

Tendo mais de 500 (quinhentos) aminoácidos em cada molécula, resulta em $15x10^{18}$ operações de leitura a cada minuto pelos ribossomos!

Além disso, os erros de processamento químico da informação genética ocorrem na ordem de um em cada bilhão de replicações de pares de bases, o que seria considerado no computador um erro de paridade, ou seja, que pode ser detectado e corrigido por outros níveis do sistema. Kurzweil[16] revela alguns dados impressionantes do DNA, denotativo de sua capacidade de processamento:

As linhas de DNA em uma única célula mediriam até seis pés (cerca de dois metros) de comprimento se alongada, mas um método de organização elaborado enrola para que caiba em uma célula de 1/2500 de um centímetro de lado a lado. Com quatro letras no alfabeto, cada fileira está codificando dois bits de dados em código digital. Enzimas especiais podem copiar essas informações separando cada par de base e juntando duas moléculas idênticas de DNA ao combinar os pares de bases quebradas. Outras enzimas verificam a validade da cópia ao checar a integridade da ligação de pares de base. Com esses passos de cópia e validação, esse sistema químico de processamento de informação comete aproximadamente um erro em um bilhão de replicações de pares de bases. Além disso, redundância e correção de erros são construídos na própria informação digital, e então mutações significativas resultantes de erro na replicação no par de bases são raras. A maior parte dos erros resultantes da taxa de um em um bilhão de erros irá resultar no equivalente de um erro de "paridade", um erro que pode ser detectado e corrigido por outros níveis do sistema, que irão prevenir a parte incorreta de causar dano significativo.

Pois bem. Embora não fossem mais divinos na origem, ainda era a razão que governava o Homem. A causa e a força que os movia era a razão, afastando-os dos animais irracionais, movidos tão somente pelo instinto. Fez-se questão de afastar da natureza, de se artificializar, de viver e conviver do que se produzia e não do que a natureza oferecia.

Atinge-se o século XIX e uma nova ferida narcísica é aberta

---

[16] *Idem*. **The age of intelligent machines**. 3. reimp. Cambridge: MIT Press, 1999, p. 150-151. (*Trad. livre do Autor*)

não no lugar, como fora com Copérnico e Galileu; não na origem, como fora com Darwin, mas no Homem mesmo, em sua cabeça, em seu Ser.

Sigmund Freud[17] demonstrou que há muito de uma causa e força inconsciente em tudo que se faz. O inconsciente é uma força ímpar que, se não governa o Homem, maneja-o decisivamente se com ele não se souber lidar.

Assim, ao lado das pulsões, "correspondentes" aos instintos animais que ainda conserva, da racionalidade da qual se orgulha e que lhe dava nota de destaque, uma vez que não se agia sob forças que não decorressem de uma vontade querida, autônoma, havia outra força atuante, o **inconsciente** que, a todo momento fustiga o Ser para fazê-lo atuar, muitas vezes em seu desfavor, fazendo com que o Homem não tenha pleno controle dos seus atos. Embora com essa atuação os desqualifique como absoluta ou predominantemente racionais — aquele que se segue pela razão, que somente pode ser consciente — não se pode afastar da responsabilidade pelos atos, nem o inconsciente lhes retira a autonomia.

Ao lado da consciência que dita a razão, existe o inconsciente que dita comportamentos humanos livres, como, por exemplo, os atos falhos.

O crescente avanço tecnológico, agora, com uso da inteligência artificial potencializada pelos circuitos baseados em carbono e outros materiais e não apenas em silício, cujos dias estão contados, as redes neurais, a computação quântica, a supercondução, a nanotecnologia, os circuitos biológicos, os algoritmos genéticos[18], abre as portas para a criação de máquinas potencialmente mais inteligentes que os humanos, com consciência de sua individualidade, capacidade de se autorreproduzir[19] gerando versões aprimoradas

---

[17] FREUD, Sigmund. **Além do princípio do prazer**. In: Edição Standard das Obras Completas. Trad. de Christiano Monteiro. 2. ed., vol. XVIII. Rio de Janeiro: Imago, 1996.

[18] ROVER, Aires José. **Direito, sociedade e informática:** limites e perspectivas da vida digital. Florianópolis: Boiteux, 2000, p. 207-212.

[19] WIENER, Norbert. **Deus, Golem e Cia:** um comentário sobre certos pontos de contato entre cibernética e religião. Trad. de Leônidas Hegenberg e Octanny

em relação à geração anterior, obtendo energia da quebra de determinadas moléculas como fazem os animais e os vegetais e, cogita--se, tendo sentimentos.

> *Alguns robôs construídos por pessoas, como Kismet e My Real Baby, são capazes de expressar emoções de maneira humana. Eles usam expressões faciais, postura corporal, e prosódia nas suas vozes para expressar o estado de suas emoções internas. Suas emoções internas são uma inter-relação complexa de vários subsistemas. Alguns têm unidades de armazenamento como a unidade de armazenamento da solidão de Kismet, que pode ser saciado apenas por experiências particulares no mundo, nesse caso detectar uma face humana.*[20]

Esse passo que o Homem está em vias de dar, pode resultar na quebra de um paradigma crucial para a cultura e, portanto, para o Direito, permitindo que robôs possam vir a ter personalidade jurídica como os humanos.

A rapidez das mudanças talvez não permita que, em nível geral, as pessoas se deem conta do processo em curso. A grande massa somente terá consciência do ocorrido, no *só depois*, quando a situação se consolidar ou estiver em vias disso. Todavia, não apenas os cientistas, mas também os governos de países mais ricos ou mesmo de países mais sintonizados com o ritmo das mudanças e, como não poderia deixar de ser, as empresas, estão atentas aos fatos. Bill Gates[21] apresenta a seguinte visão:

> *De fato, apesar de prometer e empolgar tanto e tantos, ninguém sabe dizer ao certo quando — e até mesmo se — esse setor [robótico] terá massa crítica.*
>
> *Sem dúvida, o parágrafo anterior poderia ser uma descrição da indústria de computadores em meados da década de 70, quando Paul Allen e eu lançamos a Microsoft. [...]. Nos clu-*

Silveira da Mota. São Paulo: Cultrix,1971, p. 22.

[20] BROOKS, Rodney A. **Flesh and machines:** how robots will change us. Nova York: Pantheon Books, 2002, p. 155. (*Trad. livre do Autor*).

[21] GATES, Bill. Um robô em cada casa. **Scientific American Brasil**. Seu futuro com robôs: as máquinas inteligentes que vão transformar o mundo. Edição Especial. 25, p. 06-08, Editora Duetto, 2008.

bes de computadores feitos em casa, entusiastas lutavam para descobrir a utilidade da nova tecnologia.

Mas o que tenho mesmo em mente é algo muito mais contemporâneo: a emergência da indústria robótica, que está se desenvolvendo de modo muito parecido ao que ocorreu com a indústria da computação há 30 anos. Pense nos robôs usados atualmente nas linhas de montagem de automóveis como equivalentes dos computadores mainframe de ontem.

Gates[22] colaciona alguns números que dão conta da velocidade das mudanças já ocorridas:

Em quanto tempo os robôs se tornarão parte de nossa vida? Segundo a Federação Internacional de Robótica, aproximadamente 2 milhões de robôs pessoais estavam em uso no mundo em 2004, e mais 7 milhões estarão em funcionamento no ano de 2008. Na Coréia do Sul, o Ministério da Informação e das Comunicações acredita que por volta de 2013, em fato, até o momento, não se concretizou, haverá um robô em cada casa no país. A Associação Japonesa de Robôs prevê que, 2025, a indústria de robôs pessoais irá movimentar mais de US$ 50 bilhões por ano, comparados aos US$ 5 bilhões atuais.

Quando as máquinas forem tão inteligentes quanto os humanos, nesse exato momento, já poderão tê-los superado, em virtude das diferenças existentes entre humanos e robôs. Kurzweil[23] explica o porquê:

No momento em que os computadores atingirem um nível de inteligência comparável ao dos seres humanos, com certeza já terão nos ultrapassado. Por exemplo, se uma pessoa aprende francês, não pode transferir imediatamente esse aprendizado para outra. Isso acontece porque, para nós, esse processo exige uma sucessão de padrões terrivelmente complexos de interconexões entre neurônios e também entre as concentrações de bioquímicos conhecidos com neurotransmissores, que permitem o tráfego de impulsos entre neurônios. Não podemos

---

[22] *Ibidem*, p. 13.
[23] KURZWEIL, Ray. A proximidade da união mente e máquina. **Scientific American Brasil**. Edição especial n. 25, p. 22-27, Editora Duetto, 2008.

promover a transmissão rápida desses padrões. Mas um download acelerado permitirá que nossas criações não--biológicas partilhem imediatamente o que aprenderam com bilhões de outras máquinas.

Talvez, nesse momento, se realize a frase abaixo, ainda no campo da ficção, extraída da obra de Asimov[24]:

Foi isso que convenceu o juízo. A frase crucial de sua sentença foi a seguinte: 'não temo o direito de negar a liberdade a um ser com uma mentalidade tão avançada que seja capaz de compreender este conceito e desejá-lo para si.

Seria possível atribuir-se já personalidade jurídica para robôs? Ou por outra forma, nosso Direito já abarcaria essa possibilidade ou seria necessário produzir novas normas?

Para tanto é preciso investigar o ordenamento jurídico e, em seguida, quais os pressupostos para atribuição ou reconhecimento da personalidade jurídica individual.

Ultrapassar o paradigma antropocêntrico para admitir a possibilidade de existência de um direito robótico[25], ou seja, no qual se aceite, isolada ou concomitantemente com os humanos, seres não humanos, não (integral ou parcialmente) biológicos, como titulares de direitos, é questão que exige absoluto desapego — não desprezo — à própria humanidade e à dos outros e pleno pensamento científico, calcado na lógica adequada.

Nesse momento, poder-se-á ver concretizado um diálogo assim:

— Conseguimos duas coisas, Andrew — disse DeLong. Em primeiro lugar, estabelecemos o fato de que o corpo humano pode receber um número ilimitado de próteses sem deixar de ser um corpo humano. E segundo lugar colocamos a questão de tal forma que hoje a opinião pública está favorável a que a interpretação das leis de direitos humanos seja a mais ampla possível, já que não existe ninguém que tenha certeza de que não precisará de próteses para continuar vivo.

---

[24] ASIMOV, Isaac,. op. cit, loc. cit.
[25] CASTRO JÚNIOR, Marco Aurélio de. Direito robótico? **Jornal Correio da Bahia**. Salvador, 29 dez. 2000.

— *Acha que agora o Congresso vai reconhecer que sou humano?* — *Perguntou Andrew.*

— *Quanto a isso, não podemos ser muito otimistas. Ainda existe um órgão que, de acordo com a Suprema Corte Mundial, pode ser usado para distinguir os humanos. Todos os seres humanos possuem um cérebro orgânico, enquanto que o cérebro dos robôs, quando existe, é um cérebro positrônico. Feito de uma liga de platina e irídio. Como o seu. Não, Andrew, não faça essa cara. Até hoje não foi possível fabricar cérebros positrônicos com materiais orgânicos. Nem mesmo você foi capaz [...].*

— *Se tudo se reduz ao cérebro* — *começou Andrew cautelosamente* —, ***não poderíamos substituir uma definição estrutural por uma definição funcional?*** *Em vez de falarmos em cérebros orgânicos e inorgânicos, não poderíamos falar, por exemplo, em cérebros capazes de um certo nível de abstração?*

— *Não daria certo* — *afirmou Li-Hsing* — *O seu cérebro é artificial; o cérebro humano não é. O seu cérebro foi construído, o cérebro humano se desenvolveu a partir de uma célula inicial. Para qualquer ser humano que esteja interessado em manter uma barreira entre a humanidade e os robôs, essas diferenças são gigantescas*[26].

Incontáveis séculos de história do pensamento amalgamaram fortemente a ideia de que o Homem, antes centro do Universo, hoje centro do mundo, reina absoluto sobre a Terra, sem concorrentes diretos, sem ameaças que não sejam decorrentes de seu próprio agir ou das imponderáveis forças cataclísmicas da natureza.

Esse Homem, que vive em sociedade, uno, mas diverso, (universal), trata de todos os temas que lhes são caros sob sua perspectiva centralizadora em si mesmo, antropocêntrica, olhando para o Universo que o rodeia a partir do seu umbigo, seu centro, como uma lente deformadora da luz, na verdade, moldadora da luz às suas convicções e conveniências específicas, grupais ou individuais.

Com isso, não se pretende afastar a legitimidade desse paradigma, haja vista que não se pode considerar equivocado na medida

---

[26] ASIMOV, Isaac, op. cit, p. 279-281.

em que desde sempre o Homem se sentiu só no mundo da inteligência, como se costuma definir.

Todavia, chegado o momento de se deparar com criaturas tão ou mais inteligentes que os Homens, devemos estar preparados para, em termos jurídicos, lidar com a questão e isso poderá implicar a superação do paradigma antropocêntrico, que se diga, de logo, já vem sendo afastado pelas diversas descobertas científicas e pela nova forma de compreender o Homem como uma criatura em meio a outras que merecem respeito, uma vez que neles se reconhece alguma forma de inteligência, como ocorre com os animais, atualmente dignatários de tratamento jurídico cada vez mais, por assim dizer, em consonância com o paradigma antropocêntrico, "humano".

Essa conquista ou esse estágio evolutivo das espécies e cultura humana permite divisar alguns direitos para animais, bem cuidados pela doutrina do direito animal que, no Brasil, tem Heron de Santana Gordilho[27] como um de seus estudiosos, responsável pelo, até onde se sabe, nessa quadra, pioneiro *habeas corpus* em favor de um ser não humano[28]: a chimpanzé suíça[29].

Ademais, não se pode perder de vista a palavra de Laurence Tribe[30], que em dez lições procura desvelar uma ampliação da personalidade jurídica. Destacam-se, para efeito desse trabalho a primeira e a terceira lições:

A primeira lição que a nossa Constituição nos ensina é a de que direitos não devem ser tão difíceis de ser reconheci-

---

[27] GORDILHO, Heron José de Santana. *Abolicionismo animal*. Salvador: Evolução, 2008.

[28] CASTRO JÚNIOR. Marco Aurélio de, *op. cit.*

[29] Disponível em: <http://pt.wikipedia.org/wiki/Heron_Jos%C3%A9_de_Santana>, último acesso em 09 abr. 2011.

[30] TRIBE, Laurence. **Ten Lessons our constitutional experience can teach us about the puzzle of animal right: the work of Steven M. Rise**. Disponível, quando do acesso, em: <http://nabrlaw.org/Portals/10/PDF%20Files/Tribe_10ConstitutionalLessons.pdf>. Acesso em: 29 de março 2008. (*Trad. livre do Autor*)

dos ou conferidos a alguém já que os direitos quase nunca são absolutos. A defesa da concessão de direitos constitucionais a seres não-humanos, a qual muitos se opõem, não deve ser confundida em atribuir absoluta prioridade a interesses não-humanos em contraposição as vindicações humanas. Reconhecer direitos é inteiramente compatível com o reconhecimento de circunstâncias nas quais tais direitos podem ser sobrepujados, assim como os próprios direitos humanos às vezes entram em conflito [...]

A terceira lição é a de que é uma lenda que às vezes é aceita até mesmo por observadores tão astutos quanto Steven — que a nossa base legal e constitucional nunca tenha atribuído direitos a entidades outras que não os seres humanos [...] A ampliação da categoria de titulares de direito ou do conceito de pessoa é uma mera questão cultural. [...] o nosso sistema jurídico poderá atribuir personalidade aos chimpanzés, bonobos e, talvez, algum dia, aos computadores que não são somente capazes de derrotar Gary Kasparov mas sim, que sintam pena dele quando ele perder.

Nesse mesmo espírito se baseia o direito robótico. Se existem elementos que permitem ao Direito ter como objeto de suas preocupações a personalidade humana, ou melhor, a pessoa humana em sua manifestação essencial que é a personalidade, cuidando de sua vertente ou abordagem jurídica, certo é que, preenchidos os mesmos requisitos, encontrados os mesmos caracteres em um robô, a lógica tradicional e a equidade impõem a edificação de mesmo entendimento, de — senão idêntico — semelhante tratamento para essa criatura.

Manifesta-se, no mesmo sentido de meu artigo, Aires Rover[31] ao afirmar:

Assim, não é tão extravagante pensarmos em máquinas ou sistemas que respondam, parcial ou totalmente, pelos efeitos de suas ações e omissões. Sistemas com personalidade jurídica, um absurdo aos nossos olhos juridicamente míopes.

---

[31] ROVER, Aires José. **Para um direito invisível: superando as artificialidades da inteligência**. Disponível em: <http://www.infojur.ufsc.br/aires/arquivos/direito%20invisível%202005.pdf>. Acesso em: 25 fev. 2009.

Ademais, elucida Gordilho[32] que,

> *No entanto, existe uma tendência mundial de superação do antropocentrismo clássico, e os elementos naturais cada vez mais têm sido objeto de consideração moral, pois muitas vezes são protegidos em detrimento dos interesses humanos imediatos.*

Embora o autor se refira expressamente aos "elementos naturais", pode-se aditar que o mesmo raciocínio pode ser levado a cabo para seres sintéticos, dotados de caracteres humanos. É disso que trata o presente trabalho.

2.1 Considerações introdutórias sobre o conceito de homem

O conceito de Homem, ou seja, a concepção que o Homem tem de si mesmo, variou no seu percurso histórico. Evidentemente que a imagem que o Homem tem do Ser Humano não poderia ser estática.

Embora em termos cósmicos ou mesmo históricos a existência do Homem, como tal, como espécie identificada e apartada das demais não se revele senão como uma efemeridade, não seria justo dizer que nada se fez nesse percurso. Verdadeiramente, construiu-se e destruiu-se vários novos mundos, seja em termos territoriais, seja em termos culturais, econômicos, sociais e políticos, desde que o Homem saiu da pré-história.

Assim é que ao sabor dos ventos ou causando mudanças de rota, a forma como o Homem se vê sofreu alterações, embora nem sempre tão dramáticas ou radicais como, quando se muda a perspectiva em relação a(os) Deus(es), à situação no Universo, à posição na natureza e caracterização como plenamente racionais.

As ideias sobre o Homem buscam, sempre, tentar compreender quem ele é, o que faz, do que é constituído, qual a sua origem, papel e destino. Enfim, sempre foi uma busca de respostas a questões fundamentais, constitutivas da natureza cultural, institucionais.

---

[32] GORDILHO, Heron José de Santana, *op. cit.*, p. 92.

O campo onde estas ideias foram semeadas é o da filosofia, fértil e propício para tanto, embora, quando o Homem olha para si, não demonstre muita criatividade. Talvez porque tenha, ainda que não explicitamente, a exata dimensão de sua pequenez ou limitações, talvez por medo de efetivamente encarar a realidade, talvez porque se trata de responder a indagações da mais alta densidade que somente permitam galgar-se um degrau por vez, em uma escada em espiral.

O presente capítulo visa compreender melhor de que é constituído culturalmente o Homem, o que o faz humano e, portanto, crê-se, diferente de tudo mais que há. A intenção é buscar compreender o que levou o Direito a criar para o Homem uma categoria exclusiva, dominante, prevalente, que possui titularidade de direitos e que tem a seu dispor tudo mais como objeto de seu plexo de direitos. Para isso se traça, com espeque na obra de Odete Maria de Oliveira[33], um escorço histórico partindo-se da Grécia Antiga até a atualidade.

É preciso não perder de vista que o presente trabalho versa sobre robôs e somente em caráter reflexo sobre o Homem, mas que, também, considera difícil, senão impossível, tratar do robô, sem tratar do Homem. Portanto, uma das questões fundamentais da humanidade, qual seja, o que é o Homem, não é seu ponto fulcral, sendo certo que esse tópico não esgotará a questão sobre a qual, bem se vê, desde os pré-socráticos, os filósofos sempre se debruçaram e, até hoje, se mostrou insolúvel. De todo modo para falar de robôs, em aparente paradoxo, fala-se de Homem. O pseudo paradoxo decorre do fato de que para se chegar ao robô com personalidade se indaga profundamente sobre o que é ser Homem: agente, criador, arrogante, humilde, consciente e ignorante do que verdadeiramente é.

A busca do robô é, também, de certo modo, a busca do Homem! Portanto, falar do robô é falar do homem.

Mesmo assim, compreender o Homem em sua dimensão última

---

[33] OLIVEIRA, Odete Maria. **O conceito de homem:** mais humanista, mais transpessoal. Ijuí: Unijuí, 2006.

não está no foco do capítulo que, se gize, somente toca a superfície desse problema, da mais alta indagação e complexidade, para efeito de historiar como a filosofia cuidou do tema.

Portanto, muitos filósofos e correntes ficaram deliberadamente de fora e mesmo os que foram contemplados são referidos muito rapidamente. Ademais, o fato de um ou outro ter ocupado um número maior ou menor de linhas não implica em que tenham importâncias dissonantes. Todos são importantes e todos trouxeram inegáveis contribuições para a compreensão — ainda que incompleta — do Homem em sua dimensão superior ou plena.

Afirma Max Scheler[34] que, se um europeu culto for perguntado sobre como ele compreende o termo "homem", comumente surgem três níveis de ideias incompatíveis. Primeiramente, a tradição judaico-cristã e suas conjecturas sobre Adão, Eva, a criação, o paraíso e a queda. Depois, o âmbito da Grécia antiga, de onde, pioneiramente, a autoconsciência do ser humano alcançou o patamar de sua situação particular, através da tese de que a posse da "razão", *logos*, *ratio*, *phronesis* etc. caracterizam o homem como tal. *Logos*, aqui, significa o discurso bem como a capacidade para atingir a "quididade" das coisas. Vinculada a esta ideia figura aquela, afirmando existir, paralela à totalidade, uma "razão" sobre-humana, na qual apenas os seres humanos estariam inclusos. O terceiro âmbito, figura já bastante tradicional, seria o da ciência moderna da natureza e da psicologia genética, que afirmam ser o homem o moroso produto final da evolução do planeta: um ser diferenciado de seus antecessores apenas pela complexidade das combinações de energias e capacidades, elas mesmas já encontradas na natureza infra-humana.

Estes três âmbitos de ideias não possuem coesão entre si. Trata-se de uma antropologia científico-natural, uma antropologia filosófica e uma antropologia teológica, todas do homem e as quais não possuem um cerne comum. Além disto, o aumento das ciências especiais cujo objeto é o homem, por mais importante que seja,

---

[34] SCHELER, Max. **A situação do homem no cosmos**. Trad. de Marco A. Casanova. 1. ed. Lisboa: Edições Texto & Gráfica, 2008, p. 15.

não evidencia, mas esconde sua essência. Considerando também que os três pontos de vista referidos estão hoje estremecidos e que a proposta darwiniana para a questão de nossa origem foi especialmente golpeada, é possível dizer que em nenhuma outra época da história, o homem transformou-se para si mesmo tão *problemático*.

É preciso, prossegue Scheler, investigar a pérfida ambiguidade existente no termo e conceito "homem" para avançar contra a peculiar situação do ser humano. *A priori*, a palavra alude às características específicas, na seara morfológica, que o homem possui enquanto subgrupo dos vertebrados e dos mamíferos. Claro está que independente do ponto conceitual adotado, o ser chamado homem encontra-se submisso ao conceito de animal, mas também participa de um pequeno grupo do reino animal. Mesmo qualificando o ser humano como "o pico da série dos vertebrados mamíferos", segundo Lineu (informação bastante questionável no domínio factual e conceitual), permanece verdadeiro, pois o cume de algo ainda integra este algo do qual é a parte mais elevada. Desvinculado deste conceito, o homem vai se construindo pela transformação de sua coluna vertebral, equilíbrio do crânio, poderoso desenvolvimento de seu cérebro e as conformações orgânicas oriundas de seu andar ereto, a exemplo do polegar oponível em sua mão preênsil. Entretanto, o mesmo termo "homem", na linguagem cotidiana e em todos os povos civilizados, significa algo tão diferente da outra acepção que com muita dificuldade se encontrará na linguagem humana um vocábulo com similar ambiguidade. Ele deve igualmente significar um grupo de características que se afastam completamente do conceito genérico de animal, que engloba mamíferos e vertebrados e, ao mesmo tempo, opor-se a estes animais. Este segundo conceito, o qual o autor chama de *conceito eidético do homem*, distancia-se do outro, de caráter sistemático-natural. Claro está que ambos possuem origens distintas.

Portanto, estes capítulos devem ser compreendidos como intencionalmente limitados e direcionados às teses aqui definidas.

2.2 Evolução do conceito filosófico de Homem

2.2.1 Humanismo no Período Cosmológico

O humanismo ocidental nasce no período grego, época de grande **misticismo** em que vigorava uma filosofia primitiva com suas especulações calcadas em **forças misteriosas e poderes ocultos**, tornando difícil determinar-se com segurança um conceito. No momento seguinte tratou-se de **personificar os elementos da natureza com caracteres humanos**, verdadeiras forças da natureza que tudo podiam inclusive dominar os Homens.

O período cosmológico caracterizou-se pela **polarização entre o princípio (arché) e a natureza (*physis*)**, sem maiores preocupações com o Homem.

Embora o foco fosse com o mundo, sua origem e destino, pode-se afirmar que reflexamente passou a se cogitar do Homem, uma vez que o destino daquele, seria, fatalmente o destino deste e de tudo que o cerca.

Das Escolas Pré-Socráticas cumpre destacar as de maior relevo para o desenvolvimento dessa questão. Evidentemente, repita-se, que o Autor procurou fazer um corte epistemológico e material para incluir na relação, não apenas dos pré-socráticos, mas de todo período examinado, até hoje, os pensadores que, em seu sentir — e todo sentir é arbitrário — poderiam contribuir para a compreensão e construção da obra.

2.2.2 Escolas Pré-socráticas

2.2.2.1 Escolas eleática e dialética

Ressalta-se nesse período a figura de Xenófanes, de Cólofon, que asseverava que **nenhum traço humano podia ser antevisto nos deuses**: não nasciam nem morriam. Apenas a imaginação humana lhes dava contornos. Em realidade ele pregava a existência de um único Deus.

Parmênides afirmava que por meio da **razão** chega-se à conclusão de que o Ser é. E sendo não poderá não ser. Logo, pensar é pensar algo. Como o **Ser** é o **princípio eterno** e imutável de todas as coisas, há de ser também o fundamento do conhecimento. Destarte, o Ser é o único e verdadeiro objeto do **pensamento**, o início e fim da investigação filosófica.

Vislumbrou Melisso de Samos a atemporalidade e eliminação do Ser por outro Ser ou por um não-ser, haja vista que sua duração não teve começo nem fim, não podendo, desse modo existir a multiplicidade mutável, mas sim a unidade imutável.

Portanto, os filósofos pré-socráticos ocupavam-se essencialmente do Cosmos, e apenas em plano secundário do *humanus* e sua *humanitas*.

2.2.2.2 Sofistas

Verifica-se com o sofismo uma mudança nos rumos filosóficos, pois agora o **Homem** e as coisas da natureza que o cercam, o mundo, **são o centro** das atenções, fruto da democracia vivenciada então, depois da derrota dos persas. Com isso ganhou relevo a **vida prática** do Homem, ou seja, o **Homem humano**, que vive e enfrenta seus **problemas políticos, jurídicos, morais, estéticos** etc.

Imperioso registrar que nem Platão nem Aristóteles os consideravam verdadeiros filósofos, advindo, talvez, dessa concepção o significado que a palavra sofista carrega até hoje.

Todavia, foram os sofistas que mudaram o **eixo da filosofia** do cosmológico para o **antropológico**. Ou seja, agora o Homem está no mundo.

O homem passa a ser explicado pelo Homem. Advém o **Homem prático**. Assim, **não pode haver uma lei tão geral** que seja aplicada a todos e que seja válida para todos. Para os homens, a cada um é verdadeiro o que lhe parece ser, como também para cada um é justo o que se lhe afigura ser no exato momento e como assim lhe for útil.

2.2.3 O Homem Socrático

Sócrates destacou-se também pelo seu humanismo, a ponto de ser conhecido como filósofo da humanidade e do humanismo. Para ele, o **Homem que é medida de todas as coisas não mede nada** e por isso **torna-se vítima de sua empiria e de suas próprias e individuais experiências**. Para se conhecer a pessoa do Homem é preciso o apelo à **racionalidade, capacitante de o Homem ser sujeito consciente** de uma ordem cognoscitiva e de uma ordem moral objetiva. Disso decorre sua famosa afirmação: "conhece-te a ti mesmo", significando que o Homem deve buscar dentro de si e que o faz ser homem, ser pessoa. Somente se atinge isso tendo-se consciência do que é e do que deverá fazer.

2.2.4 O Homem Aristotélico

Aristóteles substituiu a concepção platônica da ideia como Ser por uma concepção da ideia e do Ser. Erigiu um modelo essencialmente **realista**. **O Ser é o ser do real**, não havendo outro ser fora do real. Substitui-se o Ser como primeiro princípio platônico pela substância, a qual é o real. O estagirita estabelece que o princípio da contradição, fundamento da metafísica e princípio do conhecimento, é que garante esse sentido do Ser: impossível é que a mesma coisa seja e ao mesmo tempo não seja. Portanto, é impossível enunciar o Ser e o Não Ser de uma mesma coisa.

De logo há que se dizer que esta lógica não pode ser aplicada em sistemas de inteligência artificial. Também é insuficiente para explorar o homem, contraditório em si mesmo.

Aristóteles indaga das **causas**: a causa pela qual as coisas são feitas, causa **final**; as causas que reproduzem, causa **eficiente**; a forma ou essência de cada coisa, causa **formal**.

Com base no princípio da contradição, entende que as essências não estão fora das coisas. O **real concreto** é **união** indissolúvel da **ideia** e da **matéria**. Dessa forma, **o Homem é**, e, sendo, é singular, síntese dos elementos inteligíveis e do real, enquanto que sua **característica essencial é o movimento**, existente em quatro modalidades: a) **substancial** (nascimento e morte); b) **quantitativo** (crescimento e diminuição, ou pequeno tornando-se grande e vice--versa); c) **qualitativo** (mudança e alteração ou o branco tornando-

-se preto e vice-versa); d) **espacial** (translação ou troca de lugar).
Aristóteles estabelece os seguintes princípios e condições:

I) Princípio da matéria, substrato indeterminado, no qual ocorre a mudança.
II) Princípio do tipo da matéria.

Ele entende que o **virtual, o ser em potência**, tem como fim concretizar-se pela mudança em sua forma, pois a forma é a causa final, enquanto que o impulso ao movimento é a causa eficiente. Ou seja, as causas do devir são: causa eficiente, material, formal e final.

Ele **conceitua o Homem** não como produto de causas exteriores, mas do **desenvolvimento interno de formas interiores da matéria**. Essa organicidade demonstra a relação entre matéria e forma. Não há matéria sem forma, nem forma que não possua matéria, exceto Deus.

Com isso ele cuida dos dois momentos: o virtual e o real, sendo a matéria potência, e a forma, o real. A passagem de um ao outro é o devir. Assim, também em Aristóteles permanece o dualismo: matéria (imperfeição), e pura forma (perfeição).

Deus é a causa primeira do movimento universal que nada tem de virtual, posto que Ato Puro: Deus, a perfeição absoluta. Deus é pensamento em ato.

O Homem e seu mundo se localizam entre os polos da matéria sem forma e da forma sem matéria. O mundo físico, onde se situa o Homem, é a síntese da matéria e forma, no qual todo movimento é executado no tempo e no espaço.

2.2.5 O Homem Epicurista

Essa escola filosófica recebe o nome de Epicuro de Samos, que procurou dotar suas investigações de caráter pragmático, visando atingir a felicidade.

A teórica matemática se mostrava menos importante do que a física e a lógica, dado que estas tinham um **fim prático**. Da mesma forma não via a filosofia como dotada de um fim próprio. É ela um meio, um conjunto de regras para viver feliz. A verdade se encontra nas sensações, uma vez que as opiniões podem ser verdadeiras ou falsas, conforme confirmadas ou contestadas pelos testemunhos dos sentidos, nelas residindo a possibilidade de erro.

Epicuro vê o Homem como um conjunto de átomos de ar, fogo, vento e ainda de mais um elemento inominado, componentes de seu corpo e de sua alma.

Como o **fim de todo Homem é o prazer e o único mal, a dor**, é preciso viver com sabedoria e virtude, e não convém viver só. Como se vê os epicuristas não se ocupam da morte, mas da vida.

2.2.6 O Homem Estoico

O estoicismo, que tem como fundador Zenão de Cítio, também dá grande valor à **sensação**, considerando-a como origem do conhecimento, subordinando a investigação científico-filosófica a um fim prático visando a consecução da felicidade, somente atingível pela sabedoria, fim da filosofia.

Interessante notar que para os estoicos a **alma humana é uma tábua rasa** sobre a qual as sensações imprimem imagens e signos. Assim, cuida-se de um arquivo em branco capaz de receber dados e de armazená-los.

O que difere o estoicismo do epicurismo, embora ambos tenham vários pontos de contato, é a determinação do critério de verdade, haja vista que, para a primeira, a representação é aquela na qual o objeto imprime o mundo no intelecto.

De notar-se, também, que **a alma *estoica* é corpórea**, mas não mortal, haja vista que sua **porção superior**, que **é a razão**, permanece por algum tempo na região sublunar, depois volta ao Fogo (teoria do eterno retorno) e se mistura com a imensidão da Razão divina.

Assim, o Homem estoico deve se conformar com a ordem divina reinante, o que consegue, estando de acordo consigo mesmo, sendo ele mesmo, respeitando e amando o *Logos*. Assim, consegue-o exercitando sua virtude, mantendo sua austeridade de caráter, rigidez moral, impassibilidade diante da dor, do infortúnio ou da adversidade, ao contrário do Homem epicurista, guiado pelo prazer. As regras a serem seguidas são: viver consoante a natureza, viver consoante a razão, viver consigo mesmo.

2.2.7 A humanidade Cristã

Dúvida não resta sobre a importância da doutrina cristã na formação ocidental, também não há de se esquecer da fundação de uma nova religião. Por isso mesmo, traz **um novo conceito de Homem** em oposição ao então vigorante.

A doutrina baseia-se no fato de que Jesus Cristo veio com a missão de instaurar o Reino dos Céus na Terra, para todos os Homens e redimir a humanidade, oferecendo-se em expiação na cruz para salvar os homens dos pecados.

O **Homem virtuoso é o que tem fé, esperança, caridade** e, principalmente **amor**, por todos os seres indistintamente. Trata-se de conotação de natureza teológica.

Evidencia-se o **Homem como pessoa** que é, pela bondade divina, criatura semelhante a Deus, dotado de **consciência interior** que lhe permite conduzir-se sem pecado, buscando concretizar o seu fim primeiro e seu fim último: a vida eterna.

Essa **autonomia** decorrente da condição de criatura de Deus, consciente em sua fé, eleva a dignidade humana à de ser autônomo, Homem-pessoa, que, embora siga seu curso com base em regras ditadas por Deus, o faz, se quiser, sendo **livre** para não as adotar e, assim, deixando de ser verdadeiramente livre.

Diferentemente da visão cosmológica grega, na qual o Homem se subordina ao mundo, para o Cristianismo, o problema do mundo está subordinado ao Homem como pessoa, dotado de consciência, liberdade, dignidade, amor e espírito. O Homem não é apenas elemento do real, mas também, o próprio sentido da realidade. Portanto, a problemática do Homem é o Homem, situando-o no centro do mundo — **antropocentrismo** —, tirando dali o cosmos — geocentrismo. O Homem é mais que um animal racional, social e político: o homem é um **animal espiritual**. Na sua inteligência está presente uma verdade que não vem do sentido e da razão: a verdade da revelação, que é transcendente.

2.2.7.1 O Homem agostiniano

Para Santo Agostinho, o problema do Homem é o problema de Deus. Por sua formação, concentrou-se sobre o Homem em Deus, haja vista que o encontro do Homem com o Homem é o encontro de todo Homem com Deus. Seu Homem é um **Homem no mundo**, que vale para e pelo próprio homem, consciente.

Por sua peculiar condição, o Homem, além de cumprir seu destino natural, aspira a um destino sobrenatural, em Deus, superior a todas as coisas. Trata-se da conquista do Homem pelo Homem e para o Homem.

2.2.7.2 O Homem tomista

Também de formação religiosa cristã, Santo Tomás de Aquino propõe a suficiência da **razão** ao **conhecimento natural** da revelação divina. Filosofia e religião em sua concepção são autônomas. O **real** enquanto tal **é o Ser**.

Equilibram-se interioridade e transcendência. O Homem tomista é formado de modo indissolúvel por **matéria e espírito**. Cuida do **Homem-pessoa**, **racional**, **autônomo**, **político**, mas **espiritualizado**, que se completa em Deus, seu fim sobrenatural.

2.2.8 O Homem nos Séculos XIV e XV

O conceito de Homem agora se atrela à **erudição** e à **cultura**, significando um espírito elevado e **comportamento correto**. O Homem passa a ser o centro de todas as manifestações culturais, fazendo com que o Homem passasse a figurar no centro dos acontecimentos históricos — **Homem histórico** — e das preocupações filosóficas — **Homem especulativo**.

Esse Homem **livre** e **inteligente** compreende sua dimensão estética e sua capacidade de agir sobre as coisas do mundo, modificando-o conforme suas necessidades. Embora sem esquecer-se da busca da felicidade celeste, não deixava de perseguir a felicidade terrena.

2.2.9 O Homem Cartesiano

Segundo Simha[35], remonta a Descartes a edificação de uma filosofia radical do sujeito: **o *cogito*,** o eu que por meio do pensar apreende conhecimentos indubitáveis, base primeira de uma ciência certa.

Todavia, convém lembrar que o termo *consciência* não é empregado por Descartes, embora trate de pensamento, do *cogito*.

A problemática do cartesianismo, como afirma Husserl, está em entender como no encadeamento dos motivos da percepção (consciência) é possível chegar a certezas. O eu, de seu lugar de fala e de percepção, não consegue apreender o campo de possibilidades deste mundo, que é, a princípio, *seu* mundo. Este mundo se espraia na vastidão da experiência individual, que depende, por sua vez, da vastidão das relações intencionais do *cogito* ao *cogitatum*, do que é pensado àquilo que permanece na estrutura do ego.

Descartes separa a percepção da sensação: da sensação são provenientes informações passageiras; através do pensar, ato intelectual feito com o ego, é que se percebe de modo verdadeiro a essência de algo.

2.2.10 O Homem Marxista

Marx considera o Homem como **um fim em si mesmo**: um valor humanista absoluto. É preciso rememorar que não há uma unidade no marxismo, que comporta algumas vertentes, dentre as

---

[35] SIMHA, André. **A consciência, do corpo ao sujeito**: análise da noção: estudo de textos: Descartes, Locke, Nietzsche, Husserl. Trad: Ephraim Ferreira Alves. Petrópolis, RJ: Vozes, 2009, p.59.

quais se destacam o marxismo dialético e o marxismo histórico.

No marxismo histórico, capitaneado pelo próprio designador da corrente de pensamento, o conceito de Homem é o de **Homem-natureza** que constitui uma relação que domina todo devir histórico, do Homem artífice de sua verdadeira libertação de todas as alienações, sejam econômicas, políticas, sociais, filosóficas e religiosas.

O Homem é um agente transformador da realidade que precisa ser interpretada, haja vista que a realidade fundamental é a matéria e a dialética representa o seu grau de desenvolvimento e método necessário para a sua compreensão. O Homem interpreta a realidade para modificá-la com vistas a construir sua própria história.

Questão fulcral é a alienação do Homem, antítese da história, vislumbrando-se os seguintes tipos de alienação:

a) religiosa;
b) ideológica;
c) política
d) econômica.

A mais-valia imposta pelo sistema capitalista afasta a condição humana, transformando o Homem em mercadoria. A grande conquista do Homem é sair da alienação e se tornar senhor de si mesmo, artífice de sua liberdade. É, assim, um Homem histórico, situado. **Não existe, portanto, um espírito no homem**. A verdade se limita ao que é produzido pela práxis num determinado momento de evolução, ou em dado momento histórico. Logo, **não existe o Homem como pessoa, mas o Homem como membro de uma sociedade, não existindo** do mesmo modo uma **consciência íntima, tão somente consciência social**.

De igual modo, não há que se falar, na construção do Homem marxista, de. Ser, essência, substância, dada a natureza histórica e não ontológica do Homem.

Por fim, verbera Marx a negação da existência de Deus e das religiões, as quais são consideradas como grau temporâneo e transitório do devir histórico, fadadas ao ocaso, quando todos os homens atingirem a plena consciência de si mesmos.

2.2.11 O Homem Nietzscheniano

Deus já morreu, afirma Nietzsche, existindo apenas os Super-
-Homens, instância moral mais elevada. O viver em Nietzsche é
vivenciar o sonho da consolidação de seu projeto. É preciso rom-
per com a moral e com os valores estabelecidos e substituí-los por
outros, mais radicais.

2.2.12 O Homem Existencialista

Aqui se cuida de conceituar o Homem como um **ser concreto e
atual, real**: *o ser-em-si-mesmo, o ser-no-mundo*. Contudo, não se
trata de construir um Homem submetido a limitações concretas. Fundamentalmente, compreende-se que existência é anterior à essência
— tanto ontologicamente como epistemologicamente. Ou seja, se o
Homem existe, poderá ser inteligível na medida em que contém o
universal: a essência do humano.

Como o **Homem é pensante** e isso o constitui, para que se dê
existência é preciso que comece a pensar por si mesmo e em si mesmo. No seu destino e no fim último o Homem busca ser rei. Assim,
nitidamente, o existencialismo situa a problemática do pensamento
no âmbito de existência.

Reconhecendo o Homem sua existência, pode empreender a
jornada rumo à explicação de seu ser. O Homem existencialista
pertence a si mesmo. Existe autorreferenciado, mas relacionado
com os outros e com as coisas. É um ser-no-mundo. Destarte,
para ser para si é preciso ser para o mundo. Essa estraneidade é
componente da definição da existência, que se relaciona consigo
mesma.

Há um paradoxo, uma contradição no Homem existencialista.
Embora seja singular, diferente de todos, é, concomitantemente
igual a todos os Homens. É um Uni Verso. Somente na conjunção
do singular com o universal é que se pode falar da verdadeira exis-

tência do Homem. A realidade se encontra no singular, pois apenas o Homem é singular e tem consciência de sua singularidade.

Como o sistema é universal, pode ser tudo, menos real e, assim, a realidade não é um sistema. Disso, da consciência de sua singularidade e da contradição que lhe é inerente, é que surge, para Kierkegaard, o Homem.

2.2.12.1 O Homem heideggeriano

Martin Heidegger assevera que o Homem é o único ser que questiona sobre o ser. Existir é a essência do Homem, e *Dasein*[36] constitui sua possibilidade de realização, pois ser — estar no mundo — é a determinação fundamental da existência. O **Homem é o ser-em**, o ser-no-mundo e o ser-para-a-morte.

Trata-se de concepção ontológica do Homem, que ultrapassa a realidade, porque superior à simples existência. O ser não se limita a si próprio, mas é existir em relação aos outros, no mundo. Portanto, o Homem encontra-se incompleto e somente se completa sendo no mundo, em relação com outrem.

Para **Heidegger o caráter finito**, **mortal**, do Homem é sua nota de destaque, a ponto de considerar que o marco da existência do Homem é olhar, sem ilusão para o mergulho no nada que é a morte, derivando daí seu estado de angústia.

Não se apresenta uma conotação axiológica da existência, haja vista que ela é um simples fenômeno, e o Homem tem apenas a certeza de sua morte para a realização do seu ser, caracterizado como uma das manifestações do nada.

A morte é simples consequência da vida. Ela ganha corpo com a própria vida, com o desenrolar-se dela, até eclodir. Todavia, Heidegger não nega a existência. Sendo ele mesmo, sendo em si mesmo e sendo para o outro, ainda que o resultado seja a morte, caracterizaria a existência do Homem.

---

[36] KELLER, Alfred Joseph. *Dicionário escolar alemão*. Disponível em: <http://michaelis.uol.com.br/escolar/alemao/index.php?palavra=Dasein>. Acesso em: 25 fev. 2009.

2.2.12.2 O Homem sartriano

Jean-Paul Sartre entende que a existência precede a essência. Ou seja, somente depois de o Homem nascer é que poderá definir sua essência.

Ora, se ele não é definível de logo, é porque ele não é. Não é nada. Somente depois é que ele poderá se fazer, haja vista que o Homem é o que ele quer ser. Na fase virtual do Homem, ele tem uma vida subjetiva (princípio da subjetividade). Consciência para Sartre tem como conteúdo o dos objetos em que se reflete.

Ele vê em Descartes dois tipos de seres: a consciência e objetos da consciência, uma vez que a consciência, ao revelar o mundo, não se revela diretamente a si mesma, enquanto que o conhecimento se apresenta apenas de forma intencional. A consciência mesma teria existência-por-si-mesma. A outra consciência, o objeto que reflete a consciência tem existência-em-si-mesma. Além dessas, entende haver uma terceira consciência, a do ser-por-outro, significando que, havendo o outro, há o além-do-sujeito, fora do interno, o externo e, assim, uma manifestação física, uma natureza.

2.2.12.3 O Homem jasperiano

Karl Jaspers[37] aduz que o ser não é algo dado, ou algo que todos podem conhecer. Além disso, o todo nunca nos é dado. Portanto, não há objeto sem sujeito, pois tudo o que é objeto é determinado pela consciência em geral. Logo, o ser objetivo existente — *Dasein* — é sempre uma aparência.

Para ele mundo, alma e Deus podem ser representados por três variáveis:

> *Tudo o que o homem pode conhecer é cognoscível dentro dos limites de um horizonte, porque o que engloba todos os horizontes é a variável incognoscível. A primeira variável*

---

[37] JASPERS apud OLIVEIRA, Odete Maria, *op. cit.*, p. 288.

é o mundo, a segunda é o homem mesmo e, finalmente, a terceira variável total: a transcendência[38].

Assim, a existência do Homem ganha sentido, não pela crença em Deus, mas por **sentir-se na presença de Deus**.

Apenas os limites da existência levam a admitir que há um de fora tão certo como há um de dentro. Assim, indiretamente pode-se afirmar a existência de um ser de fora, sempre incognoscível e o Ser de dentro, codificação das coisas. Logo, todo Ser tem necessidade de conhecer o seu limite, pois, de outro modo, não se consegue compreender o Ser.

2.2.13 O Homem Atual

Como se pode ver, chega-se à atualidade, e o conceito de Homem está sempre em construção e reconstrução. Isso significa, de um lado, que nenhum conceito é satisfatório por muito tempo e para todos, e, de outro, que ele comporta algo para além do humano, seja pelas conotações transcendentes, seja, pela incorporação do mundo ou do outro.

Nada indica, portanto, que este conceito se cristalizou, parou de evoluir, que se encontra perfeito e acabado.

Destarte, seu conteúdo pode e deve ser ainda preenchido e sempre em consonância com a percepção e experiência de mundo do Homem contemporâneas ao conceito.

Na pós-humanidade, oportunidade em que se cogita o incremento da capacidade cognoscitiva e intelectual das máquinas e dos homens, a interação biológica e sintética, cibernética e, eventualmente, a superação do humano pela máquina, esse conceito haverá de se alargar para comportar estruturas não humanas.

Homem e pessoa, neste sentido, são só conceitos, cujos conteúdos estão em aberto e, portanto, não se vinculam ao Ser Humano, à espécie *Homo sapiens*, embora a ela tenha sempre se referido até o momento, numa via de mão única, talvez, por força do estado das

---

[38] *Idem.*

coisas que os homens encontraram em sua jornada histórica e evolutiva. Foi preciso tratar do conceito relacionando-o ao ser humano para poder, mais uma vez, superá-lo.

Chegando o momento em que o Homem se confronte com novas realidades, nas quais compartilhe um mundo com seres funcionalmente equivalentes a ele, o conceito deverá ser preenchido de modo a comportar essa nova realidade.

Exemplo claro de que o conceito de Homem não se vincula ao *Homo sapiens* se extrai da história, na verdade na face tenebrosa da história, quando se negou a humanidade total ou parcial de seres humanos determinados como: prisioneiros, judeus, escravos, negros, índios, bárbaros, mulheres, indivíduos mental ou cromossomicamente alterados etc.

Mesmo em civilizações cultas — ao menos assim consideradas — como Roma e Grécia Antigas, Europa e América modernas, Alemanha do século XX — que viu o surgimento de gênios — Brasil e outras, o fenômeno da desumanização já, esteve presente, elucidando que nem sempre ser humano é ser Homem no sentido que se buscou conceituar acima ou no sentido jurídico.

Portanto, quando nos depararmos com os equivalentes funcionais dos homens, pensantes, conscientes, inteligentes, sentimentais, semelhantes em aparência ou parcialmente humanos, sob o ponto de vista biológico, talvez não se lhes poderá negar a condição de Homem e, ver-se-á, a de pessoa, como sujeito e não a como coisa, como titular de direitos e não como objeto, relacionado com o outro, posto no mundo e no cosmo, real, de uma existência que por si só, mesmo antevista, virtual, já causa reações e, bem se sabe, não se reage ao que não é e sim, ao que é.

É preciso estar preparado para um novo conceito de pessoa que englobe os robôs e máquinas inteligentes. Com isso não se afirma que robôs e seres humanos são iguais. Haverá (sempre) diferença, mesmo quando houver indivíduos[39] parcialmente máquinas e parcialmente humanos. Provavelmente, enquanto existirem humanos,

---

[39] CASTORIADIS, Cornelius. **Sujeito e verdade no mundo social-histórico**. Trad. de Eliana Aguiar. São Paulo: Civilização Brasileira, 2007, p. 31.

estes serão diferentes dos ciborgues e dos robôs, embora comparti-lhem diversas características iguais, nada impedindo, contudo que, sob a ótica jurídica se considere robôs como pessoas e, eventual-mente, sob o ponto de vista filosófico, como seres vivos e como Homens.

Mas, quais seriam esses caracteres a permitir que o Homem veja em si mesmo condições de titularizar o que o Direito chama de per-sonalidade jurídica, ou seja, a capacidade de ter direitos e assumir obrigações? Se existem, devem ser perquiridos, e uma forma de indagar sobre eles é buscar saber o que efetivamente é o Homem, além do campo filosófico; o que lhe dá essa dignidade específica e especial que torna quase tudo mais passível de ser objeto de seus direitos?

No cerne de tudo, na essência do que efetivamente consegue-se cientificamente provar, estão a matéria e a energia, formada por partículas subatômicas, que compõem os átomos que, por sua vez, formam as moléculas, que formam cadeias, dentre as quais aquela, que define a vida biológica, o DNA.

Em tudo os átomos estão presentes, em possibilidades quase infinitas de arrumação, compondo tudo que se conhece no mundo físico. Isso torna essencial e ontologicamente os Homens idênticos a tudo mais, não os tornando especiais.

No mundo biológico, seja um rato, uma begônia ou uma foca, lá está o DNA, com sua riquíssima e detalhista variação nos dizendo aos berros que não há diferenças gritantes, que as cadeias proteicas são as mesmas, apenas com arrumações diferentes. Tanto assim, que Maturana e Varela[40] denunciam a pequena variação morfoló-gica existente. Basicamente os animais superiores têm órgãos de sentido, membros, corpo, sistema digestivo, circulatório e respi-ratório parecidos. Os vegetais multicelulares têm área de troca de gases, elementos de sustentação e uma estrutura que os une. Os unicelulares são quase sempre muito parecidos, com a membrana, núcleo, elementos do núcleo e, às vezes, dispositivos de locomo-

[40] CASTORIADIS, Cornelius. **Sujeito e verdade no mundo social-histórico**. Trad. de Eliana Aguiar. São Paulo: Civilização Brasileira, 2007, p. 31.

ção.

Isso, porque, seu passado os une e os afasta, no ciclo evolutivo, destrinchado com maior destaque a partir de Charles Robert Darwin[41]. Em essência o Homem é igual a qualquer outro ser vivo e é por isso que a herança evolutiva o faz ter em si um pouco de todas as outras criaturas, com os problemas disso decorrentes, inclusive, a demonstrar que a (im)perfeição da natureza se faz a muito custo individual, como, *v.g.*, as hérnias, decorrentes do passado como peixes e outras mazelas decorrentes da (im)perfeição adaptativa. O próprio conceito de evolução foi usado de forma alegórica por Darwin, no dizer de Maturana e Varela[42]. Os biólogos chilenos explicitam melhor o conceito de adaptação aos meios, com seu acoplamento estrutural.

2.3 Elementos identificadores do Homem possivelmente valorados pelo direito

A seguir pretende-se colacionar alguns conceitos sobre temas correlatos ao trabalho visando melhor apreender os elementos que, ao que parece, conformam e permitem que o Direito lide com a personalidade jurídica do *Homo Sapiens*.

Certo é que nenhum dos conceitos adiante formulados encontra na doutrina berço esplêndido, sendo, todos, sem exceção, controversos, questionados e submetidos a críticas. Todavia, foi necessário fazer os devidos cortes epistemológicos a fim de construir o presente trabalho, sendo representados apenas os conceitos considerados satisfatórios para a compreensão do tema objeto de análise, sem que se desconheça as dificuldades por eles encontradas.

Representam, pois, em cada setor do conhecimento examinado o que de melhor se considerou existir para efeito de fundamentar este trabalho.

---

[41] DARWIN, Charles Robert, *op. cit.*

[42] MATURANA, Humberto R; VARELA, Francisco J. **A Árvore do Conhecimento** — as bases biológicas da compreensão humana. São Paulo: Palas Athena, 2007.

Se na essência Homens e demais formas de vida são iguais, se física ou biologicamente o Homem não se afasta de tudo mais, inanimado ou vivo, o que o distingue?

Na sua jornada evolutiva, a um átimo de tempo sideral, rompeu-se a irmandade com os demais primatas e trilhou-se caminho próprio juntamente com as espécies aparentadas, dizimadas a partir da última glaciação.

Entre os seres humanos e os chimpanzés[43] o DNA não deixa dúvidas de que a diferença genética é quase imperceptível, embora evidente a qualquer olhar. Se por menos de 4% (quatro por cento), pelas estimativas mais cautelosas, deles os humanos se afastam, concluir-se-á apressadamente que para ser humano há de se ser 100% (cem por cento) geneticamente idêntico ao que chamamos de humanos; ser dotado de **identidade** genética e cromossômica, mas isso também não pode ser critério, pois, ao menos, a síndrome de Down ocasiona uma contagem diferente de cromossomos e nem pela divergência de número de cromossomos se afasta a personalidade jurídica de seus portadores, nem, muito menos, se afirma tratar-se de outra espécie.

Ademais, entre o Ser Humano e qualquer outra espécie pode-se encontrar no DNA, características muito semelhantes, até mesmo genes idênticos como os relacionados à visão e à organização da estrutura corporal, comum a todos os animais, a despeito da enorme diferença dos olhos e corpos que se verifica entre as espécies.[44] Portanto, a diversidade existente não é tão original assim, mas variações sobre o mesmo tema.

---

[43] Segundo Marvin Minsky, como a evolução do homem foi tão rápida — cuidando de informar que existem muito poucos registros fósseis, seu cérebro se desenvolveu tão acentuadamente nas últimas centenas de milhares de anos, o intervalo evolucional foi tão curto que a maioria dos genes e da estrutura cerebral permaneceram quase idênticas no Homem e no chimpanzé. Isso parece estar de acordo com a lei dos retornos acelerados de Ray Kurzweil, adiante abordada. Para mais detalhes, ver MINSKY, Marvin. **A sociedade da mente**. Trad. de Wilma Ronald de Carvalho. Rio de Janeiro: Francisco Alves, 1989.

[44] **What Darwin didn't know**. Armand Marie Leroi (dir.). Tima Lam*bit* (dir. e prod.). Richard Wilkinson (ed.). BBC. Londres: 2009. CD-ROM.

Afirma Scheler[45] que, baseados em Darwin, Schwalbe e Köhler, os evolucionistas da escola darwiniana e lamarckiana, refutam existir uma última diferença entre o homem e animal, exatamente porque este também já é dotado de inteligência. Assim, de algum modo estão conectados à teoria da unidade do homem, a qual Scheler refere-se como teoria do *homo faber*, e, desta forma, não conheceria nenhuma metafísica do homem, nenhuma relação separadora que o homem, como tal, possuiria com o fundamento do mundo.

Até aqui então, cuidou-se de caracteres antropocêntricos. Todavia, poder-se-ia ampliar o escopo e considerar o **critério biocêntrico**, ou seja, em face de ser vivo, de acordo com o padrão biológico conhecido, o Homem teria a dignidade que tem. Todavia, esse não é o caso, haja vista que dessa forma estar-se-ia igualando o Homem aos demais seres vivos, o que o nosso Direito (positivo) não faz, ao menos na sua hermenêutica tradicional, pois o Homem, e somente ele, é dotado de personalidade jurídica, no entendimento predominante.

Ser **gregário** nada acrescenta, pois são inúmeros os casos de animais gregários, desde abelhas a golfinhos, até primatas.

O critério decisivo poderia ser então a **inteligência**. O Homem, para alguns ser supremo na escala evolutiva, seria o único dotado de inteligência em todo reino animal, pois dos vegetais, usualmente, nem se cogita a possibilidade de serem inteligentes.

Contudo, essa concepção é equivocada na medida em que busca atribuir à própria evolução[46] o caráter de inteligente, sábia. A evolução, então levaria à inteligência e, sendo o Homem o mais evoluído na escala biológica, seria o mais inteligente, senão o único ser inteligente. Todavia, viu-se que <u>a evolução não é um processo inteligente, embora possa resultar em inteligência</u>. A deriva natural parece explicar esse fenômeno. Outrossim, o conceito de evolução

---

[45] SCHELER, Max, *op. cit.*, p. 47.

[46] Convém consultar a opinião de Norbert Wiener (**Deus, Golem e Cia**: um comentário sobre certos pontos de contato entre cibernética e religião. Trad. de Leônidas Hegenberg e Octanny Silveira da Mota. São Paulo: Cultrix,1971) sobre evolução.

não comporta hierarquia, quando se bebe em Maturana e Varela.

Scheler diz que a essência do ser humano, também possível de ser denominada "posição peculiar", está muito além do que se chama inteligência e aptidão para escolher. Seria também errado afirmar que o homem assim o é devido ao acréscimo de um estágio: impulso afetivo, instinto, memória associativa, inteligência e escolha, e também um novo nível no funcionar das ações psíquicas e vitais: seu conhecimento seria dependente da capacidade da psicologia.

O novo princípio é externo a tudo que no sentido mais amplo é chamado de "vida".

O autor opta pela utilização de um termo mais amplo, que engloba o conceito de "razão", *pensamento por ideias* e de certo tipo de *"intuição"* (*Anschauung*) — aquela "dos protofenômenos ou dos conteúdos eidéticos" —, bem como, uma classe de ações volitivas e emocionais: a palavra *espírito* (*Geist*). Entretanto, ao centro de atos, no qual o espírito se manifesta no âmago das finitas esferas do ser, caracterizando-o como "pessoa", em contundente oposição com todos os centros vitais funcionais que, internamente analisados, e também denominado centro "psíquicos".

2.3.1 Inteligência

Discute-se muito o conceito de inteligência, bem como se as pessoas estão se tornando cada vez mais inteligentes ou não. Cunhou-se até mesmo o termo "efeito Flynn" para designar os significativos ganhos de QI ocorridos no século XX, em homenagem ao Dr. James R. Flynn.

Flynn[47] tem uma visão interessante sobre a inteligência. Ele lembra, por exemplo que um chimpanzé pode derrotar um Homem em, ao menos, uma tarefa cognitiva. Antes de revelar essa curiosidade, porém ele se propõe a definir inteligência.

Ele aduz que A. R. Jensen escreveu que

---

[47] FLYNN, James R. **What is intelligence?**: Beyond the Flynn effect. Cambridge: University Press, 2007, p. 49. (*Trad. livre do Autor*)

A inteligência, por definição, é o que os testes de inteligên-
cia medem". Trata-se de uma visão instrumentalista, posi-
ção, que segundo Flynn, é bastante criticada. Ora, aduz ele
que se inteligência é o que realmente o teste de QI mede,
não seria possível inventar um teste melhor de QI porque o
este novo teste, por definição, teria de partir do medidor de
inteligência.[48]

Na verdade, elucida, Jensen nunca foi tão ingênuo:

Em 1979, ele escreveu um brilhante estudo distinguindo
inteligência de aprendizado e memória. Ele imaginou Ro-
binson Crusoé sozinho em uma ilha lutando para sobrevi-
ver. Crusoé esqueceria determinadas coisas e, portanto, o
conceito de memória. Ele iria adquirir novas habilidades
e, portanto, estamos falando da concepção de aprendizado.
Entretanto, somente quando seu amigo Sexta-Feira chegou
e aprendeu as tarefas mais rápido e melhor que ele é que se
poderia se falar do conceito de inteligência.[49]

Vê-se, portanto, o caráter relacional da inteligência.

Lamenta, ainda, Flynn[50] que Jensen em *"The g factor: the scien-*
ce of mental ability", Westport, CT, Praeder, tenha abandonado o
intento de definir inteligência, dizendo que nunca mais iria tratar do
assunto, pois era tema sem qualquer precisão e que não atraia nenhum consenso. Todavia, em pelo menos uma oportunidade o autor
referido por Flynn teve de se valer do vocábulo inteligência, quando
afirma, na mesma obra, que "inteligência" prediz o padrão, a qualidade e o limite do aprendizado[51].

Qualquer tentativa de evitar a definição de inteligência de-
monstra má-fé. A única razão pela qual podemos dispensar
um conceito claro é que não temos um conceito formado
em mente. Imagine-se Jensen palestrando sobre g para um

---

[48] *Idem.* (*Trad. livre do Autor*)
[49] *Ibidem,* p.50. (*Trad. livre do Autor*)
[50] *Ibidem,* p. 274-275.
[51] Norbert Wiener considera que "O aprendizado é uma propriedade que frequentemente associamos apenas aos sistemas dotados de consciência – quase
sempre os seres vivos. Constitui um dos atributos do Homem [...]" (**Deus, Golem e Cia**: um comentário sobre certos pontos de contato entre cibernética e
religião. Trad. de Leônidas Hegenberg e Octanny Silveira da Mota. São Paulo:
Cultrix,1971, p. 22).

marciano e não tenha como usar um substituto viável para a palavra "inteligência". O marciano provavelmente iria perguntar com espanto, que tipo de teoria era aquela, seria uma teoria sem nexo? Quando Jensen respondesse, claro que não, se tratava de uma teoria que media quem aprende mais rápido e melhor, o marciano iria exclamar: "Ah, você quer dizer uma teoria da inteligência.

As diversas discussões sobre a definição de inteligência são desvios da tarefa de defini-la, é o que diria Jensen, mas a distração não irá embora até que seja exorcizada. O melhor começo seria entender a razão pelo qual Jensen abandonou a tarefa de definir inteligência: porque todas as definições se assemelham com a construção teórica de g[52]. Eu aduziria que o conceito de pré-teoria e de pós-teoria são distintos e que confundir ambos é fatal. O melhor exemplo advém da história da astronomia. Nela, o conceito de uma pré-teoria moderna da influência celeste pavimentou a definição para uma pós-teoria sobre redemoinho, gravidade e curvatura espacial[53].

Isso demonstraria que pré-teorias não são inúteis e servem para abrir caminho para teorias completas e mais sofisticadas, na medida em que mostram um caminho formado de erros e acertos, desde que sejam suficientemente detalhadas. Caberia à teoria apropriar-se do conceito da pré-teoria em uma estrutura teórica com especificidade para produzir uma previsão que possa ser desmentida (ou confirmada) posteriormente.

Flynn entende que para criar uma pré-teoria da inteligência será necessário responder à seguinte pergunta: Que elementos afetam nossa habilidade de resolver problemas que consistem de uma função cognitiva?

E responde assim:

I) Acuidade mental: a habilidade de fornecer soluções imediatas para problemas nunca antes enfrentados, não solucionáveis pela aplicação mecânica de um método aprendido e

---

[52] Na teoria de Arthur Jensen, "g" é a abreviatura de *general intelligence factor*, ou fator geral de inteligência, noção que seria o ponto de destaque de sua obra, embora bastante controverso. (*Trad. livre do Autor*)

[53] FLYNN, James R, op.cit., p. 50-51. (*Trad. livre do Autor*)

geralmente requerendo a criação de soluções alternativas;

II) Hábitos mentais: a prática de atividades que incrementem a capacidade do cérebro, a exemplo das palavras cruzadas;

III) Comportamentos. O cumprimento de certas etapas anteriores visando estar preparado para enfrentar tarefas mais complexas rotineiramente;

IV) Conhecimento e informação: quanto mais se tem mais problemas se pode resolver. Por exemplo, não se pode resolver problemas avançados de álgebra sem conhecer a álgebra elementar. Não se pode aplicar o conhecimento sem dados;

V) Rapidez de processamento da informação e, memória[54.]

O autor considera que "a inteligência é importante em três níveis, respectivamente: psicologia cerebral, diferenças individuais, e tendência social[55], este último, fato com o qual, penso, não se pode concordar.

Por fim, o autor esclarece que algumas capacidades cerebrais relacionadas com a inteligência, como a velocidade de apreensão de dados pode variar de espécie para espécie e cita como exemplo os experimentos de Matsuzawa com o chimpanzé Ali, que consegue memorizar uma sequência maior de objetos que devem ser inspecionados do que os seres humanos.

Possivelmente isso ocorre porque na deriva natural da espécie prima, tal habilidade se mostrou mais importante que na nossa e, assim, essa capacidade cognitiva foi mais desenvolvida no símio que no Humano.

Imagina-se que, em seu *habitat*, o chimpanzé tenha necessidade de ser mais rápido para inspecionar visualmente o ambiente à procura de alimento do que o ser humano. Essa variação de aptidão cognoscitiva entre espécies parece explicar, também, por que leopardos, por exemplo, são mais rápidos ainda que os símios nessa tarefa, porque, provavelmente, ao caçar precisam definir logo o alvo, antes de serem percebidos

---

[54] *Ibidem*, p.53-54. (Trad. livre do Autor)
[55] *Idem*.

e serem precisos em seu ataque, sob pena de perder a chance e ficarem com fome.

Assim, verifica-se que a inteligência não é atributo unicamente humano; que se trata de conceito com conteúdo variado, de difícil apreensão em toda sua dimensão e que, talvez, ainda se esteja num estágio que não permita erigir uma teoria geral da inteligência, somente apreensível com o desenvolvimento das diversas ciências envolvidas com ela, nos seus variados enfoques.

Todavia, mesmo nesse estágio, diversos de seus elementos componentes podem ser divisados visando compreender seu fenômeno.

Para Telles Júnior, "A inteligência é a faculdade que ora renega e repudia, ora aceita e exalta. É ela que compara e avalia. É ela, em suma, que decreta o *valor* das coisas".[56] Diz, ainda, o autor, que "A inteligência é necessariamente *determinada* pelo que o ser humano *realmente* é", ou seja, pelo que o Homem é em determinado local e circunstâncias históricas, sendo a inteligência dotada de função constituinte do Homem.

Kurzweil[57] elucida que uma maneira de definir inteligência é em termos de processos constitutivos por aprendizado, racionalização e habilidade de manipular símbolos. Para ele, aprendizagem não é apenas uma aquisição de fatos, mas também, de conhecimento. Diria um psicanalista freudiano ou lacaniano, de **saber** e não de **conhecimento**.

Ele entende também que razão é a habilidade de ter deduções e interferências do conhecimento com o fito de alcançar um objetivo ou resolver um problema. Assim, define inteligência em termos de objetivo — e ele entende que o Homem tem um objetivo, comum a todas as espécies, que é sobreviver.

---

[56] TELLES JÚNIOR, Goffredo. *Direito quântico: ensaios sobre o fundamento da ordem jurídica*. 7. ed.. São Paulo: Juarez de Oliveira, 2003, p. 230.
[57] KURZWEIL, Ray. **The age of intelligent machines**. 3ª reimp. Cambridge: MIT Press, 1999, p. 16. (*Trad. livre do Autor*)

Portanto, em variados campos de conhecimento aponta-se a inteligência como característica humana, embora não exclusivamente humana.

2.3.1.1 Sistema nervoso e conhecimento

Conforme postula Maturana e Varella[58], é preciso relembrar sempre que o comportamento não é uma criação do sistema nervoso, mas a descrição das naturais mudanças de estado de um sistema em relação a um meio, ao equilibrar as perturbações por ele geradas.

As associações comuns à palavra comportamento são ações cotidianas, tais como: comer, andar, dentre outras. O elemento unificador destas ações é sua relação ao movimento, embora ele não seja qualidade universal dos seres vivos, do que não discorda Telles Júnior.

A organização elementar do sistema nervoso humano, tão intrincadamente complexo, no fundamental, possui a mesma lógica que a modesta hidra, ser que possui uma das formas conhecidas mais simplificadas de sistema nervoso.

2.3.1.2 A rede interneuronal

No homem, cem bilhões (10^{11}) de interneurônios interconectam em torno de um milhão (10^6) de neurônios motores, que ativam alguns poucos milhares de músculos, com cerca de dezenas de milhões (10^7) de células sensoriais espalhadas como superfícies receptoras em vários locais do corpo. Entre os neurônios motores e os sensoriais interpõe-se o cérebro, colossal "emaranhado" de interneurônios que os interconecta (a uma razão de 10/100.000/1) numa dinâmica constantemente em modificação.

---

[58] MATURANA, Humberto R; VARELA, Francisco J. *A Árvore do Conhecimento - as bases biológicas da compreensão humana*. São Paulo: Palas Athena, 2007, p. 158-196.

Interessante notar que o sistema neural do polvo é diferente do humano e muito mais descentralizado, como alguns sistemas digitais atuais que se valem de computação distribuída para otimizar os processos.

As perturbações externas não são determinantes. Elas apenas articulam o constante ir e vir dos equilíbrios internos.

2.3.1.3 Clausura operacional do sistema nervoso

Para Maturana e Varella[59], o sistema nervoso é organizado de uma maneira que qualquer mudança ocorrida provocará outras mudanças dentro dele mesmo; ele funciona como um circuito fechado de modificações nas relações de atividades entre suas partes constituintes. Assim, pode-se afirmar que, quanto à sua organização, ele possui uma **clausura operacional.**

Graças a sua estrutura e seu modo de operar em clausura, o funcionamento do sistema nervoso é perfeitamente condizente com o caráter autônomo da unidade. Um estado de atividade é seguido por outro, o que altera toda a unidade. Deste modo, todo processo de conhecimento está baseado no organismo como uma unidade operacionalmente fechada em seu sistema nervoso. Daí tem-se que todo conhecer é fazer, como ligações sensório-efetoras nos domínios de acoplamento estrutural em que há o sistema nervoso.

2.3.1.4 Plasticidade

O grau de atividade e o trânsito químico entre duas células articulam a eficiência e a forma de interação que ocorre entre elas durante sua contínua variação. Assim se explica a plasticidade do sistema nervoso: os pontos de interação entre as células compõem delicados equilíbrios dinâmicos, articulados por incontáveis elementos provocadores de mudanças estruturais locais. Estas de-

---

[59] *Ibidem*, p. 158-196.

correm da atividade dessas mesmas células, bem como, de outras, cujos frutos navegam pela corrente sanguínea e banham os neurônios. Tudo isso integra a dinâmica de interações do organismo por seu meio.

2.3.1.5. O cérebro e o computador

Para Maturana e Varela[60], seria errôneo conceituar o sistema nervoso como possuindo entradas e saídas, na acepção tradicional. Seria dizer que tais entradas e saídas tomam parte na definição do sistema, como acontece com o computador. Esta conduta é totalmente admissível quando criamos uma máquina na qual o mais importante é saber de que maneira desejamos com ela interagir. Mas o sistema nervoso (ou o organismo) não foi projetado por ninguém: decorre da deriva filogenética de unidades centradas em sua própria dinâmica de estados. Deste modo, o apropriado é reconhecê-lo como uma unidade delimitada por suas relações internas, nas quais as interações só agem articulando sua dinâmica estrutural, ou seja, como uma unidade dotada de clausura operacional. Diversamente do que correntemente é dito, o sistema nervoso não "capta informações" do meio. Antes o contrário, ele edifica um mundo, ao apontar quais configurações do meio são perturbações e que alterações estas provocam no organismo.

2.3.2 Consciência

Inicialmente é preciso afirmar, como Minsky[61], que há uma crença generalizada que temos essa entidade especial chamada consciência.

---

[60] *Idem.*
[61] MINSKY, Marvin. **The society of mind**. Nova York: Simon & Schuster, 1988, p. 39.

Many people seem absolutely certain that no computer could ever be sentient, conscious, self-willed, or in any other way "aware" of itself. But what makes everyone so sure that they themselves possess those admirable qualities? If self-awareness means to know what's happening inside one's mind, no realist could maintain for long that people have much insight, in the literal sense of seeing-in. Indeed, the evidence that we are self-aware — is very weak indeed."[62]

Por fim, aduz ele que "Há algo estranho sobre descrição da consciência: não importa o que as pessoas querem dizer, elas simplesmente não conseguem dizê-lo de maneira clara."[63]

Tratar da consciência é matéria afeta principalmente à psicologia, à psicanálise e à filosofia, todavia, esse trabalho não estaria completo sem ao menos tocar a superfície desse tema.

De logo, convém alertar que consciência é uma palavra polissêmica e que, portanto, traz grande dificuldade para seu estudo. Basta ver-se que no Dicionário Houaiss *on-line*[64], a sua descrição preenche cerca de quinze páginas tamanho A4 quando impressa.

É que uma das características que comumente se atribui ao ser humano e que o tornaria único, diferente de tudo mais que há, seria o fato de ser dotado de consciência. Portanto, sem saber o que é esse elemento caracterizador, não é possível examinar se de fato o Homem é consciente, se ele apenas pensa ou crê que é consciente, se ele detém isoladamente esse caráter ou se é possível atribuir essa condição a outras espécies ou seres, dentre as quais os robôs.

---

[62] *Ibidem*, p.63. "Muitas pessoas parecem absolutamente certas que nenhum computador jamais poderia ser sensível, consciente, obstinado, ou de outra forma, cônscio de si próprio. Mas o que faz todo mundo ter tanta certeza que eles também têm esses atributos admiráveis? Se consciência de si próprio significa saber o que acontece dentro da mente de alguém, nenhum realista poderia sustentar por muito tempo que as pessoas tem discernimento, introspecção, no sentido literal de olhar para dentro. Na verdade a prova de que somos conscientes de nós próprios é verdadeiramente muito fraca," (tradução livre nossa).

[63] *Ibidem*, p.29 (tradução livre do Autor).

[64] HOUAISS, Antonio *et al*. *Dicionário Houaiss de língua portuguesa*. Disponível em: <http://houaiss.uol.com.br/busca.jhtm?verbete=consciencia&stype=k. Acesso em: 09 fev. 2009.

Henrique Schützer del Nero[65] trata da questão aduzindo que consciência é um produto do cérebro, enquanto conteúdo, é uma função enquanto forma. A sua formação seria decorrente da conjunção momentânea, sincronizada e circunstanciada dos neurônios, representando diferentes aspectos dos mundos externo e interno, do concreto e do abstrato, atado ao caráter analógico do processamento realizado pelo cérebro.

Com isso, ele afasta, de logo, a exclusividade da consciência humana, expressamente aceitando sua ocorrência em outros animais — mas não expressamente no reino vegetal — sem deixar de destacar que sua organização no cérebro humano é ímpar.

O autor limita-se, como dito, a destronar o Homem da condição de único consciente — e não podia deixar de ser, haja vista que inúmeros animais demonstram ter algum grau de ciência do que fazem ao fazerem o que fazem. De todo modo, esse é um passo largo e importante, pois rompe um dos pilares do antropocentrismo profundamente arraigado no Ocidente.

Hans Moravec[66] lembra que há quem veja consciência até mesmo em insetos. Cita *Animal Thinking* (pensamento animal, em tradução livre do Autor), de Donald Griffin que colaciona a pesquisa de Otto Von Frisch sobre abelhas, na qual ele anuncia que esses invertebrados comunicam a direção, a distância e o valor de uma reserva de alimentos a outras abelhas da mesma colmeia, mediante a execução de uma intricada dança, realizada com convulsões, cujas direções, comprimento e energia transmitem essas informações.

Traz a lume ainda a pesquisa de Martin Lindauer que foi além e comprovou uma forma de comunicação muito mais elaborada e denotadora de consciência, ao relatar que, quando uma colmeia está superpovoada, as operárias saem em busca de novos sítios para construção da nova colmeia. Quando essas operárias retornam, elas realizam uma dança na qual comunicam as caracterís-

---

[65] NERO, Henrique Schützer Del. **O sitio da mente**: pensamento, emoção e vontade no cérebro humano. São Paulo: Collegium Cognitio, 1997, p. 125-126.
[66] MORAVEC, Hans. **Homens e robots**: o futuro da inteligência humana e robótica. Trad. de José Luis Malaquias F. Lima. Lisboa: Gradiva, 1992, p. 69-70.

ticas dos sítios visitados, como o local e condições para abrigar a colmeia.

Os locais mais promissores são, então, visitados por outras abelhas que irão conferir as informações transmitidas, retornando e comunicando suas impressões à comunidade.

Interessante notar que, quando uma abelha está realizando a dança para comunicar a sua descoberta, ela não se distrai com abelhas que transmitem informações sobre o mesmo lugar por ela visitado. Todavia, se alguma abelha fala de um sítio mais promissor que o dela, a operária pode mudar de opinião e parar sua dança para prestar atenção na que trouxe melhores notícias.

É preciso dizer que em uma colmeia superpovoada, inúmeras abelhas estão realizando essa dança ao mesmo tempo e que o número de locais a serem conferidos vai diminuindo na medida em que elas vão comparando e selecionando os melhores. Quando quase a unanimidade é encontrada, elas abandonam a colmeia e, todas juntas se dirigem para o melhor sítio escolhido pela maioria, após esse ciclo de debates, que pode durar vários dias.

Isso bem demonstra que as abelhas põem em marcha um processo inteligente[67] e consciente, realizado em equipe, em etapas com prova e contraprova, até que uma decisão ocorra. Ora, isso caracteriza uma conduta inteligente. Para comprovar, basta trocar os vocábulos abelhas e operárias por homens e enxame por grupo, bem como, colmeia por *assembleia,* que não se notará diferença do comportamento que se esperaria de homens que, usualmente se consideram inteligentes.

Para Del Nero[68] a consciência faz o papel de recolhedora e coladora de pedaços de informação existentes no cérebro de modo inconsciente e que, por sua natureza e pelo efeito do processamen-

---

[67] KURZWEIL, Raymond. **The age of intelligent machines**. 3ª reimp. Cambridge: MIT Press, 1999, p. 145. "Um processo inteligente é uma associação de processos inteligentes e não inteligentes comunicando e influenciando um ao outro". (tradução livre do autor).
[68] NERO, Henrique Schützer Del, *op. cit.*, loc. cit.

to analógico realizado pelo cérebro, têm condição de se tornarem conscientes, ou seja, serem conhecidas pelo Homem.

Ele vislumbra que as características da consciência (atemporal, não espacial, subjetiva, qualitativa, capaz de gerar vontade, holista, mnêmica, emergente e intencional), fizeram-na, pelo transcurso de toda evolução da espécie, afastá-la do cérebro físico, conferindo--lhe status de fenômeno humano.

O autor depois de rememorar algumas das diversas explicações mecânicas para a mente, a exemplo das comparações com chafarizes e fontes, centrais telefônicas etc., todas buscando localizá-la no cérebro ou em algum outro órgão, dando *status* de objeto natural, sujeita às leis da física, aduz que as tentativas visavam manter a natureza unificada e tentar explicar as causas das patologias mentais. Tudo para se evitar a complicação posta pela dualidade matéria e espírito no âmbito da ciência.

Lembra, ainda, que a física moderna demonstra que, a partir de níveis subatômicos não comporta mais falar de matéria, mas, de energia, o que respaldaria, afinal e a cabo, o argumento da dicotomia do tratamento da questão, evidenciando a dualidade implícita que, de todo modo se unifica no conceito de energia, consolidadora da matéria e do espírito, "unidade de tudo".

Ademais, leciona Simha[69], no sentido moderno do termo, a noção de sujeito consciente implica a de identidade pessoal, que é, também, uma noção complexa. Identidade possui duas acepções: percepção individual de suas próprias operações e apropriação da experiência pessoal. Consciência seria, então, a possibilidade de um sujeito constituído apreender e compreender suas percepções, bem como, a de interagir consigo mesmo, de notar suas mudanças, quer sofridas, quer realizadas, sendo, por fim, responsável.

A consciência depende da capacidade de agregar representações (memórias), independente de sua ordem de acontecimentos e de sua localização temporal. Assim, consciência e memória im-

---

[69] SIMHA, André, *op. cit.*, p. 19.

plicam-se de tal modo que ocorre uma constante reatualização do passado.

A concepção moderna da consciência investiga a origem da atividade mental capaz de refletir sobre si (ser consciente de que o é e do que faz), de memorização ("arquivamento"; rememorar aquilo sobre o que se tem consciência e o que faz), de autonomia (imputa a si próprio suas ações e percepções, mesmo em um passado remoto). A partir de seu significado ético, compreende-se a unidade psicológica: a identidade só se forma e perdura quando da exigência, moral e jurídica, da responsabilidade. Assim, coloca-se o problema entre o sujeito (dotado de consciência pessoal, íntima) e a exterioridade

Distingue-se a memória da consciência: esta, a percepção, é uma categoria do agir, relacionado sempre com a objetividade e exterioridade; a memória é marcada pela relação essencial entre subjetividade e interioridade.

O recordar de uma lição, por exemplo, é um hábito adquirido pela repetição do mesmo esforço. Uma lembrança, ao contrário, é uma representação única, acontecimento individual que evoca o passado (diferentemente da memória-hábito, que meramente o representa), trazendo consigo a espontaneidade da imagem que foi vivida e, simultaneamente, formada pela primeira vez, impregnada pela experiência pessoal, subjetiva.

A consciência é dependente, no que tange à sua estrutura e funções, da ação do sujeito (que realiza funções corporais), da oposição do passado formado por lembranças puras e do presente *sensório-motor* (sistema cujo centro é ocupado pelo corpo humano). As lembranças não ficam contidas em nenhum lugar, mesmo no cérebro: aquilo que é percebido ocupa um lugar apenas no momento presente.

A verdadeira autonomia do sujeito em função da percepção de si — consciência como poder de síntese e de reflexão — decorre da especificação de um inconsciente humano, situado entre o automatismo e o conhecimento reflexivo da razão de seus próprios atos, condição sem a qual não há seu domínio.

Para Maturana e Varela[70], a linhagem de hominídeos possui mais de quinze milhões de anos, mas apenas por volta de três milhões de anos que solidificaram os traços estruturais fundamentalmente idênticos aos atuais. Alguns dos mais importantes: o andar ereto e bípede, o aumento da capacidade craniana, configuração dentária específica — relacionada a uma alimentação onívora, mas sobretudo baseada em sementes e nozes — e a troca dos ciclos estrais de fertilidade das fêmeas pela menstruação.

As características exclusivas da vida social humana e seu constante acoplamento linguístico originaram um fenômeno novo, simultaneamente tão perto e tão longe da nossa própria existência: a mente e a consciência.

Quando expostos pela primeira vez frente a um espelho, os gorilas demonstram-se admirados, mas logo se habituam ao efeito e o ignoram. Certa vez, um experimento foi realizado: um gorila foi anestesiado e, entre seus olhos, um ponto colorido foi pintado, de modo que só podia ser visto ao espelho. Após sair da anestesia e colocado diante do espelho, conduziu sua mão ao ponto colorido em sua testa para analisá-lo. Era presumível que ele a estenderia para tocar o ponto na imagem, onde a via. Com estes experimentos, imaginou-se poder indicar que, ao menos nos gorilas (e em outros primatas superiores) existia certa possibilidade de autoimagem e, assim, de reflexão. Longe está de compreender quais mecanismos recursivos possibilitam tal reflexão — se existirem mecanismos. E, existindo, provavelmente sejam bastante limitados e parciais. Deveras diferente é o homem, no qual a linguagem[71] torna sua capacidade reflexiva inseparável de sua identidade.

Nas interações feitas com os dois hemisférios cerebrais, encontram-se comportamentos geralmente apontados como próprios de uma mente consciente, capaz de refletir, algo muito importante.

---

[70] MATURANA, Humberto R; VARELA, Francisco J. **A Árvore do Conhecimento** - as bases biológicas da compreensão humana. São Paulo: Palas Athena, 2007, p. 228-257.
[71] **KOKO: o gorila falante**. Barbet Shroeder (dir.) Paris: Wonder Multimidia. 1978. DVD.

Sem o recurso linguístico não existe linguagem nem parece formar-se uma mente, ou algo que se assemelhe como tal, em nosso domínio de distinções.

Em todos os níveis, o sistema vivo é organizado de modo a criar regularidades internas. No domínio do acoplamento social e da comunicação ("trofolaxe" linguística), o mesmo efeito é produzido. Através dos mecanismos possibilitados pelo atuar linguístico e sua maximização na linguagem, dessa vez será produzida a coerência e estabilização da sociedade como unidade. Este novo nível de coerência é o que conhecemos como consciência e como "nossa" mente. Ademais, temos conhecimento de que as palavras são ações e não coisas que "passam daqui para ali".

O surgimento da linguagem no ser humano, bem como no contexto social em que ela aparece, cria o inédito fenômeno — até onde se sabe — do mental e da autoconsciência como a experiência mais pessoal do ser humano. Sem o desenvolvimento histórico das estruturas adequadas não há possibilidade de adentrar o domínio humano. De outro lado, como fenômeno na rede de acoplamento social e linguístico, o mental não é uma "coisa" localizada no crânio, nem um fluido cerebral: a consciência e o mental integram o acoplamento social, portanto, nele acontece sua dinâmica. A linguagem não foi criada por um indivíduo sozinho no captar um mundo exterior. Assim, ela não pode ser utilizada como ferramenta para revelar este mundo.

2.3.2.1 Identidade

Segundo Santaella[72], identidades são sempre várias. A visão de que a identidade conscientemente é una e rígida baseia-se na noção de sujeito e de subjetividade legada do cartesianismo e, pelo menos há um século, foi problematizada pela filosofia e psicanálise.

O cogito cartesiano deixou uma ideia de subjetividade humana que preponderou por séculos no pensamento ocidental. Segundo

---

[72] SANTAELLA, Lucia. **Linguagens líquidas na era da mobilidade**. São Paulo: Paulus, 2007, p. 84.

esta ideia, a existência do sujeito é análoga ao seu pensamento.

A visão do "eu", deixada por Descartes, ingressou em uma crise provavelmente irreversível. Os conceitos de indivíduo, sujeito e subjetividade calcados nessa visão foram substituídos por mudanças culturais iniciadas na segunda metade do XIX.

A visão radicalmente descentrada do eu, sugerida por Freud, foi uma das ideias mais revolucionárias nesta área do saber. Lacan evidenciou que o ego é, na verdade, uma desorganizada compilação de identificações e que é projeção do imaginário, a falsa unidade do eu. Nesse sentido, os postulados lacanianos unem a psicanálise à tentativa pós-estruturalista de avaliar o eu como fruto do discurso e não como algo real ou como estrutura estável da mente. Hoje, a desconstrução do sujeito ocorre não só na filosofia ou psicanálise, mas também, em diversas áreas.

Quem pode dizer, que, às vezes, pelo menos, não é contraditório de si mesmo? Ainda assim, possui identidade.

Uma visão diferente da subjetividade a revela como multiplamente forjada. Esta imagem busca desligar-se do essencialismo naturalista ou do naturalismo social e é encontrada em Domenèch[73], na teoria do Ator-Rede. Esta teoria, baseada nos postulados de Michel Serres[74] e originada no interior dos estudos da ciência, restaura o papel do tecnológico — ao invés de aumentar a distância entre o humano e o não-humano, entre o social e o natural — nas explicações sobre questões que têm sido formuladas como distintas a essa classe de elementos. Assim, as relações de poder e a constituição de subjetividades, por exemplo, aparecem sob novo foco, quando deixamos de considerá-las exclusivamente como processos pertinentes aos humanos.

A subjetividade polifônica de Guattari[75] afirma que a subjetividade coletiva é gerada por elementos semióticos que não podem ser redu-

---

[73] DOMENÈCH, M. et al. **A dobra:** psicologia e subjetivação. *In*: Nunca fomos humanos. Nos rastros do sujeito, *apud* SANTAELLA, Lucia, *op. cit.*

[74] SERRES, Michel. **Preface**. In: L'oeuf transparente; *apud* SANTAELLA, Lucia, *op. cit.*

[75] *Idem.*

zidos a uma tradução em termos de significantes estruturais e sistê-
micos. Considerando tal ponto de vista, não é mais possível referir-se
a um sujeito em geral e a uma enunciação perfeitamente individualizada, mas de elementos parciais e heterogêneos de subjetividade e
de agenciamentos coletivos de enunciação dos quais decorrem mul-
tiplicidades humanas, mas também devir de ordem animal, vegetal,
maquínico, incorporal, infrapessoal.

Assim, é inequívoca a dispersão conceitual do "eu" nas ciências
humanas, observável nas ponderações acerca da subjetividade que
tentam evidenciar as inverdades escondidas nos axiomas atrás das
crenças.

Conclui-se, então, que a maior fluidez da qual é dotada a *persona* que interage no ciberespaço, comparada a outras situações da
vida, é proveniente da possibilidade de conscientemente a construirmos no ambiente simulado. Pelo fato de termos consciência,
podemos brincar com o próprio eu de novas maneiras na interação
com outras *personas* do ciberespaço. Entretanto, tal só é possível
através da mediação do Outro — linguagem, cultura, o ciberespaço
como sistemas de códigos — que permitem formas interativas não
vivíveis em outras circunstâncias.

O sujeito não se encontra em um tempo/espaço fixo, em uma
opinião cravada de onde possa decidir de forma racional suas op-
ções. Ao contrário, pois ele está multiplicado em bancos de dados,
espalhado entre mensagens eletrônicas, envolvido sucessivamente
em algum modo de transmissão e captação eletrônicas de símbolos. Ora, com o surgimento da cibercultura, o Outro (o grande outro da psicanálise, o espaço da linguagem dos códigos e da cultura)
torna-se mais complexo.

A grande novidade do ciberespaço é demonstrar que a identidade humana naturalmente é múltipla, além de permitir que se
brinque com essa verdade "até o limite último da transmutação, da
metamorfose; enfim, da 'metamorfose' identitária", nas palavras
da própria Santaella.

2.3.2.1.1 Identidade sob a ótica jurídica

Afirma Capelo de Sousa[76] que o bem jurídico da identidade está no reconhecimento do homem por ele próprio, na conexão pela qual ele mesmo se identifica. Este bem é tão intrínseco do ser humano que a própria convivência depende de ele estar reciprocamente salvaguardado. Por isto, o Direito tutela não só a essência da identidade, mas também seu reflexo lógico ou formal perante a sociedade, de modo que cada indivíduo é uma unidade independente de interesses, possui sua maneira de ser e de se afirmar, cabendo aos outros reconhecerem e respeitar sua identidade.

A proteção jurídica da identidade recai sobre a disposição somático-psíquica de cada ser humano, sobretudo quanto à sua "imagem física, gestos, voz, escrita e retrato moral"[77]. Ela abrange também o fato de estar o homem alocado sócio ambientalmente, considerando sua "imagem de vida, história individual, decoro, reputação, seu crédito perante terceiros, identidade sexual, familiar, racial, linguística, política, religiosa e cultural."[78] Pode albergar ainda fatores sociais que identifiquem o indivíduo, a exemplo do "nome e pseudônimo", ou "a filiação reconhecida, estado civil, naturalidade e domicílio" que, embora tutelados por outras áreas, acabam por integrar o bem da identidade.

Entretanto, o bem da identidade é limitado. Primeiramente, pelos comportamentos apontados como devidos. Depois, embora o bem abarque uma vastidão de aspectos, nem todos são passíveis de tutela jurídica plena. Assim, por exemplo, não serão civilmente indenizáveis as ofensas aos aspectos acessórios da identidade, desde que esta não sofra uma lesão considerável. No mesmo sentido, não serão ilícitas as ações que, provenientes da vida comum e dos erros humanos, atinjam a identidade.

---

[76] CAPELO DE SOUSA, Rabindranath Valentino Aleixo. **O direito geral de personalidade**. Coimbra: Coimbra Editora, 1995, p. 245.

[77] *Ibidem*, p.248.

[78] *Idem*.

2.3.3 Cérebro, Mente, Consciência e Inconsciente

As tentativas recentes de materialização da mente baseiam-se no fato (na ideia) de que o cérebro[79] é uma máquina que calcula e que a mente seria o pensamento e que este é um processamento de sentenças ou sequências de símbolos.

Portanto, não se pode confundir mente e cérebro, nem estes com o pensamento, como se verá adiante, embora se possa traçar uma relação entre eles.

Para Del Nero[80], a grande capacidade da mente é analisar a natureza de verdade ou falsidade de sentenças e de validade, ou não, de argumentos, sendo certo que argumentos são válidos ou não, e sentenças são verdadeiras ou falsas. Raciocínio ou pensamento é a articulação de ambos os conceitos. Destarte, para o autor pensar seria:

a) reconhecer uma proposição ou não (veja a diferença entre "Paulo é careca", "Paulo é marciano", "Marcianos verdejam alegre porta". A primeira é uma sentença verdadeira. A segunda é uma sentença falsa. A terceira é uma não-sentença ou não proposição);

b) reconhecer a verdade ou a falsidade de uma sentença ou proposição;

c) reconhecer a validade ou não de um argumento (articulação de um conjunto de sentenças tais que, se as premissas são verdadeiras, a conclusão segue delas);

Isso serviria para conceituar a lógica como uma ciência de in-

---

[79] TAUBE, Mortimer. **Os computadores**: o mito das máquinas pensantes. Trad. de Ronaldo Sérgio de Biasi. Rio de Janeiro: O Cruzeiro, 1967, p. 73. "Dessas considerações podemos retirar uma definição funcional do cérebro, bastante simples e imediata: O cérebro é o órgão do corpo que processa as informações recebidas de um ambiente relativamente estável (inclusive o próprio corpo) para assegurar um comportamento bem sucedido do organismo em relação ao ambiente."

[80] NERO, Henrique Schützer Del, *op. cit.*, p. 150-151.

ferências necessárias ou arcabouço do pensamento inteligente, que permitiria ver a mente como computação, possibilitando fazer máquinas abstratas ou reais que executem as funções acima.

Importante questionar-se de que lógica deve-se utilizar. Evidentemente que não pode ser a lógica clássica com seus três primados básicos, pois o terceiro excluído há de ser ele próprio excluído para se projetar um sistema de inteligência artificial de modelo antropológico, haja vista as contradições inerentes ao Homem e, portanto, à sua forma de expressar inteligência.

Nesse passo a lógica paraconsistente, cujo expoente entre nós é o Prof. Newton da Costa[81], que não cogita de um terceiro excluído, bem ao modo da abordagem psicanalítica desenvolvida por Freud e aprimorada por Lacan, demonstrativa de que o Homem é, também, a sua contradição.

Ademais, não se pode mais cogitar de uma única lógica ou método para poder produzir um resultado consentâneo com a atualidade. É preciso se valer da indução, dedução e da abdução.

É importante destacar que têm vital importância para a inteligência artificial os trabalhos sobre lógica desenvolvidos por Alfred Tarski, no campo da lógica superado apenas por Gödel, e de Jan Lukasiewicz[82] (notação polonesa) que desenvolveram uma lógica contendo três valores de verdade: o verdadeiro, o falso e o possível (lógica trivalente ou polivalente que é semelhante ao que se vê no direito). Todavia, ainda há autores que não compreendem essa possibilidade, afirmando categoricamente sua imprestabilidade para o direito da cibernética, como Lousano[83].

Pimentel recusa-se a aceitar essa afirmação do jurista peninsular, pois certamente sabe que essa é a lógica adotada nos sistemas inteligentes.

---

[81] COSTA, Newton C. A. da. **Lógica paraconsistente aplicada**. São Paulo: Atlas, 1999.

[82] TARSKI, A.; LUKASIEWICZ, J. *On the Concept of Following Logically.* Tradução de Tarski, 1936, por Stroińska e D. Hitchcock. *History and Philosophy of Logic.* Editora 23, 2002, p. 155-196.

[83] LOUSANO *apud* PIMENTEL, Alexandre Freire. *O direito cibernético: um enfoque teórico e lógico-aplicativo.* Rio de Janeiro: Renovar, 2000, p. 237.

Isso traz a lume as ideias de Turing sobre sua máquina universal, teórica, mãe de todos os computadores modernos e base para os sistemas de inteligência artificial, impossível de ser criada, dada a necessidade conceitual de sua memória infinita, mas que pela sua capacidade de formalização poderia emular o funcionamento do cérebro. Esse é o texto seminal da inteligência artificial, pois conjecturou sobre o teste da imitação, como Turing o denominou, mas que passou para a história como o Teste de Turing[84], pelo qual, desde então, se busca medir a inteligência de um computador.

> *I propose to consider the question, "Can machines think?" This should begin with definitions of the meaning of the terms "machine" and "think." The definitions might be framed so as to reflect so far as possible the normal use of the words, but this attitude is dangerous, If the meaning of the words "machine" and "think" are to be found by examining how they are commonly used it is difficult to escape the conclusion that the meaning and the answer to the question, "Can machines think?" is to be sought in a statistical survey such as a Gallup poll. But this is absurd. Instead of attempting such a definition I shall replace the question by another, which is closely related to it and is expressed in relatively unambiguous words.*
>
> *The new form of the problem can be described in terms of a game which we call the 'imitation game." It is played with three people, a man (A), a woman (B), and an interrogator (C) who may be of either sex. The interrogator stays in a room apart front the other two. The object of the game for the interrogator is to determine which of the other two is the man and which is the woman. He knows them by labels X and Y, and at the end of the game he says either "X is A and Y is B" or "X is B and Y is A. [...] We now ask the question, "What will happen when a machine takes the part of A in this game?" Will the interrogator decide wrongly as often when the game is played like this as he does when the game is played between a man and a woman? These questions replace our original, "Can machines think?"*

Evidentemente que o teste e suas proposições são também questionados pela doutrina, dentre outros motivos porque ele seria ba-

---

[84] TURING, A. M. *Computing machinery and intelligence*. Disponível em: <http://www.loebner.net/Prizef/TuringArticle.html>. Acesso em: 20 abril 2004.

seado em uma mentira. Para estes o objetivo do computador no jogo seria mentir para que seu interrogador pense que ele é humano.

A segunda contestação relevante é que ele mediria **um tipo** de inteligência.

Todavia, essas confrontações são equivocadas. Inicialmente, Turing não disse que o computador deveria mentir. Muito menos disse que ele deveria se passar por um humano. O teste não se propõe a medir humanidade, nem verdade, mas inteligência; não se propõe saber se o ocupante de dada posição é um Homem. O teste quer saber se um humano reconhece no seu interlocutor algo que considere como respostas inteligentes, levando à compreensão de que está dialogando com um ser inteligente e pressupostamente, humano.

A suposição de que o interrogador poderia cogitar tratar-se, equivocadamente de um humano, sendo o interrogado um computador, baseia-se num paradigma antropocêntrico de que somente um humano poderia ser inteligente ou estabelecer uma conversação inteligente e, assim, somente uma manifestação humana seria aferível como inteligente e, desse modo, apenas falseando a identidade humana um computador passaria no teste.

Ledo engano. O computador, como visto, no teste de Turing não precisa fazer-se passar por humano. Ele só precisa ser ele, respondendo o que **julgar** — note-se o verbo — conveniente, seja verdade ou mentira, pois aos jogadores humanos também não se pediu falarem sempre a verdade, apenas serem eles mesmos. Nem se lhes pede que sejam coerentes. Tanto assim que se pode pedir a um mentiroso contumaz para realizar o teste que ele não se invalida em seus termos originais. Pode ocorrer mesmo que o computador se sinta juridicamente pessoa, mas isso também é desimportante para o teste.

O segundo equívoco da suposta falha do teste é que ele mediria apenas um tipo de inteligência. Ora, inteligência, nos termos que se coloca usualmente — e deve ser nessa acepção que se examina no teste — é a capacidade de expressar atos, inclusive palavras, que tenham aparência, que provoquem em quem os conhece a sensação de estar presenciando algo inteligente.

Assim deve ser visto o teste de Turing.

Contudo, nesse passo, logo precisa ser referida a obra de Gödel[85], notadamente seus teoremas da incompletude para se compreender a diferença entre o cérebro e o computador[86], pois sua prova matemática de que certos problemas matemáticos não podem ser nem provados nem incomprovados dentro do sistema da matemática, sendo isso não uma incerteza, mas uma definitiva certeza, importa em que há verdades que não podem ser comprovadas nem refutadas e, assim, não podem ser formalizadas.

Goldstein[87] e Gödel[88] explicam:

> *Em particular, o que nossas mentes não podem ser, segundo essa linha de raciocínio, são computadores. É isso que o primeiro teorema da incompletude de Gödel parece informar. Mas são os sistemas formais que captam a computação dos computadores, razão por que conseguem descobrir as coisas sem recorrer a quaisquer significados. Os computadores funcionam de acordo com algoritmos, o que aparentemente não acontece conosco, donde se conclui que nossas mentes não são computadores.*

> *O primeiro dos argumentos que alegam uma ligação entre o primeiro teorema da incompletude de Gödel e a natureza da mente foi publicado em 1961 pelo filósofo de Oxford John Lucas:*

> *'O teorema de Gödel me parece provar que o mecanicismo é falso, ou seja, que as mentes não podem ser explicadas como máquinas. Muitas outras pessoas tiveram a mesma impressão: quase todo lógico matemático a quem mencionei o assunto confessou ter pensamentos semelhantes, mas se sentiu relutante em se comprometer em definitivo até ver o argumento inteiro formulado, com todas as objeções plena-*

---

[85] GOLDSTEIN, Rebecca. **Incompletude: a prova e o paradoxo de Kurt Gödel**. São Paulo: Companhia das Letras, 2008.
[86] Nesse particular, *vide* KOLMAN E; FROLOV, I. P. **La cibernética y el cérebro humano**. Montevideu: Pueblos Unidos, 1958, p. 157 et seq.
[87] GOLDSTEIN, Rebecca, *op. cit.*, p. 168-169.
[88] GÖDEL, Kurt. **On formally undecidable of principia and related systems**. *Trad. de* Meltzer, B. Nova York: Dover publications Inc., 1992, p. 37-72.

mente enunciadas e apropriadamente contestadas. É o que estou tentando fazer.'

O argumento de Lucas foi bem direto. Ele argumentou que, por mais complicada que seja uma máquina criada por nós, ela funcionará de acordo com as regras gravadas em circuitos e enunciáveis num sistema formal; quando perguntarmos a essa máquina quais são as proposições verdadeiras, para responder ela será capaz de verificar quais proposições decorrem das regras do sistema. Haverá, portanto, uma proposição que escapará à sua captação da verdade, que não é decidível pela comprovação determinada por regras — uma proposição que nossas mentes serão capazes de captar como verdadeira. Por mais que fortaleçamos a máquina, acrescentando as proposições esquivas como axiomas, surgirá outra proposição que escapará a ela [...], mas não a nós. Essa fórmula a máquina será incapaz de reconhecer como verdadeira, embora uma mente possa vê-la como verdadeira. De modo que a máquina continuará não sendo um modelo adequado da mente. Estamos tentando produzir um modelo da mente que seja mecânico — que seja essencialmente "morto" — mas a mente, sendo de fato "viva", sempre consegue sobrepujar qualquer sistema formal, ossificado, morto. Graças ao teorema de Gödel, a mente sempre tem a última palavra.'

O matemático Roger Penrose, também professor de Oxford publicou dois livros, A mente nova do rei (The emperor's new mind) e Shadows of the mind, argumentando que os teoremas da incompletude de Gödel implicam a falsidade do mecanicismo, o beco sem saída do campo da inteligência artificial, se a inteligência artificial pretender explicar plenamente nosso pensamento.

'Entre as coisas que Gödel indiscutivelmente comprovou foi que nenhum sistema formal de regras matemáticas de provas seguras jamais será suficiente, ainda que em princípio, para estabelecer todas as proposições verdadeiras da aritmética comum. Seus resultados mostraram algo mais e confirmaram que a compreensão e o insight humanos não podem ser reduzidos a nenhum conjunto de regras. Que o pensamento humano vai além do que pode ser obtido por um computador, no sentido em que entendemos o termo "computador" atualmente.'

Penrose acredita que, embora a mente não seja um computador, trata-se de um sistema físico. A mente é idêntica ao cérebro. Portanto, a natureza não mecanicista da mente decorrente, ele alega, do primeiro teorema da incompletu-

de de Gödel deveria orientar nosso pensamento para leis físicas não mecanicistas, do tipo sugerido pela mecânica quântica. De modo a acomodar os aspectos não computacionais da mente. A natureza não combinatória, mas, ainda assim, física do pensamento mostra a natureza não combinatória das leis físicas básicas.

O próprio Gödel foi bem mais cauteloso em extrair, de seus famosos teoremas matemáticos, conclusões sobre a natureza da mente humana. O que está rigorosamente provado, ele sugeriu em conversas com Hao wang, bem como na conferencia Gibbs, proferida em Providence, Rhode Island, em 26 de fevereiro de 1951 (e nunca publicada), não uma proposição categórica no tocante à mente. Pelo contrário, o que se depreende é uma disjunção, uma proposição do tipo "ou-ou". Ou seja, ele estava admitindo que o não-mecanicismo não decorre, pura e simplesmente, de seu teorema de incompletude. Existem saídas possíveis para o mecanicista.

*Gödel acreditava que o que havia sido rigorosamente provado, supostamente com base no teorema da incompletude, é: "Ou bem a mente humana ultrapassa todas as máquinas (para ser mais preciso, ela consegue decidir mais questões teóricas sobre números do que qualquer máquina), ou bem existem questões teóricas sobre números indecidíveis para a **mente humana**. (grifos nossos)*[89]

Trata-se dos problemas não computáveis. Gödel assim descreveu sua descoberta: "É possível — pressupondo a consistência (formal) da matemática clássica — até dar exemplos de proposições que são contextualmente verdadeiras, mas não dedutíveis no sistema formal da matemática clássica".[90]

A partir dessa afirmação ele pode anunciar os dois teoremas da incompletude. O primeiro, resumidamente, é que

existem verdades aritméticas que não podem ser provadas dentro do sistema formal, supondo-se que o sistema seja consistente. Portanto, o sistema formal é inconsistente ou incompleto. Ou seja, existem proposições comprovadamente não dedutíveis, mas mesmo assim verdadeiras, em qualquer sistema formal que contenha a aritmética elementar,

---

[89] GOLDSTEIN, Rebecca, *op. cit.*, p. 168-171.
[90] *Ibidem*, p. 131.

supondo que o sistema seja consistente[91].

O segundo teorema informa "que a consistência de um sistema formal que contenha a aritmética não pode ser formalmente provada dentro daquele sistema. "[92]

Isso leva à impossibilidade de o computador funcionar como o cérebro que atua, muita vez, por intuição e não por formalização, como, também, leva aos limites do saber humano, uma vez que, matematicamente comprova que sempre haverá algo que não pode ser conhecido e, portanto, nem compreendido nem explicado.

No mesmo sentido o entendimento de Kurzweil[93]:

> *Juntos, os trabalhos de Turing, Church e Gödel, todos publicados na década de 30, representam as primeiras provas formais de que há limites definitivos para o que a lógica, matemática ou computação podem fazer. Essas descobertas contradizem a alegação de Wittgenstein em Tractatus que "se uma pergunta pode ser colocada, ela pode ser respondida".*

Em realidade, cada um a seu modo, Wittgenstein e Gödel, a despeito das profundas divergências, têm em comum o fato de ambos terem tratado da incompletude, haja vista que o filósofo já havia expressado seu entendimento que há certas coisas indizíveis, como, por exemplo as afirmações exotéricas, religiosas. Antes deles, Freud já havia tratado da questão da falta.

Segundo Taube[94], na Convenção Nacional dos Engenheiros de Rádio de 1955, chegou-se à conclusão de que "os computadores não podem ser considerados como estruturalmente semelhantes aos cérebros humanos, e de que a simulação da estrutura do cérebro por uma estrutura mecânica não é uma empresa muito promissora. "

---

[91] *Ibidem*, p.141-142.
[92] *Ibidem*, p.155.
[93] KURZWEIL, Ray. **The age of intelligent machines**. 3ª reimp. Cambridge: MIT Press, 1999, p. 115. (*Trad. livre do Autor*)
[94] TAUBE, Mortimer, *op. cit.*, p. 75.

É preciso que se diga que naquele ano, ou mesmo na época da publicação original da obra de Taube, o conhecimento da mecânica, fisiologia, estrutura e funcionamento do cérebro era bem inferior ao que se tem hoje em dia e que se terá no futuro. Ademais, a perspectiva tratada pelo autor leva em conta o paradigma então vigente dos computadores — e de certo modo ainda atual — que pode ser superado no futuro, sendo prematuro afirmar-se categoricamente a absoluta discrepância entre cérebro e computador.

A inteligência humana é finita, limitada, e por isso pode ser superada por outra que não seja, se é que existe, ou existirá. Contudo, é importante aduzir que a junção cérebro e máquina, "pessoa — artefato", tem propriedades emergentes, que superam a soma das propriedades específicas de cada elemento[95]. Assim, o Homem tecnológico tem ampliada sua capacidade de pensamento.

Outrossim, Gödel demonstrou que todo sistema formal é incompleto, seja a matemática, seja o direito ou qualquer outro. Com isso, ficou claro que não se pode formalizar tudo, pois haverá sempre algo que escapa e, assim, sendo os computadores máquinas que, na forma como são feitos atualmente, se valem da formalização para poderem computar, *i.e.,* para produzirem seus resultados, não poderão, com base nesse entendimento, funcionar exatamente como fazem os cérebros, que também computam, podendo produzir resultados semelhantes, mas por processos diferentes, embora não completamente diversos.

Ademais, bem se sabe que os computadores funcionam digitalmente, de modo binário, ao passo que o cérebro, ao menos o humano e provavelmente de todos os animais, funciona de modo analógico "e cumpre funções análogas às dos computadores"[96] mesclado

---

[95] GUIMARÃES, André Sathler. O homem de seis milhões de dólares. **Revista filosofia, ciência & vida**. Enigmas da consciência na filosofia da mente. Ano I, n° 3, p. 24, Editora Escala.

[96] DAWKINS, Richard. **O gene egoísta**. Trad. de Rejane Rubino. São Paulo: Companhia das Letras, 2008, p. 111.

com elementos digitais.[97] Para David Gelernter,[98] o cérebro funciona de modo analógico sob um controle digital, fato também observado por John Von Neumann[99].

Em face da confusão instalada de que os cérebros em virtude de serem também analógicos são inferiores e defasados em relação aos computadores, tem-se afastado o interesse ou tem sido desprezada a via analógica como método investigativo na construção de sistemas de inteligência artificial, o que, talvez, reduza o ritmo de desenvolvimento dos sistemas de inteligência geral, na medida em que não se utiliza a dupla capacidade analógica e digital do cérebro como modelo.

A compreensão da matemática como sistema fechado no qual nem todas as respostas devem ser neles buscadas, não desnatura a matemática como sistematizadora de verdades, mas, apenas, fixa-lhe um limite, humanizando-a.

Interessante que, ao mesmo tempo em que o computador se afasta do cérebro, pela impossibilidade de aquele formalizar tudo, ocorre uma aproximação, pois pode-se adjetivá-los como limitados.

Assim como há o que não pode ser entendido, nem explicado, nem provado, nem incomprovado, existem problemas não computáveis, ao menos na forma como se realiza hoje em dia nos computadores e que nos sistemas domésticos leva ao "travamento" dos equipamentos.

Os computadores em seu estágio atual são excelentes para quantificar, mas, como funcionam hoje em dia, incapacitados de qualificar, ao passo que os cérebros humanos são bons em qualificar, mas já superados pelos computadores para quantificar, calcu-

---

[97] TENÓRIO, Robinson Moreira. **Cérebros e computadores**: a complementaridade analógico-digital na informática e na educação. 4. ed. São Paulo: Escrituras, 2003.

[98] Debate realizado no MIT em comemoração aos 70 anos da publicação sobre números computáveis de Alan Turing. Disponível, quando do acesso em: <http://www.kurzweilai.net/meme/frame.html?main=memelist .html?m=4%23688>. Acesso em: 13 fev. 2009.

[99] TENÓRIO, Robinson Moreira, *op. cit.*, p. 2.

lar. Isso não significa que os computadores não possam, um dia, ser tão bons como o cérebro nesse quesito, mediante aplicação de tecnologias já disponíveis com outras ainda por vir.

Marvin Minsky[100] discorda do entendimento geral de que os computadores obedecem a uma lógica perfeita:

> *What's wrong with the old arguments that lead us to believe that if machines could ever think at all, they'd have to think with perfect logic? We're told that by their nature, all machines must work according to rules. We're also told that they can only do exactly what they're told to do. Besides that, we also hear that machines can only handle quantities and therefore cannot deal with qualities or anything like analogies.*
>
> *Most such arguments are based upon a mistake that is like confusing an agent with an agency. When we design and build a machine, we know a good deal about how it works. When our design is based on neat, logical principles, we are likely to make the mistake of expecting the machine to behave in a similarly neat and logical fashion. Edgar Allan Poe once argued that a certain chess-playing "machine" had to be fraudulent because it did not always win. If it were really a machine, he argued, it would be perfectly logical — and therefore could never make any mistakes!*

Minsky também entende que a mente não é uma coisa porque

---

[100] MINSKY, Marvin. **The society of mind**. Nova York: Simon & Schuster, 1988, p. 186. "O que há de errado com os velhos argumentos que nos levaram a acreditar que, se máquinas pudessem efetivamente vir a pensar, elas o fariam com base em uma lógica perfeita? Nos foi dito que, por causa de sua natureza, todas as máquinas devem trabalhar de acordo com regras. Nos foi dito também que elas somente podem fazer exatamente o que lhes mandarem. Além disso ainda ouvimos que máquinas somente podem lidar com quantidades e, portanto, não podem lidar com qualidades ou algo parecido com a analogia. A maioria desses argumentos são baseados em um equívoco que é confundir o agente com a agência. Quando projetamos e construímos uma máquina, nos sabemos em boa medida como ela funciona. Quando nossos projetos são baseados em princípios claros, lógicos, possivelmente cometeremos o erro de esperar que a máquina se comporte similarmente de maneira clara e lógica. Edgar Allan Poe uma vez reclamou que dada máquina de jogar xadrez deveria ser fraudulenta, porque nem sempre ela ganhava. Se ela fosse realmente uma máquina, ele argumentou, ela seria perfeitamente lógica e, portanto, jamais poderia cometer erros". (tradução livre do autor)

não tem nenhum dos caracteres de coisa, embora tenha ligações vitais com o cérebro[101].

Acrescenta, ainda, que não tem dúvidas de que o cérebro é uma máquina, que funciona de acordo com as leis da física, mas que, dada sua complexidade, inexistente em qualquer outra máquina, as dificuldades de compreendê-lo advêm da nossa inexperiência com tal complexidade.

Portanto, aduz, pode-se concluir que o que acontece no interior de um computador, quando em funcionamento, muita vez é um mistério insondável, como ainda é o mistério do que ocorre no cérebro quando pensamos.

Para Del Nero[102], o cérebro seria o *hardware*; e a mente, o *software*. Essa identificação didática e imperfeita com o computador, ou melhor, com um sistema informático compreendido como sistema lógico e físico, permitiria, para o autor, afirmar que uma máquina munida do programa certo e de um processamento análogo ao do cérebro poderia pensar.

É preciso afirmar que o pensamento humano de nada vale se não for expressado, sendo certo que o que se examina no mundo concreto não é o pensamento, mas a sua expressão. Assim, se pensamento é uma característica de seres inteligentes, o pensamento em si, com seus mecanismos inerentes àquele ou àquilo que pensa não tem tanta importância como o que se pensa em sua manifestação no Mundo. Ademais, a reflexão, e não o pensamento em si mesmo, é que parece denotar inteligência. Todos pensamos, mas apenas os que demonstram uma reflexão aprimorada são considerados inteligentes.

Portanto, como se pensa, o mecanismo do pensamento não é indicador de inteligência, mas sua manifestação, ato de reflexão, é expressão de inteligência e, assim, tanto faz por que meios se chega ao pensamento expressado, não interessando saber-se se há efetivamente inteligência no pensamento, mas se o resultado parece, expressa inteligência.

---

[101] *Ibidem*, p. 288.
[102] NERO, Henrique Schützer Del, *op. cit.*, p. 149-153.

Com isso, quer se afirmar que cerebral ou cibernético, biológico ou eletrônico, digital ou analógico, será inteligente o que parecer inteligente, o que se manifestar de modo inteligente.

Para Lacan[103] o pensamento não está no cérebro:

> *Vocês imaginam que o pensamento está nos miolos. Não vejo por que os dissuadiria disso. Quanto a mim, estou certo — estou bem certo, é negócio meu — que isso se passa nos subcutâneos frontais no ser falante, exatamente como no ouriço-cacheiro.*
>
> *Enfim, se vocês podem pensar com os subcutâneos frontais, vocês podem também pensar com os pés. Pois bem, é aí que gostaria que isso entrasse, já que afinal de contas o imaginário, o simbólico e o real, isso é feito para que aqueles desse agrupamento que são os que me seguem, para que isso os ajude a trilhar o caminho da análise." [...] Em tudo isso, então, não há problemas de pensamento. Um psicanalista sabe que o pensamento é aberrante por natureza, o que não o impede de ser responsável por um discurso que solda o analisante — a quê?*
>
> *O que me parece cômico é que simplesmente não se perceba que não há nenhum outro meio de pensar e que psicólogos à procura do pensamento que não seria falado suporiam de certo modo que o pensamento puro, se ouso dizer, seria melhor. No que há pouco avancei de cartesiano, o penso logo sou, nomeadamente, existe um erro profundo, é que o que o inquieta é quando ele imagina que o pensamento é extensão, se assim se pode dizer. Mas é bem o que demonstra que não há outro pensamento, se posso dizer, puro, pensamento não submetido às contorções da linguagem, senão justamente o pensamento da extensão. E, então, àquilo ao qual gostaria de introduzi-los hoje e que, afinal de contas, depois de duas horas, só fracasso, só rastejo, é o seguinte: é que a extensão que supomos ser o espaço, o espaço que nos é comum, a saber, as três dimensões, por que cargas d'água isso jamais foi abordado pela via do nó?*

---

[103] LACAN, Jacques. **A terceira conferência proferida no 7º Congresso da École Freudienne de Paris em 31 de outubro de 1974.** Disponível em: <http://www.freud-lacan.com/articles/article.php?url_article=jlacan031105_2>. Acesso em: 11 jan. 2009.

Rover[104] parece ter entendimento semelhante, no que é ladeado por David Gerlernter[105] de que a inteligência e o pensamento não são domínios exclusivos do cérebro, mas deste e do corpo. Diz Rover: "O cérebro humano e o seu corpo são portadores dessa maravilhosa capacidade natural de solução de problemas, velhos e novos".[106] Já Gelernter assim se expressa: "[...] *it's clear that you don't just think with your brain, you think with your body.*[107]"

O pensamento não é algo fácil de conceituar. Marvin Minsky[108] — que tem interessante teoria sobre agentes atuando no cérebro para desenvolver suas atividades, de forma hierarquizada — aludindo à famosa frase de Seymour Papert de que "Não se pode pensar sobre o pensamento, sem pensar sobre o pensamento sobre alguma coisa. ", diz que: "Just as we walk without thinking, we think without thinking! "[109].

A ideia por detrás disso serviria para demonstrar como um ser inteligente pode surgir de algo não inteligente, como o Homem e a evolução darwiniana, uma vez que nem todos os agentes da mente, hierarquizados, podem ser qualificados de inteligentes, embora produzam resultados inteligentes e formem o que consideramos ser o centro da inteligência. A concepção de uma sociedade de agentes na mente serve tanto para a inteligência humana como para a inteligência artificial.

Nos limites biológicos, inúmeras espécies animais comprova-

---

[104] ROVER, Aires José. Para um direito invisível: superando as artificialidades da inteligência. Disponível em: <http://www.infojur.ufsc.br/aires/arquivos/direito%20invisivel%202005.pdf>. Acesso em: 25 fev. 2009.

[105] GELERNTER, David *et al*. **Gelernter, Kurzweil debate machine consciousness**. Disponível em: <www.kurzweilai.net/meme/frame.html?main=memelist.html?m=4%23688>. Acesso em: 13 fev.2009.

[106] ROVER, *op. cit.*, loc. cit.

[107] GELERNTER, *op. cit.*, p.2. "Claro está que você não pensa apenas com seu cérebro, você pensa com seu corpo." (tradução livre do autor)

[108] MINSKY, Marvin. **The society of mind**. Nova York: Simon & Schuster, 1988 , p. 63 (tradução livre do autor)

[109] Assim como nós andamos sem pensar, nós pensamos sem pensar". (tradução livre do autor)

damente têm cérebros, de formas e tamanhos variados. Daí que, sendo, como quer Del Nero[110], a mente um processamento complexo, baseado em aprendizado e com recurso à memória para solução de problemas decisionais, outra não pode ser a conclusão, senão a de que os animais têm mente e, portanto, há possibilidade de que tenham consciência.

Pois bem. Todos concordam que o Homem pensa, tem pensamentos. Todos concordam que o Homem tem cérebro e corpo. Assim, todos hão de concordar que o pensamento acontece em qualquer cérebro, mesmo Lacan, que a ele não o limita, em qualquer corpo humano, entre os bilhões existentes no mundo.

Contudo, todos os cérebros são diferentes fisicamente. Mesmo assim, todos servem de suporte físico para o pensamento. Assim, o pensamento, esse *software*, funciona em qualquer suporte apropriado, inclusive eletrônico ou fotônico.

Portanto, é possível criar-se, ao menos em tese, outro suporte onde o mesmo tipo de evento ocorresse e, portanto, haveria de compreender que o que acontece nesse outro suporte físico há de ser pensamento.[111]

Aliás, já se comprovou que chimpanzés e gorilas têm consciência de si próprios, noção de sua individualidade, como seres apartados dos demais. Talvez até, de modo mais rudimentar, uma consciência semelhante à humana, que se manifesta pela monitorização sobre a ação em sociedade, uma avaliação, justificação da conduta, em face de padrões socialmente aceitos. Atuaria em dois estágios: o primeiro, na planificação da ação e o segundo, confrontado com tábuas de condutas ou regras socialmente delineadas, de modo a que a segunda avaliação orientasse a primeira para que a ação ocorresse ou não, ou para que o ato se desse em consonância com essas tábuas de valores. A consciência atuaria como julgadora do que deve e do que não deve vir a ser ato. Importa compreender que a representação da ação, antes de sua ocorrência não é uma có-

---

[110] NERO, Henrique Schützer Del, *op. cit.*, p. 387.
[111] KURZWEIL, Ray. **The age of intelligent machines**. 3ª reimp. Cambridge: MIT Press, 1999, p. 85.

pia de ações anteriores, mas uma "versão filtrada pela linguagem, pelas memórias, e investida de forte valoração".[112]

Como dito, não se trata de uma cópia de algo pretérito, pois o alto grau de complexidade de toda e qualquer ação impediria sua reprodução em um sistema de processamento analógico, haja vista que sempre há algo que se perde — lembremo-nos do filtro da linguagem, sempre incapaz de apreender a riqueza da vida e do mundo — que não pode se tornar consciente, seja porque o inconsciente não permite, seja porque a memória não é resgatada, seja porque não se tem efetivamente memória, mas memória da memória ou o dizer do "Grande Outro" ou porque, afinal, toda percepção é formalizada pelos sentidos, e estes, selecionam e depois têm seus estímulos novamente selecionados pelo cérebro e, portanto, sempre é parcial, incompleta e interpretativa.

Teriam, assim, os Humanos uma consciência plena (?), ao passo que os demais animais apenas uma consciência em grau menor, menos precisos ou complexos.

Seria a consciência decorrente, dentre outros fatores, da existência do neocórtex, notadamente o frontal, desenvolvido em nossa evolução, aliada à linguagem, ao dever de justificação dos atos na conduta em sociedade e sincronização, própria da complexidade da ação, entre a ação projetada e a sua redescrição valorada.

Resumidamente, Del Nero[113] entende que a consciência surgiria porque:

a) a linguagem cria aos poucos um padrão de convívio social cheio de normas de dever e de justificação;
b) o neocórtex é capaz de criar um análogo valorado da ação, uma interpretação formatada pela linguagem (afinal é a linguagem que será usada para acusar e para defender);
c) os análogos valorados da ação serão os conteúdos de consciência;
d) a sincronização da ação e da redescrição valorada da ação

---

[112] NERO, *ibidem*, p. 388.
[113] *Ibidem*, loco citato.

será a consciência-sensação (ou conteúdo);

e) a consciência terá condições de inibir ou ratificar certas ações futuras e de refletir sobre ações passadas;

f) Se a consciência é forma valorada que serve à socialização, então também nos graus supra cerebrais haverá alguma forma de consciência, controle, inibição (coação, repressão) de atividade inferiores;

g) desta forma tanto a consciência cerebral passaria a ser o mais cultural dos fenômenos biológicos, como a sociedade em algumas de suas facetas seria o mais natural dos fenômenos culturais.

No âmbito jurídico, aduz Telles Junior[114] que

> *A norma não surge do fato e não surge da inteligência. Surge, isto sim, do confronto do fato com uma tábua de bens. Resulta do julgamento do fato, à luz de um sistema axiológico de referência. Esse confronto e julgamento é obra da inteligência. Dessa obra, emerge um juízo de dever, que poderá ser promovido a norma.*

Assim, a norma é fruto ou expressão da consciência que confronta os fatos e os pensamentos com uma tábua de valores, e age de modo a ela se enquadrar. Age visando à normalidade, cujo conceito se traz no presente trabalho.

Deve restar estreme de dúvidas que, sob a ótica psicanalítica, mas também, parece, em nível reflexo, sob o ponto de vista jurídico, a consciência se relaciona com a capacidade de refletir sobre algo e, com base em uma dada tábua de valores, fazer um julgamento, um juízo de valor. A consciência do que é certo e do que é errado, a exata e plena noção da adequação da conduta resultante do pensar ao socialmente e mais, ao <u>juridicamente</u> aceitável, permitido ou mais precisamente o não proibido, é que caracterizaria a consciência do ser humano, afastando-a das consciências dos demais seres biológicos.

---

[114] TELLES JÚNIOR, Goffredo. **Direito quântico: ensaios sobre o fundamento da ordem jurídica**. 7. ed. São Paulo: Juarez de Oliveira, 2003, p. 239.

Por valor de algo há de se entender o que ele importa, a medida, o *quantum* de outra coisa a que ela corresponde, uma relação com outras coisas, uma gradação, uma hierarquia, implicando que se faça um juízo sobre ela para saber o quanto realmente vale, que se faça um julgamento. Para Telles Júnior, "Ser não é mais do que o ser de um juízo".[115]

Entende Telles Júnior que "*a inteligência é a faculdade que julga [...] para levar o agente aos fins que ele deseja atingir.*"[116] (itálico no original), demonstrando, que, ao menos para esse autor, existiria uma relação entre inteligência e consciência.

Acrescenta que:

> *O valor desses bens (referindo-se aos bens intelectuais ou espirituais, como denomina), como dos demais, depende do julgamento a que são submetidos e, portanto, de seu relacionamento com algum sistema de referência.*[117]

É a consciência reflexiva. Compreende o autor que

> *Consciência é percepção, sem dúvida, porque é pela consciência que o ser humano entra em contato com o seu mundo interior. [...], Mas é também memória, porque uma consciência que não conservasse as lembranças do passado e se esquecesse de suas percepções, pereceria e renasceria a cada instante. Ora, isso não é consciência e sim, precisamente, inconsciência*[118].

É preciso que se esclareça que inconsciência, como acima definido, não se confunde com o inconsciente[119] da psicanálise freudiana/lacaniana, cuja complexidade desborda da simples ausência de conhecimento sobre o que se faz para avançar nas suas causas. Inconsciência em Telles é o esquecimento. Inconsciente

---

[115] *Ibidem*, p. 229.
[116] *Ibidem*, p. 233.
[117] *Ibidem*, p. 237.
[118] *Ibidem*, p. 248.
[119] Talvez se possa fazer um paralelo do inconsciente em Freud com os agentes da sociedade da mente de Marvin Minsky que se escondem na mente e influenciam o que nós decidimos fazer.

em Freud[120] é um motor da conduta humana.

> *Para a psicanálise há uma motivação que nos faz esquecer eventos indesejados, que, contudo, continuariam a exercer influência na consciência, resultando em atos. Há, inclusive elementos que não se tornam conscientes.*
>
> *Se, por um lado, dizemos que os processos cerebrais são totalmente inconscientes, por outro, dizemos que os processos mentais são conscientes ou podem vir a ser conscientes. Se a motivação que leva certo fato mental a situar-se fora da consciência é de origem repressiva ou apenas uma economia do sistema, não vem ao caso[121].*

Assim, gize-se, o conceito de inconsciente em Del Nero[122] não se identifica com o conceito de inconsciente psicanalítico, freudiano/lacaniano, que é adotado nesta obra.

Ora, se os valores de mais alta ordem, como os espirituais, podem ser avaliados, medidos, em função de um sistema de referência, podem ser formalizados e, assim, transformados em *software* passível de ser tratado por um computador. Ou seja, tomando o conceito de Telles Júnior[123], chega-se à conclusão de que os valores caracterizadores da inteligência humana, em seu nível ou expressão mais elevados, podem ser formalizados, programados, significando que um robô poderá executá-los, expressando até sentimentos.

Acrescenta, ainda, Telles Júnior que "A ordem ética resulta do encontro da força criadora da inteligência com os fatos reais da vida."[124]

Embora compreenda-se que o autor não chegou a tanto em sua afirmação, nada há que impeça de concluir, com base em suas lições, que uma ética pode ser criada para, ou por robôs, para sua orientação, uma vez que, sendo possível desenvolver máquinas inteligentes, sendo a criatividade caractere da inteligência, ao menos

---

[120] FREUD, Sigmund. **Além do princípio do prazer**. *In*: Edição Standard das Obras Completas. Trad. de Christiano Monteiro. 2. ed., vol. XVIII. Rio de Janeiro: Imago, 1996, p. 72.

[121] NERO, Henrique Schützer Del. *op. cit.*, p. 131.

[122] *Ibidem*, p.126-130.

[123] TELLES JÚNIOR, Goffredo. *op. cit.*, p. 237.

[124] *Ibidem*, p.238.

da única consensualmente aceita que é a humana, esta, em tese, estará presente em qualquer inteligência, que assim possa ser definida, e sua confrontação com os fatos da vida real, resultará em uma ordem ética.

Convém, de logo, ressaltar que a criatividade está presente não apenas no Homem, mas também, em outros animais — seja na busca e descobrimento de novas formas de caçar, colher, cooperar, mas também, no uso de ferramentas — encontrada não apenas entre os primatas, mas também, entre animais considerados menos evoluídos, como pássaros ou até mesmo aracnídeos.

Há também quem entenda que o Homem não é criativo, haja vista "nem o homem nem a máquina são capazes de criar informações".[125] Dado que toda ideia criativa seria simplesmente uma questão de justaposição ou combinação de informações previamente existentes em diferentes configurações, consequentemente, não existe, em princípio, qualquer barreira para o desenvolvimento da inteligência artificial ou da criatividade artificial.

Em verdade, prossegue: "computadores fazem apenas aquilo que são programadas para fazer no mesmo exato sentido que humanos apenas fazem aquilo que seus genes e experiências acumuladas determinam que eles façam"[126].

Importa, ainda, dizer que o conceito geral de mais ou menos evoluído é também antropocêntrico e equivocado, pois, em tese, todos os seres vivos biológicos existentes hoje na face da terra têm o mesmo nível de evolução, considerada como sendo a capacidade de se adaptar ao ambiente e perpetuar a espécie, manter o equilíbrio homeostático.

Assim, todos eles estão adaptados, e muito bem, aos seus nichos, ao seu *habitat*, ao ecossistema — note-se que o meio ou am-

---

[125] ROSE, J. Apud LEHMAN-WILZIG, Sam N. Frankenstein Unbound: towards a legal definition of artificial intelligence. Disponível em: <profslw.com/wp-content/uploads/academic/40._Frankenstein_Unbound.Towards_a_legal_definition... pdf>. Acesso em: 22 fev. 2009, p. 444. (Trad. livre do Autor)

[126] *Idem*. (Trad. livre do Autor)

biente, é um sistema e, também, pode ser considerado como um computador, pela ótica cibernética — caso contrário não existiriam. Não há, portanto, como se afirmar que tal ou qual espécie é mais evoluída do que a outra, para se atingir o ponto de dizer que o *Homo sapiens* é a mais evoluída de todas, embora, de certo modo, seja a dominante. Todavia, dominância e evolução são conceitos que não se confundem. O fim da evolução não é a denominação do ambiente e/ou outras espécies, mas a manutenção da própria espécie, a sobrevivência, o equilíbrio com o meio.

A dominância tem vários significados. Por exemplo, bactérias e outros microrganismos dominam o meio ambiente, se considerarmos o número de indivíduos.

Em outros animais, embora se possa verificar que procuram, no mais das vezes, em especial nos primatas, agir em conformidade com as regras sociais, com as expectativas coletivas dos grupos, parece que não existe uma noção precisa dos valores envolvidos. Embora, por exemplo, um chimpanzé saiba exatamente como se comportar em seu grupo social, parece que não se conduz por compreender que aquela forma de agir é a melhor, mas, porque, se não proceder daquela forma, poderá ser submetido a uma violência ou punição ou porque, assim agindo, deixa se ser molestado e pode até ser destinatário de condutas benéficas por outros membros do grupo, semelhantes aos favores humanos.

Por isso, muita vez, ausente o grupo, aja de modo a transgredir as regras sociais. Não se nega que o Ser Humano, às vezes, quando se vê liberto dos olhares, da possibilidade de censura dos demais aja de modo social ou juridicamente reprovável, mas, via de regra, o Homem honesto o será, esteja na presença ou não de outros, o reto assim continuará a se conduzir, a despeito de não haver ninguém a escrutinar, pois se guiará por valores incorporados.

Ao ver uma porta aberta de casa de terceiros, o Homem médio nela não ingressará sem ser convidado, mesmo que não haja ninguém observando. Ao ver um objeto valioso desprotegido, mas inequivocamente com sinais de propriedade alheia, esse Homem, esse Ser Humano tipo não se apossará da coisa, na normalidade da vida.

O animal não tem essa noção de propriedade. Ele não é capaz de julgar, de avaliar, de discernir se aquele bem valioso — não há, aqui, referência a valores econômicos ou morais culturalmente fixados pelos Seres Humanos como dinheiro, joias etc. — como, por exemplo uma comida, pertence a outrem, até porque ele não tem consciência da propriedade. Ele, se fome e/ou chance tiver, comerá.

Não se diga que há culturas em que os Homens não conhecem a propriedade privada e que, portanto, o exemplo não serviria. Certamente nessas culturas haverá valores comuns a todos os seus membros, como, por exemplo, alguma espécie de culto, possivelmente dirigido a algo que não seja humano. Pois bem. Um indivíduo dessa cultura, via de regra, respeitará o totem ou o ícone. Provavelmente nenhum indivíduo dessa cultura irá destruir, mictar ou defecar nas vestes, nos corpos, na bebida ou na comida de outros indivíduos, como pode acontecer entre animais (claro que não nas roupas).

Parece haver insculpido, talvez no inconsciente, o registro do que é certo e errado, capacitando o Homem a emitir juízos de valor sobre os fatos, sobre as condutas alheias e sobre as suas próprias condutas

Daí, conclui-se, ser o Direito uma manifestação cultural da consciência reflexiva, sedimentada e reafirmada em caráter permanente, pelo crivo axiológico da sociedade, que fixa critérios deontológicos, mediante formulações dotadas dessa lógica, negando importância ou punindo as manifestações que dela desbordem.

Destarte, parece que a capacidade de atuar conforme um juízo, uma avaliação da própria conduta, é que caracterizaria a consciência humana, passível de ser reproduzida pelo robô.

Originalmente Freud[127] reconhecia três regiões na estrutura do psiquismo: a consciente, pré-consciente e a inconsciente, que não

---

[127] FREUD, Sigmund. **Além do princípio do prazer**. In: Edição Standard das Obras Completas. Trad. de Christiano Monteiro. 2. ed., vol. XVIII. Rio de Janeiro: Imago, 1996.

correspondiam a zonas devidamente delimitadas. O inconsciente compreende os processos e as representações voluntariamente inacessíveis, embora acessíveis mediante análise. O pré-consciente engloba a parte acessível, quando **querido** pelo sujeito.

Essas instâncias são comandadas pela censura, pela castração. Elas se agrupam em três sistemas: o consciente e o pré-consciente, ou ego e o inconsciente, pura linguagem sem pontuação, de contradição inerente. A distinção entre eles encontra-se em nível funcional. No consciente e pré-consciente impera o pensamento lógico, e o inconsciente apresenta-se indiferente à lógica clássica e coerência cartesiana, ignorando o princípio da contradição e sem cogitar do terceiro excluído, vigorando o princípio do prazer. Freud[128] evoluiu esse entendimento para comportar as pulsões de vida e de morte, e propôs novos conceitos: ego, superego e id. O superego é a inculcação do dito do Grande Outro (Lacan, posteriormente), resultando em castração. Id é a zona da libido.

Freud[129] leciona, como visto, que se pode localizar três instâncias distintas na mente, o Id, o Ego e o Superego. O Id, gize-se, seria absolutamente inconsciente, embora com este não se confunda plenamente. É onde se encontram as pulsões, regido pelo princípio do prazer cujas demandas precisam ser atendidas imediatamente. O Ego, ou Eu, caracterizaria a consciência, a parte do cérebro do indivíduo mais superficial, que consegue atuar de modo relativamente racional. Por fim, o Superego ou supereu, parcialmente consciente, parcialmente inconsciente que manifesta a castração, o dito do Grande Outro[130], as interdições, as vedações e "sempre traz o excesso, algo que não é regulado"[131]. Resulta justamente da confrontação do pensamento ou ato em pensamento, por vir, virtual, com a tábua de valores a que o indivíduo foi exposto e que refreia as pulsões.

---

[128] *Idem.*
[129] FREUD, Sigmund, *op. cit.*, p. 72.
[130] LACAN, Jacques. **Seminário XVI**. De um Outro ao outro. Trad. de Vera Ribeiro. São Paulo: Zahar, 2008.
[131] FIAMENGHI, Célia Maria. *Imperativo superegóico e culpa na clínica in* GERBASE, Jairo (org.). Avatares do Supereu. Salvador: Associação Científica Campo Psicanalítico, 2008, p. 60.

Freud ainda concebeu a Teoria do sonho[132], na qual introduziu o método de associação livre. Considera o sonho como a realização de desejos, facilmente esquecidos quando do retorno à vigília. O sonho precisa ser interpretado por quem sonha, pois se apresenta na forma de metáforas.

2.3.4 Inconsciente

Interessante notar que, se a consciência é virtual, pelo visto, o inconsciente é sempre real, pois é linguagem[133], e a linguagem é constitutiva do Homem. Se for compreendido o Homem como dotado de realidade, não se pode infirmar a realidade da linguagem e, consequentemente, não se pode afastar a realidade do inconsciente que, todavia, funciona sob uma lógica própria, escrito em uma linguagem não pontuada, com gramática própria, somente lida pela análise.

O inconsciente é um *software*. Aliás, parece ter sido essa — não com esses termos — a ideia original de Freud, como algo que já vem inscrito e, portanto, marcado, programado e que o neurótico segue à risca, mesmo que isso lhe cause prejuízo.

É como um sistema operacional, escrito em linguagem simbólica — para ser redundante — processada sem conhecimento expresso do Homem, em segundo plano, linguagem semelhante à linguagem binária de máquina, inteligível pelo cérebro que a segue fielmente, precisa de uma linguagem de alto nível, de uma outra camada de *software*, para ser interpretado pela consciência e, assim, ser pontuada, compreendida, de modo a que essa linguagem primária não leve o sistema todo à pane, ou travamento, a problemas não computáveis pelo cérebro, a repetições sistemáticas, desnecessárias e danosas à economia do ser.

---

[132] FREUD, Sigmund. *op. cit.*, *passim*.
[133] LACAN, Jacques. **A terceira conferência proferida no 7º Congresso da École Freudienne de Paris em 31 de outubro de 1974**. Disponível em: <http://www.freud -lacan.com/articles/article.php?url_article=jlacan031105_2>. Acesso em: 11 jan. 2009.

Em realidade o termo binário para a linguagem de máquina, de baixo nível, do inconsciente não é o mais apropriado ao caso, pois ela não se processa à moda do zero ou um, do sim ou não, submetida à lógica e físicas clássicas, localizadoras, determinísticas, na qual não se pode estar nos intervalos, na ambiguidade, mas na forma quântica, esta sim, mais apropriada ao inconsciente, contraditório de si mesmo quando for o caso, bivalente ou polivalente, não se contentando com marcações, com a gramática, com as regras de pontuação, mas funcionando a toda potência, de todos os modos possíveis, presente em todas as formas, ou em nenhuma forma, ocorrente simultaneamente em toda potencialidade e não apenas virtualmente na casas que lhes foram reservadas ou previstas como ocorre com a consciência.

É linguagem, porque inscrito e escrito na formação do ser pelo Grande Outro de Lacan, que dita uma regra, um modelo, uma imagem e não se confunde com o ser, exceto se o inconsciente, sem o filtro da consciência, que com ele pode aprender a lidar e reprocessar para lhe dar uma interface segura e amigável, age sem peias. A conjugação do suposto ser com o ser é fruto desse processamento, que, como todo processamento, ocorre por meio de uma linguagem de interpretação para poder ser inteligível externamente.

É por isso que se pode distinguir processo cerebral de processo mental. O cerebral é inconsciente, e o mental, consciente. Aquele é o real, é o que o cérebro de existência física processa, e este é a sua interpretação para o mundo externo, sua interface, a mente, o consciente, uma formalização.

Todavia, esse processo de interpretação ou tradução ou leitura da linguagem primária, de máquina, pela linguagem de alto nível, somente é acessível, claramente pelo processo de análise, pelo método analítico.

Tudo quanto dito está a demonstrar a multiplicidade de aspectos sem os quais não se pode entender o Homem e o quanto ainda há de se aprender sobre ele.

Na acepção biológica, não há qualquer dúvida acerca da definição do *Homo sapiens*. Espécie alguma, por mais próxima que seja, causa confusão. Há evidente distinção física dos demais primatas, notadamente pelo fato da exclusiva bipedia, aparência do crânio e linguagem.

Todavia, até mesmo os conhecimentos sobre a origem do Homem são recentes, datando dos séculos XIX e XX, ainda não sendo claros os mecanismos pelos quais a espécie se diferenciou dos demais hominídeos e por que aqueles foram extintos, bem como não se sabe, pela falta de um exemplar de estudo, quando o processo de hominização se consolidou, afastando-os, estima-se, há cerca de dez milhões de anos, dos demais primatas mais próximos, em nossa evolução.

O fato é que, em termos cósmicos, o surgimento do Homem ocorreu há um átimo, se comparado com os supostos bilhões de anos do Universo e um pouco menos de bilhões de anos de vida na Terra, dos quais apenas nos últimos quinhentos milhões de anos, manifesta-se de formas mais complexas.

Isso apenas reforça a Lei dos Retornos Acelerados, adiante tratada.

No âmbito jurídico não se poderia esperar algo diferente, em termos de sedimentação do conhecimento sobre o Homem.

O Direito é manifestação da instância social da humanização da vida na terra em sua crescente complexidade social. Nesse campo, também, as noções vigentes de Direito são recentíssimas, mesmo em termos históricos humanos. Se a espécie, na forma atual, se estabeleceu há cerca de dez ou onze mil anos, a estrutura jurídica existente no Ocidente foi lançada há pouco mais de três mil anos, em Roma, embora não se desmereça as contribuições anteriores de outros povos, como os gregos, fenícios, chineses, árabes etc.

2.3.4.1 Linguagem

Afirmam Maturana e Varella[134] que o Homem não é o único

---

[134] MATURANA, Humberto R; VARELA, Francisco J. **A Árvore do Conhecimento** - as bases biológicas da compreensão humana. São Paulo: Palas Athena, 2007.

possuidor de um domínio linguístico. Entretanto, identifica-se uma característica da linguagem, tão modificadora dos domínios comportamentais do Homem, permitindo novos fenômenos, a exemplo da reflexão e da consciência. Esta característica é a possibilidade que a linguagem cria de o indivíduo que nela funciona **descrever a si próprio** e à sua circunstância.

O próprio domínio linguístico torna-se parte do meio possível de interações: o observador nota que as descrições podem ser feitas considerando outras descrições como objetos ou elementos do domínio de interações. Apenas no momento em que essa reflexão linguística é feita, a linguagem existe, o observador aparece e os organismos passam a funcionar em um domínio linguístico. Assim, apenas quando isso acontece é que o domínio semântico se torna parte do meio no qual os que nele operam mantêm sua adaptação. Todos nós, humanos, somos atingidos por isso: existimos em nosso funcionamento na linguagem e mantemos nossa adaptação no domínio de significados que isto faz surgir. Descrevemos as descrições que fazemos. Somos observadores e existimos em um domínio semântico criado pelo nosso modo linguístico de atuar. Uma vez existente a linguagem, não há barreiras para o que é possível descrever, imaginar, relacionar, embora, acrescento, sob o permanente risco de não se comunicar o efetivamente desejado.

A priori, a linguagem era considerada privilégio humano. Embora tal concepção venha sendo mitigada nos últimos tempos, o que mais contribuiu para seu abrandar foi descobrir que primatas superiores são capazes de aprender a interagir linguisticamente conosco de uma maneira cada vez mais extensa.[135]

2.4 Algumas considerações sobre a condição humana

A paradoxal insuficiência e profusão de abordagem sobre o Homem, antes de funcionar como desestímulo, age como impulso para buscar compreender a espécie e o fenômeno humano, a cria-

---

[135] *KOKO: o gorila falante.* Barbet Shroeder (dir.) Paris: Wonder Multimidia. 1978. DVD.

ção e a concepção jurídica de pessoa humana, para desconstituí-la oportunamente e abrir espaço para discussão do tratamento jurídico da pós-humanidade.

Hannah Arendt[136] considera que existem três atividades humanas fundamentais: labor, trabalho e ação, porque a cada uma delas corresponde uma das condições básicas da vida do homem na Terra. Ademais, entende que a pluralidade é a condição da ação humana, pelo fato de que, embora todos os seres humanos assim se qualifiquem, nenhum é exatamente igual a outro.

Contudo, somente o Homem está apto a manifestar essa diferença, comunicando a si próprio e não apenas comunicando alguma coisa. Só ele é dotado de alteridade. Na esteira de Santo Agostinho, afirma-se que somente o Homem é capaz de iniciar. É com o nascimento que surge a ação e se efetiva a condição humana pela natalidade. A alteridade e capacidade de agir, muita vez, de modo inesperado lhe são inerentes.

Todavia, a essência humana não se limita a essas condições nas quais a vida foi dada ao homem, haja vista que o Ser Humano é condicionado, uma vez que tudo com que trava contato torna-se imediatamente uma condição de sua existência, sejam elas coisas do mundo ou decorrentes exclusivamente da atividade humana, de sua *vida ativa*.

Da mesma forma, para Foucault,[137] **em princípio, não há nenhuma** essência humana, nem uma verdade transcendente, haja vista que a hermenêutica pressupõe uma verdade por ser revelada por um suposto saber, assim como o suposto saber dos analistas freudiano e lacaniano.

A objetividade do mundo e a condição humana complementam-se, pois não há que se falar de existência humana sem as coisas e estas seriam despidas de sentido sem o Homem, se não fossem

---

[136] ARENDT, Hannah. *A condição humana*. Trad. de Roberto Raposo. 10. ed., 7. reimp. São Paulo: Forense Universitária, 2008, p. 15-16.
[137] FOUCAULT, Michel. **A ordem do discurso**. Disponível em: <http://vsites. unb.br/fe/tef/filoesco/foucault/ordem.pdf>. Acesso em: 31 mar. 2009.

condicionantes do Homem, sendo certo que a condição humana não se pode confundir com a natureza humana.

A vida ativa transcorre num mundo povoado de coisas feitas pelos homens e de homens, do qual estes não se afastam nem transcendem totalmente, haja vista que perderiam sentido, ficando deslocados, fora desse ambiente.

Embora todas as atividades humanas para a autora sejam condicionadas pela convivência social, a ação humana é a única atividade que nem mesmo pode ser imaginada fora da sociedade dos homens, por lhe ser uma prerrogativa exclusiva. Sendo assim, intrinsecamente humana, nenhum animal, nem Deus é capaz de ação. O labor pode ser praticado em caráter de isolamento, mas, pelo isolamento, descaracterizaria o *homo faber*. Quem assim procedesse poderia ser um deus, mas não o criador, apenas um demiurgo na forma descrita por Platão.

O Homem é um animal político. Assim, somente se perfaz a condição humana, o seu agir, em uma sociedade.

Lembra a autora que a:

> *tradução latina desta expressão como animal rationale resulta de uma falha de interpretação não menos fundamental que a da expressão "animal social". Aristóteles não pretendia definir o homem em geral nem indicar a mais alta capacidade do homem — que, para ele, não era o logos, isto é, a palavra ou a razão, mas nous, a capacidade de contemplação, cuja principal característica é que seu conteúdo não pode ser reduzido a palavras.*[138]

Arendt rememora lições de Marx acerca da definição de Homem, verberada por Benjamin Franklin, como fazedor de instrumentos, quando a critica como uma ianquidade, como uma perda de padrões e normas universais, que foram necessários para o Homem construir o mundo, vilipendiados pelo mercado de trocas, pela exibição da produção como forma, segundo Adam Smith, de distinguir os homens dos animais.

Isso acarreta, no sentir de Arendt, uma desumanização, bem à

---

[138] ARENDT, Hannah, *op. cit.*, p. 36.

moda da advertência de Platão sobre a proposta "protagórica de estabelecer o homem, fabricante de coisas e o uso que delas ele faz, como a suprema medida destas últimas".[139]

Isso mostra o quanto a relatividade do mercado de trocas tem a ver com o conceito de instrumento que resulta do mundo do artífice e da experiência da fabricação. Na verdade, o primeiro, advém, sistematicamente e sem quebra de continuidade, do segundo. Mas a resposta de Platão — de que não o Homem, mas um "deus é a medida de todas as coisas" — seria uma oca tentativa de moralização se realmente fosse verdadeiro que, como presumia a era moderna, a "instrumentalidade", disfarçada em utilidade, governa o mundo, depois de construído, com a mesma exclusividade com que governa a atividade através da qual o mundo e todas as coisas nele contidas passaram a existir.[140]

A perda de padrões a que a autora se refere relaciona-se com as mudanças ocorridas em torno do conceito de valor de um produto ou coisa, que pode ser entendida como valor de uso ou valor de troca, sabendo-se que a sociedade moderna valoriza o último a despeito do primeiro.

Ora, alteridade, nascimento, improbabilidade comportamental, tudo isso pode ser programado em um robô, não se vislumbrando como nota de destaque do caráter humano.

Mas a autora avança por terrenos pantanosos para dizer expressamente que "os segredos últimos do Ser que, segundo nosso conceito de mundo físico, é tão furtivo que jamais se apresenta, e, no entanto, tão tremendamente poderoso que produz todas as aparências".[141]

Embora sob o manto de uma visão de certo modo transcendental, a autora deixa antever que **é humano o que parece ser humano**, o que se apresenta como humano, embora, em seu sentir, sempre escape da plena compreensão. Isso parece se adequar ao pensamento de Gödel acerca dos limites do pensamento e da com-

---

[139] *Ibidem*, p. 180.
[140] *Idem.*
[141] *Ibidem*, p. 299.

preensão humanos e à falta do real da psicanálise.

Da mesma forma, permite afirmar que, embora haja um âmago do que é essencialmente humano, indescritível em sua totalidade, a manifestação de aparência humana pode servir para caracterizar algo como humano, notadamente se preencher os requisitos da **pluralidade dualista**, particular e coletivo, com sua **alteridade**, e da **capacidade de agir** no mundo de modo a iniciar algo.

Assim, se formalizadas em um sistema cibernético, o que não se pode descartar, permitiria emular o que é eminentemente humano e, assim, abrir a possibilidade, em outra esfera cultural, a jurídica, de tratamento semelhante ao atribuído ao Ser Humano.

3 REFLEXÕES SOBRE OS CONCEITOS JURÍDICOS DE HOMEM, PESSOA E PERSONALIDADE

Nesse passo convém trazer à baila elementos jurídicos que permitam compreender a maneira pela qual o direito se apropria de conceitos de outras áreas do conhecimento para lhes atribuir juridicidade.

Parece evidente que para o Homem, pessoa e personalidade não são tratadas exclusivamente sob a ótica jurídica. Ao contrário, parece mesmo terem merecido o cuidado mais amiúde de diversas outras ciências e da filosofia antes de interessarem ao direito. Do mesmo modo, não são conceitos que necessariamente devam ou tenham sido tratados visceralmente ligados e, portanto, podem ser desmembrados sem prejuízos.

Assim, por exemplo, o Homem vem sendo, como visto, objeto de inúmeros debates filosóficos desde a antiguidade. Trata-se de conceito que não encontra pouso seguro, pois, a cada passo evolutivo social, retira-se, agrega-se ou mesmo modifica-se sua tessitura visando adequá-lo às circunstâncias sociais, políticas, econômicas etc.

Esse mesmo Homem é escrutinado pela sociologia, pela antropologia, pela economia, pela medicina e por várias outras ciências, cada qual com sua visão peculiar.

O fato é que o Homem não deixa de sê-lo por causa ou em virtude dos conceitos.

Outra sorte não encontram os conceitos de pessoa e de personalidade. O primeiro, alvo das mesmas preocupações acima referidas, e o segundo, especialmente caro para a psicologia, medicina (psiquiatria) e psicanálise, também aqui, cada qual ao seu modo.

Todavia, a miríade de abordagens promovidas por outras disciplinas não supera a necessidade de sua tratativa pelo direito, notadamente no presente trabalho, de cunho jurídico. É por isso que se buscará, aqui, tendo tido contato com a abordagem trazida de outras áreas, todas importantes para a construção desses conceitos no âmbito jurídico, o tratamento específico desta área de concentração.

3.1 Reflexão sobre o conceito jurídico do Homem

É incrível como a doutrina jurídica, em grande medida, silencia sobre o Homem, haja vista a absoluta prevalência do paradigma antropocêntrico. Não é comum encontrar nas obras sobre personalidade jurídica, por sua vez também proporcionalmente em pequeno número, referências expressas sobre o conceito de Homem. Talvez porque os juristas sintam tratar-se de objeto do estudo de outras disciplinas sociais, mas a verdade é que, se tomado o Direito como um objeto cultural, portanto, até o momento, criado exclusivamente pelo Homem, razoável seria imaginar que as obras jurídicas iriam perquirir sobre o centro, o destinatário e criador do Direito, buscando elucidar seu conceito, sob a ótica jurídica para, a partir dele, iniciar a tratativa dos demais temas jurídicos.

> *Direitos aparentemente tão evidentes, como os de personalidade, apenas no século XIX lograram, com dificuldades, uma certa consagração jurídica. Além disso, a qualidade de "ser humano" também não foi transposta, desde logo, para o Direito.*[142]

Interessante notar, giza Cordeiro[143], que não há nas línguas latinas uma expressão simples para "ser humano" como *Mensch* em alemão. E conclui "*Homem* tem um alcance menos universalista, enquanto *pessoa* corresponde a uma abstração já com o cunho do jurídico [...]"

Hartmann[144], em sua teoria dos estratos da realidade, discorre sobre vários níveis do ser humano, desde animal, passando pelo

---

[142] CORDEIRO, Antonio Menezes. **Tratado de Direito Civil Português**: parte geral. Pessoas. Vol. I, tomo III. Coimbra: Almedina, 2004, p. 14.

[143] *Idem.*

[144] HARTMANN, Nicolai *apud* CORDEIRO, *op. cit.*, loc. cit.

psíquico até o espiritual, este exclusivamente humano, propondo a possibilidade de uma abordagem progressiva do tema.

O Direito preocupa-se reflexamente com o *Homo sapiens* e diretamente com a pessoa, a quem eleva à condição de categoria jurídica.

Com efeito, historicamente se afirma que o Direito existe por causa do Homem. Essa visão antropocêntrica do Direito ainda hoje prevalece. Todavia, o conceito de pessoa somente veio a lume muito depois do tratamento jurídico do **contrato** e da **propriedade**.

Esses fenômenos foram logo apreendidos pelo Direito na convivência social, dada sua evidente manifestação na vida do Homem. Todavia, o Homem somente se voltou para si, para regrar juridicamente o Ser, o Homem, ontologicamente considerado, em decorrência da evolução do Direito, gradual e contínua, uma vez que, contrariamente à pragmática evidência dos contratos e da propriedade, o Homem em si mesmo considerado, em seu cerne e não como agente, era objeto do estudo da filosofia, pois exigia elevado grau de abstração, e não do direito. Este cuidou do Homem depois de tratar da propriedade e dos contratos.

3.2 O conceito jurídico de Pessoa

A doutrina tradicional credita aos romanos a criação de teoria jurídica da personalidade, apesar de essa categoria de direitos já ser anteriormente conhecida na Grécia antiga.[145]

Afirma José Serpa de Santa Maria[146] que *persona*, em Roma, era o termo designador da máscara de lâminas metálicas, que facilitava a passagem da voz, usada pelos atores romanos. Fazia ecoar a voz do artista, *vox personabat*; no decurso do tempo o termo carrega em si a ideia de representação, não só em cena, mas também na

---

[145] GIORDANI, M.C. **História de Roma**; p. 9 *apud* SZANIAWSKI, Elimar. **Direitos de personalidade e sua tutela**. 2. ed.. São Paulo: Editora revista dos Tribunais, 2005, p. 25.

[146] SANTA MARIA, José Serpa de. **Direitos da personalidade e a sistemática civil geral**. Campinas, SP: Julex Livros, 1987.

vida social. A personalidade, em princípio, era uma representação no cenário jurídico.

Já de acordo com Beltrão[147], sob a perspectiva etimológica, a palavra *pessoa* provém do latim *persona* e significa máscara, o papel designado a esta máscara.

> *"O sentindo primitivo correspondia à do verbo personare, isto é, fazer ressoar, fazer retumbar, ferir com um som, atroar. Originariamente, dava-se o nome de pessoas às máscaras usadas pelos atores romanos nas representações. Tinha, numa abertura que se ajustava aos lábios, umas lâminas metálicas, que aumentavam a sonoridade, e o volume da voz."* (Chaves, Antônio. Tratado de Direito Civil apud Beltrão, Sílvio Romero. Direitos da Personalidade)

Esta acepção, de acordo com Chaves, vislumbrava a pessoa como um personagem, traduzindo a palavra no sentido de a sociedade política assemelhar-se a um drama, no qual cada homem possui sua representação.

Como se vê, desde então, o Direito, reflexo da sociedade, categoriza, classifica as pessoas. Somente após muitos séculos, com o advento do cristianismo é que se passou a conceber a ideia de sujeito de direitos em sua acepção próxima da atual.

Segundo Szaniawski, depreende-se, a partir do exame dos textos romanos Gaio (1,9); (1,120); (1,121) e (4,135); do Digesto (30,86, 2- IUL); (50,16,125 — Paulo) e (50,17, 22 — ULP), que, para o direito romano vigente no período clássico, o termo *persona* indicava o ser humano, livre ou escravo. Além dele, existia o termo *caput* (cabeça), o qual concedia maior ou menor gradação de direito subjetivo. Qualquer indivíduo, independente de sua personalidade era *caput*: os livres eram chamados de *caput liberum*, e os escravos, de *caput servile*[148]. Conclui-se, então, que, para os romanos àquela época, qualquer ser humano era *persona* e *caput*, embora com direitos e capacidades distintos.

---

[147] Chaves, A. Tratado de Direito Civil *apud* Beltrão, S. R. *Direitos da personalidade: de acordo com o Novo Código Civil*. São Paulo: Atlas, 2005.
[148] CORREIA, Alexandre; SCIASCIA, Gaetano. **Manual de direito romano**; p.39 *apud* SZANIAWSKI, *op. cit.*, p. 29.

Leciona Cordeiro,[149] porém, que,

> *Historicamente, não é possível definir ou explicitar, de modo cabal, a pessoa através do ser humano: além de "pessoa" só recentemente ter se tornado um conceito manuseável, seres humanos havia que não eram reconhecidos como "pessoas". Dogmaticamente, também não há uma correspondência: temos hoje pessoas — as referidas pessoas coletivas — que não são seres humanos. E o próprio ser humano ainda não nascido — juridicamente denominado "nascituro" — não tem sido, civilmente, considerado como pessoa idêntica às demais.*

De acordo com Szaniawski[150], até mesmo os mortos, que, portanto, não são mais pessoas, têm alguns direitos da personalidade, nos termos do Código Civil. Mesmo depois da morte do indivíduo, o direito cuida de tutelar sua personalidade humana, no intuito de conservar perene sua dignidade. Esta tutela acontece em discussões sobre as partes separadas do próprio corpo, surgindo, neste caso, a categoria especial denominada *direito ao cadáver.*

Bem se vê, portanto, que pessoa, enquanto sujeito de direitos, é conceito mutável, em evolução. É por isso mesmo que não há correspondência entre a espécie *Homo sapiens* e o conceito jurídico de pessoa, dogmaticamente construído e objetivamente consagrado.

Tanto assim, que mulheres, negros, judeus, índios, ciganos, estrangeiros, doentes mentais, crianças etc., tenham, mesmo em períodos históricos recentíssimos, sido privados de direitos, alguns mínimos, da condição plena de Pessoa, mesmo sendo da mesma espécie que os grupos exercentes do poder político.

Portanto, não pode causar espanto que, com evolução da sociedade, ou mesmo com a importação de fontes filosóficas orientais para o ocidente — para os japoneses, por exemplo, quando alguma coisa adquire aspecto humano, potencialmente, ela passa a possuir um espírito, o chamado *tamashi*[151] —, o conceito de pessoa, suscetível de titularizar direitos e obrigações, abranja os animais, ou mesmo seres

---

[149] CORDEIRO, Antonio Menezes, *op. cit.*, p. 16.
[150] CORDEIRO, Antonio Menezes, *op. cit.*, p. 16.
[151] CARTA, Gianni. Sem carne, sem osso. **Carta Capital**. Vol. 15, n. 570. P. 74-79, Editora Confiança, nov. 2009.

inanimados, não biológicos.

Ainda assim, mesmo entre os que se chocam ante a possibilidade de tratamento díspare para seres da espécie humana, ou, ainda, para os que advogam a tese do direito animal, uma razão antropocêntrica ou biocêntrica existe para diferenciar as criaturas de composição orgânica das cibernéticas.

Parece evidente que essa premissa humana ou biológica não se assenta em critérios objetivos, mas funda-se, em grande parte, em ignorância, desatenção com a questão, ausência de uma análise criteriosa, elementos dogmáticos, religiosos, medo, preconceito e conformismo com o paradigma cristalizado ou mesmo, no estágio contemporâneo da tecnologia.

Convém repisar que etimologicamente, ensina Houaiss[152], pessoa é:

> lat. persóna,ae 'máscara de teatro; p.ext., papel atribuído a essa máscara, caráter, personagem; donde, pessoa, indivíduo; pessoa gramatical'; f.divg. pop. de persona; ver person(i)-; f.hist. sXIII pessoas, sXIII persoas, sXIII pessõa, sXIV pesoa, sXIV pesoans, sXV peçoas, sXV persona.

Ora, não há qualquer relação direta necessária no Direito entre pessoa e Ser Humano. Tanto assim que, se gize, existem as pessoas jurídicas e ninguém mais se choca com esse fato, nem com essa denominação, da mesma forma que não causa espécie aceitar-se alguns direitos para quem não seja pessoa como o espólio, o condomínio, as casas legislativas, a massa falida, o nascituro, o *de cujus* etc.

Bem se vê que na pureza da origem, *persona* era um objeto, uma máscara, que servia de adorno para que os atores desenvolvessem seus papéis, passando, depois, a designar as próprias criaturas atuantes em cena, as personagens. Era uma representação.

Assim, pessoa nada mais é, em sua origem, do que um objeto e daquele que exerce um papel, que se lhe atribui em uma ence-

---

[152] HOUAISS, Antonio *et al*. **Dicionário Houaiss de língua portuguesa**. Disponível em: <http://houaiss.uol.com.br/busca.jhtm?verbete=consciencia&stype =k. Acesso em: 09 fev. 2009.

nação, que pode, muito bem ser transferida para o papel que se desenvolve ou exerce no teatro da vida, onde todos exercem determinados papeis.

Entra-se e sai-se de cena, diversas vezes, com frequência caracterizado de mais de uma forma, com mais de um papel social: de filho, de pai, de parente, de profissional, de aluno, de professor, de paciente, de morto etc.

Para cada ato e papel uma personagem, uma face e uma vestimenta diversa, com funções diferentes, obrigações diferentes, atribuições diversas, direitos variados.

Veja-se, por oportuno, como o direito positivo concede ou retira personalidade, às vezes de modo singular, como ocorre, ainda hoje, na Coreia do Norte, onde o presidente ainda é o avô falecido do agora ditador Kim Jong-un. Assim, até mesmo funções políticas e/ou administrativas podem ser atribuídas a quem não é, pelo senso comum, pessoa.

Isso implica não ser de estranhar que, vinculado ao real, verdadeiro, original sentido do vocábulo pessoa — desapegado do antropocentrismo que isola o ser humano e que tem força no Ocidente e menor ênfase no Oriente — se possa atribuir o substantivo "pessoa" a um robô.

Aqui não se pretende conceituar como pessoa todo e qualquer robô, indistintamente, mas, apenas, aqueles que preencherem determinados requisitos, quais sejam, aqueles aos quais se atribui o condão de transformar o Homem no personagem central do Direito, dotado da suscetibilidade de titularizar direitos e obrigações ou mesmo, de outras que o faça pretender ou exigir algo semelhante ou igual a direitos.

O certo é que o conceito de pessoa deve servir para pessoas individuais e coletivas. Entre aquelas pode-se, em tese, incluir os robôs. O conceito de pessoa prende-se a uma realidade independente, uma comunicação normativa, que, leciona Cordeiro[153], diz da existência de

---

[153] CORDEIRO, Antonio Menezes, *op. cit.*, p. 514.

> *[...] uma entidade destinatária de normas jurídicas e portanto: capaz de ser titular de direitos subjetivos ou de se encontrar adstrita a obrigações. A afirmação da personalidade será, pois, a consideração de que o ente visado pode autodeterminar-se, no espaço de legitimidade conferido pelos direitos de que seja titular, e deve agir, no campo de suas adstrições. [...] O modo por que vão ser exercidos os direitos e cumpridas as obrigações já não é esclarecido pela afirmação sumária da personalidade: isso dependerá de múltiplas outras normas jurídicas, cuja aplicabilidade, no entanto, postula a personalidade e deriva dela.*

Portanto, ao que parece, não há, repita-se, óbices conceituais para a caracterização do robô como pessoa para fins de Direito, desde que preencha os necessários caracteres. Resta saber se legalmente há, embora, para nós, neste quadro, não seja o mais importante.

3.3 O tratamento normativo da Pessoa

Como acima afirmado, o Direito também cuida do conceito de pessoa, não apenas doutrinariamente, mas também, legalmente. Comumente as legislações — e nos países de orientação jurídica continental europeia, existem leis básicas, como os Códigos Civis — procuram definir em cada Estado nacional o conceito de pessoa.

Entre nós e os portugueses, para ficarmos nos exemplos mais próximos, não é diferente. Tanto lá como aqui, existe uma norma básica de direito comum, chamada Código Civil, que traz em seu bojo a definição de pessoa.

Essa definição, ver-se-á, não é estática, e acompanha a evolução social, econômica, política e, consequentemente, jurídica dessas nações.

3.3.1 Em Portugal

O Código de Seabra exigia que, para o *Homo sapiens* pudesse ser pessoa de direito, precisava nascer (art. 6º: A capacidade jurídica adquire-se pelo nascimento; mas o indivíduo, logo que é procreado, fica debaixo da proteção da lei, e tem-se por nascido para os efeitos declarados no presente código), que o nascimento deveria ser com vida (art. 1479) e com figura humana (arts. 110 e 1776). Assim, se um ser nascesse do útero de uma mulher e não portasse a figura humana, ou seja, fosse, por exemplo, um híbrido, não seria pessoa sob a égide do Código Civil Português revogado.

Na Espanha, até 21 de julho de 2011 era necessário, para ser considerado pessoa, que o ser nascido apresente forma humana e sobreviva, fora, do útero, por 24 horas (Código Civil espanhol, arts. 29 e 30)[154]. Ou seja, a condição de pessoa exige uma prova, um teste físico de sobrevivência. Assim um ser humano não nasce pessoa, torna se pessoa com o decurso do tempo. Somente com o advento da Lei nº 20/2011 tal situação foi alterada e a personalidade jurídica agora coincide com o nascimento.

O Direito luso evoluiu e o Código Civil de 1966 não mais passou a exigir a figura humana, parecendo lícito supor que não mais exigiu a especificidade humana, embora, certamente, à época não se cogitasse da possibilidade de nascimentos de híbridos ou mesmo do surgimento de robôs.

Note-se que, se não prevalecer uma interpretação antropocêntrica, o art. 66 do Código Civil Português fixa a personalidade jurídica de qualquer ser vivente que nasça com vida, pois não faz qualquer referência ao Ser Humano.

3.3.2 No Brasil

Na mesma trilha perfilhada pela Lei comum portuguesa caminha o Código Civil brasileiro, que abandonou na sua definição jurídica de pessoa o vocábulo Homem, permitindo a interpretação não antropocêntrica e alargada de pessoa.

---

[154] ESPANHA, Código Civil. Art. 29 - El nacimiento determina la personalidad; pero el concebido se tiene por nacido para todos los efectos que le sean favorables, siempre que nazca con las condiciones que expresa el artículo siguiente. Art. 30 - Para los efectos civiles, sólo se reputará nacido el feto que tuviere figura humana y viviere veinticuatro horas enteramente desprendido del seno materno.

Pablo Stolze e Rodolfo Pamplona[155] veem nessa nova roupagem da Lei Comum nacional uma expressão politicamente correta e compatível com a ordem constitucional para fazer a equiparação entre homens e mulheres, verberada pelo art. 5º, I, da Magna Carta, entendimento compartilhado por Grinberg.[156]

Parece, contudo, que, considerando a possibilidade da singularidade tecnológica, pode-se ver além da vedação discriminatória genérica, já configurada expressamente na Carta Grande, para se compreender, diante da nova e futura realidade, que, sem mudança legislativa da Lei Comum, se possa admitir um robô como pessoa para efeito jurídico, haja vista, além de tudo quanto já aduzido, que, em sua origem etimológica, robô é um trabalhador forçado[157], um escravo, um Homem submetido a outrem, como já foram, nunca é demais repetir para que os deploráveis fatos não tornem a ocorrer, os judeus, os negros, os cristãos, os índios, os prisioneiros, os condenados etc.

Embora se possa, nesse passo, afirmar que o Código Civil permita o entendimento da possibilidade de conceituação do robô como pessoa, a Constituição Federal, embora não vede tal entendimento, impregnada pelo antropocentrismo, somente confere dignidade à pessoa humana, embora permita asseverar que as pessoas jurídicas possam vir a sofrer danos morais.

De todo modo, o tratamento constitucional é ambíguo, na medida em que no seu art.5º, *caput* e incisos X e XV, principalmente, não distingue pessoa humana de qualquer outra pessoa:

> **Art. 5º** *Todos são iguais perante a lei, sem distinção de qualquer natureza, garantindo-se aos brasileiros e aos estrangeiros residentes no País a inviolabilidade do direito à vida, à liberdade, à igualdade, à segurança e à propriedade, nos termos seguintes:*

---

[155] GAGLIANO, Pablo Stolze; PAMPLONA FILHO, Rodolfo. **Novo curso de direito civil**: parte geral. 11. ed. São Paulo: Saraiva, 2009, p. 80.

[156] GRINBERG, Keila. **Código Civil e cidadania**. 3. ed. São Paulo: Jorge Zahar, 2008, p. 71.

[157] CAPEK, Karel. **R.U.R. (Rossum's Universal Robots)**: A play in introductory scene and three act. London: Penguin Classics, 2004.

> *X - são invioláveis a intimidade, a vida privada, a honra e a imagem das **pessoas**, assegurado o direito a indenização pelo dano material ou moral decorrente de sua violação;*
>
> *[...]*
>
> *XV - é livre a locomoção no território nacional em tempo de paz, podendo qualquer **pessoa**, nos termos da lei, nele entrar, permanecer ou dele sair com seus bens.*

A vedação constitucional é clara ao se dirigir a qualquer forma ou natureza de distinção, seja ela calcada em fatores biológicos ou dirigida a seres sintéticos ou em virtude de serem sintéticos.

Com isso se afirma que, embora, como era de se esperar, a Carta Grande não permita uma interpretação direta e ampla que contemple o robô como pessoa, também não veda tão concepção, estando aberta a interpretações consentâneas com o estado futuro da técnica e da realidade social. Por isso é que se pode afirmar que o robô da singularidade tecnológica, considerado como pessoa individual, não poderá sofrer discriminação no tratamento por força da vedação constitucional.

Por outro lado, este não é um assunto que deveria ser abordado pela Constituição, mas por códigos civis sobre sistemas jurídicos europeus continentais.

Mostra-se proveitoso que aqui se faça um brevíssimo histórico do tratamento jurídico no Código Civil brasileiro. Noticia Grinberg[158] que o conceito de pessoa marcou as discussões sobre o projeto do Código Civil de 1916. Vinha-se de recente abolição da escravatura e se convivia com ex-escravos e descendentes destes.

O projeto de Teixeira de Freitas, como todos os demais projetos de Código trazia diferenciações entre as pessoas, notadamente no atinente à aquisição de direitos.[159] Beviláqua[160] sofrera fortes críticas por não seguir a mesma trilha, leciona a autora.

---

[158] GRINBERG, *op. cit.*, p.67.

[159] *Idem.*

[160] Nota do Autor. O projeto de lei de Clovis Beviláqua prevaleceu e se tornou, depois do processo legislativo, o Código Civil do Brasil de 1916, em vigor até 2002.

Note-se que Teixeira censurou o Projeto de Código Civil de Portugal porque em seu artigo inaugural definia que "só o homem é pessoa". A solução adotada pelo cachoeirano foi estabelecer que são pessoas "todos os entes suscetíveis de aquisição de direitos. " A concepção de "ente" para Teixeira, segundo Grinberg, era a de Homem.

Ora, embora não se possa recriminar esse entendimento, certo é que o 'Esboço' trazia dispositivo avançado e de amplitude tal que permitiria sua preservação nas atualizações legislativas e tecnológicas que viessem posteriormente.

Sim, por ente, somente poderia compreender Teixeira de Freitas como sendo o Homem, mas, na atualidade ou no futuro, nada impede que se possa no vocábulo mirar um robô, como aqui se defende.

Interessante é que o próprio Direito então vigente já comportaria tal compreensão, se, evidentemente, houvesse qualquer possibilidade técnica de se cogitar da existência dos robôs tratados aqui. Nesse sentido leciona Grinberg[161], referindo-se a Beviláqua: "[...] Como pessoa era, segundo todas as definições correntes em direito, todo ser capaz de ter direitos, não havia necessidade de definição, já que era uma noção assente por todos. "

E Beviláqua, segundo a autora, entendeu não ser preciso definir pessoa porque tinha entendimento de que se acoplava ao conceito de ser humano.

Parece justo afirmar-se que, em tempos atuais e futuros, o mesmo raciocínio jurídico pode ser aplicado para defender a ideia de que ao conceito jurídico de pessoa pode atrelar-se o robô e não apenas o ser humano, pois o conceito de pessoa, na realidade vincula-se ao ente titular de direitos e obrigações nos termos da Lei — como cogitado por Teixeira de Freitas — e não a uma determinada espécie ou estrutura, até porque o direito não pode cristalizar uma posição sobre algo que pode ser modificado pela evolução natural ou tecnológica.

---

[161] *Ibidem*, p. 68.

Não será a primeira vez que um conceito apropriado ou criado pelo Direito e deontologizado com base em situações da vida real (ontológico), evolui com os ventos das mudanças, como, aliás, o próprio conceito jurídico de pessoa.

Convém relembrar com Grinberg[162] que, quando Beviláqua usou a expressão "ser humano", no art. 2º, do seu projeto, a comissão revisora fê-lo modificar o texto para que usasse a palavra "homem", numa atitude que pode ser interpretada como sexista — e, creio, possivelmente, o fora à época. Essa interpretação machista foi refutada pelo autor do Código de 16.

Todavia, não se pode refutar a ideia de que, sob o Código Civil de 1916, havia mulheres mais cidadãs, mais aproximadas dos homens em seus direitos do que outras, não apenas porque a sociedade assim entendia, mas, porque, na Lei Comum se via o tratamento diferenciado para as diversas "mulheres": honestas, solteiras, casadas, viúvas, desonestas etc. Cada uma detinha um plexo de direitos diferente, níveis diversos de capacidade jurídica.

Portanto, a única justificativa juridicamente válida para, preenchidos os caracteres necessários pelos robôs, se insistir em atribuir a condição de pessoa ao Ser Humano em caráter exclusivo, é a prevalência do paradigma do antropocentrismo.

3.4 DA PERSONALIDADE

Entende-se personalidade como um "conjunto de caracteres do próprio indivíduo; consiste na parte intrínseca do ser humano. Trata-se de um bem, no sentido jurídico, sendo o primeiro bem pertencente à sua pessoa, sua primeira utilidade."[163]

Sobre a personalidade, conforme leciona Elimar Szaniawski,[164] a expressão, para o direito romano, estava limitada aos indivíduos que possuíssem os três seguintes *status*: o *status libertatis*, o *status civitatis* e o *status familiae*. Aquele que não fosse detentor de

---

[162] *Ibidem*, p. 70.
[163] SZANIAWSKI, Elimar, *op. cit.*, p. 70.
[164] *Ibidem*, p. 183.

liberdade, também não detinha nenhum outro *status*, como os escravos, embora fossem seres humanos e, para parcela da doutrina, pessoa.[165] O escravo, segundo o direito justinianeu, tratava-se de um ser humano que perdeu a liberdade e tornou-se objeto de propriedade de qualquer cidadão, o qual poderia libertá-lo, negociá-lo ou mesmo matá-lo. O nascimento — o filho de escravo já nascia escravo — a *capitis diminutio* máxima — forma punitiva para o devedor insolvente, aquele pego em flagrante, quem deixasse de inscrever-se no *census* e para o soldado desertor — os prisioneiros de guerra das campanhas publicamente declaradas por Roma a qualquer povo e a mulher livre que se relacionasse sexualmente com escravo alheio, tornando-se propriedade do senhor de seu amante escravo, são algumas situações das quais decorria a perda da liberdade. Além delas, o liberto ingrato para com seu antigo dono podia voltar a ser escravo e aquele que fingisse ser escravo, sem o ser, para obter vantagens indevidas também podia perder o *status libertatis*. No que tange à liberdade, em Roma, as pessoas dividiam-se em ingênuos, quem nunca fora escravo, e libertos, os que foram escravos e conseguiram alforria.

Segundo Orlando Gomes[166], a finalidade dos direitos de personalidade seria proteger a personalidade humana, sendo fundamental ao desenvolvimento do ser humano, evitando que ela seja alvo de ataques por parte de outros indivíduos. Desta forma, os direitos de personalidade são, por determinação legal, conversão dos planos físico e psíquico, que individualizam a pessoa, cabendo-lhes, então, proteção.

No curso da História, a dignidade da pessoa humana consolidou-se como uma conquista realizada pelo ser humano, decorrendo de razões ético-jurídicas contra as barbáries praticadas pelos próprios humanos, uns contra os outros.[167]

---

[165] CHAMOUN, Ebert. **Instituições de direito romano**, p. 48 *et seq. apud* SZANIAWSKI, Elimar, *op. cit.*, p. 26.

[166] GOMES, Orlando. **Direito da personalidade**. Introdução ao dir. Civil. Revista Forense, n° 216, p. 132.

[167] SZANIAWSKI, Elimar, *op. cit.*, p. 141.

Ao longo do tempo tem se apresentado robôs que assumem as mais diversas tarefas, desde há algum tempo, como, por exemplo: controlar aviões, armas nucleares, navios, submarinos, dosagem de medicamentos, qualidade do ar, água, alimentos, segurança, sugerir diagnósticos médicos etc. Já existem robôs para cuidar de idosos e crianças, fazer sexo[168] ou companhia. Enfim, diversas atividades antes somente confiadas a humanos.[169]

É uma máquina que agora armazena o que digito e conserva minhas ideias em um meio mais ou menos seguro e perene.

Certamente vai chegar o momento em que nosso respeito por eles se aproxime ou supere o que temos por humanos.

Parece razoável supor que possamos ver neles uma dignidade semelhante à nossa, pois estão atuando de forma semelhante a nós, inclusive em tarefas nas quais se exige decisões morais ou moralmente fundamentadas e parece ser lícito supor que nossa dignidade esteja de certo modo atrelada à forma moral e ética com que nos conduzimos ou deixamos nos conduzir.

Pode chegar o momento em que não se poderá distinguir se o ato foi humano ou robótico, não se podendo mais negar-se uma dignidade própria das máquinas.

Hoje já se discute a necessidade de se construir máquinas dotadas de ética e moral, justamente porque elas atuam à semelhança dos humanos[170].

3.5 Pós-Humanidade

Uma vez que, e se, superada a humanidade pelo advento da singularidade tecnológica, com eventual fim da evolução puramente biológica do Homem, exsurge nova fase da evolução humana pela

---

[168] LEVY, David. **Love and sex with robots**: the evolution of human-robot relationships. Harper Perennial, 2008.

[169] WALLACH, Wendell e ALLEN, Colin. **Moral Machines**: Teaching robots right from wrong. Oxford: University Press, 2009.

[170] *Idem.*

superação do humano, seja pela sua ciborguização, seja pela sua superhumanização decorrente da ciborguização, seja pela entronização das máquinas, com cumprimento final da função humana e seu consequente perecimento.

O fato é que, segundo se procurará colacionar adiante, chegará o momento em que o puramente humano será ultrapassado. Esta seria a era da pós-humanidade.

Trata-se de processo que começou com o surgimento do próprio Homem, sua primitiva ciborguização pelo uso e incorporação de tecnologia, algumas transparentes; seu permanente afastamento da natureza e busca de artificialização e que não se concretizou plenamente ainda pela falta de meios tecnológicos para tanto e que poderá ser retardada por questões morais ou por medo.

Todavia, os meios de superação do humano estão se tornando mais reais a cada dia. A desvirtualização dos meios necessários é proporcional à virtualização da vida, a desterritorialização e desmaterialização das relações e ferramentas e da deslocação do pontual para a nuvem informacional.

Outrossim, dois dialetos centrais envolvem a formação do pós-humano: a presença/ausência e o padrão/aleatoriedade. Como a informação se torna cada vez mais importante, tende a prevalecer sobre a presença/ausência. Basta relembrar a forma de arquivamento e recuperação de dados digitais e a desmaterialização e desterritorialização que presenciamos para compreender o fenômeno.

Lemos[171] compreende essa nova realidade afirmando que "A tecnologia microeletrônica é, ao mesmo tempo, mágica (abolição do espaço e do tempo; tele presença) e agregadora (societária, comunitária) ".

É preciso ainda ponderar que o conceito de indivíduo sofrerá mudanças, haja vista que, sendo a consciência expressa como processos que podem ser criados por *software*, ela pode ser deslocada da mente e do próprio sujeito, vagando em vários lugares. Portanto, não se pode mais assegurar que a consciência garante a

[171] LEMOS, André. **Cibercultura**: tecnologia e via social na cultura contemporânea. 4. ed. Porto Alegre: Sulina, 2008, p. 181.

existência do sujeito. É preciso estar preparado para um sujeito pós-consciente.

3.5.1 Introdução

Aqui compete buscar compreender o que Supiot[172] chamou de *homo juridicus*.

Para Alain Supiot, "Nada mais dificultoso do que apreender o que nos fundamenta. Acreditamos todos no artigo primeiro da Declaração Universal dos Direitos do Homem [...]".[173]

Referindo-se à estupefação de Santo Agostinho, entende que a mente humana, à semelhança que a dele, não consegue compreender plenamente ela própria e procura fora de si as razões de seu ser. À semelhança dos animais, o Homem está no mundo por seus sentidos, mas, por via da linguagem, tem acesso a um universo que transcende a circunstância da experiência sensível. É a limitação já demonstrada por Göddel, como visto.

A necessidade da razão é a de permitir ao Homem combinar sua finitude existencial, material, com seu infinito universo mental,[174] mas a própria razão tem limites que a razão desconhece.

Ele considera que o **nascimento**, o **sexo** e a **morte** são os três limites da condição humana que, agora, se veem em perspectiva de suplantação pela clonagem humana, pela qual a prisão da geração, a dependência do sexo e o limite temporal da vida podem ser eliminados. Tal também pode ocorrer em decorrência da cibernética, da aplicação e simbiose das tecnologias com o equipamento corporal e mental humano, cuja ocorrência se fixa na pós-humanidade.

Supiot sustenta que, como em qualquer sociedade, a atual sociedade ocidental se assenta numa concepção de Homem que dá sentido à vida humana. Embora sob a ótica jurídica o Homem seja

---

[172] SUPIOT, Alain. **Homo juridicus**: ensaio sobre a função antropológica do Direito. Trad. de Maria Ermantina de Almeida Prado Galvão. São Paulo: Martins Fontes, 2007.
[173] *Ibidem*, p. 4.
[174] *Ibidem*, p. 9.

sujeito de Direito, dotado de razão, para outras ciências ele é obje-to, seja na medicina, na biologia, na economia, na sociologia etc.

Essa dicotomia científica, os conceitos de sujeito e objeto, de pessoa e de coisa, de espírito e de matéria, se definem por oposição mútua.[175] Não se pode conceber uns sem reconhecer a existência dos outros.

Com surgimento em Roma e seu desenvolvimento até os dias atuais, a concepção humana como *imago Dei* permite-lhe so-brepujar a natureza e surgir a ambivalência de três atributos da humanidade: **individualidade**, **subjetividade** e **personalidade**. Imagem e semelhança de Deus, o Homem ganha dignidade ex-traordinária, mas limitada, pois Deus ele não é. Como indivíduo é único, mas também semelhante a todos os demais; na qualida-de de sujeito, ele é soberano, mas o vocábulo não deixa esquecer que sujeitado à Lei dos Homens; enquanto pessoa, é espírito, mas encarnado na matéria.

Interessante que esse mesmo Homem que se coloca no pedestal, que se vê único e idêntico, consagrado de uma dignidade soberana, ao criar, no âmbito do Direito, a pessoa jurídica, possibilitou que toda reunião de pessoas, pensamentos ou coisas, possa ser elevada à condição de pessoa. "O *homo juridicus* consegue assim tratar o plural como um singular, o 'nós' como um 'eu' suscetível de nego-ciar em pé de igualdade com todos os outros indivíduos. "[176]

Para Supiot, a prescrição divina de reinar sobre o Universo, atingiu o seu termo lógico com a demissão de Deus e a monopoli-zação pelo Homem da qualidade de sujeito num mundo regido por ele e repleto de objetos modelados à sua imagem.[177]

Talvez seja isso que espera o Homem após a criação de má-quinas que o supere. Já se lhes atribui caracteres humanos, já se acolhe suas manifestações de processamento como verdade (basta lembrar quantas vezes se ouve que "Não está no sistema, senhor(a) ", ao buscar alguma informação em um *call center* ou

---

[175] *Ibidem*, p. 13.
[176] *Ibidem*, p. 20.
[177] *Ibidem*, p.24-25.

em balcão, por exemplo de companhia aérea. Nessas ocasiões, por hipótese, mesmo que o Homem esteja portando seu bilhete de viagem, a primeira reação, senão a definitiva da pessoa do atendimento será verificar se o sistema confirma que a prova física traduz a verdade. Caso negativo, entre o confronto da evidência física, impressa e/ou a manifestação do Ser Humano, a tendência é que o empregado da companhia acredite no sistema, na informação pura, desmaterializada e não na pessoa de carne e osso e no título.

Além disso, o Homem já se adaptou às máquinas, tendo de aprender a usar suas interfaces e não fazendo com que estas se adéquem a ele, independentemente de quem quer que as use. Acrescente-se que quem projeta e desenvolve essas interfaces são, via de regra, homens e não máquinas, mas homens cujos pensamentos se assemelham ao que se habituou a pensar ser como as máquinas pensam ou, ao menos como elas são ou devem ser.

Cada vez mais sistemas controlam a vida das pessoas e conversam entre si, ganhando importância e poder e tendo sobre si depositada a confiança generalizada das pessoas e mesmo, a das instituições. Os sistemas tomam cada vez mais decisões pelos Homens, seja na escolha da melhor rota para o ônibus espacial, na dosagem do veneno para executar um preso, no dia certo para o nascimento de uma criança, se o indivíduo pode comprar sua casa própria, se pode se eleger, votar, contratar com a administração pública, casar etc.

Como se está fazendo as máquinas, especialmente os robôs, à imagem e semelhança do Homem, tentando fazer com que o superem, nada obsta que, ao conseguirem, eles demitam o Homem também, reinando como sujeitos absolutos, como consequência natural da evolução humana, agora não mais em um estágio puramente biológico, ou mesmo em qualquer grau biológico.

Retomando o conceito jurídico de pessoa, é preciso lembrar que em Roma a *summa divisio* representada pela antagônica divisão entre pessoas e coisas era relativa, tendo evoluído para atingir valor normativo. Não mais se admitiu tratar pessoas como coisas e vice-versa. Essa separação adquiriu, portanto, valor dogmático, no Ocidente.

Foi o cristianismo, como visto, pela sua origem histórica em época na qual os judeus eram perseguidos e escravizados, tratados como objetos, que a personalidade passou a ser atributo que devesse ser reconhecido a todos os homens, incluindo, evidentemente, os judeus, cristãos, escravos etc., conceito que permite fazer o corpo e o espírito se conciliarem e manterem-se juntos.

Para Supiot,[178] a personalidade jurídica não é mais do que um meio pelo qual a lei garante a cada qual a aptidão para que possa realizar na Terra a sua personalidade própria, aos olhos de todos. Ou seja, não é mais preciso aguardar a subida aos céus para que sua alma, o que lhe dá autonomia, liberdade, comunhão e obediência a Deus, se manifeste.

Verifica-se que, ao tratar da pessoa humana, constantemente se faz referência à liberdade, conceito amplo e de conteúdo variável também. Segundo Fernandez e Fernandez[179],"O problema da liberdade pode ser analisado de duas formas: como um problema metafísico (contemplar a liberdade como algo interior à pessoa humana) e como um problema social (acentuar a liberdade exterior da pessoa). "

Dessa forma pode-se divisar uma liberdade negativa, pela ausência de coerção e uma liberdade positiva decorrente da autonomia individual. Entendem que, ao se "falar da liberdade humana, podemos distinguir três tipos básicos: "

I) Liberdade sociológica: autonomia de que goza o indivíduo frente à sociedade;
II) Liberdade psicológica: "dono de si mesmo";
III) Liberdade moral: capacidade do Homem de decidir-se a atuar de acordo com a razão.

---

[178] *Ibidem*, p. 20.
[179] FERNANDEZ, Atahualpa; FERNANDEZ, Marly. **Neuroética, direito e neurociência**: conduta humana, liberdade e racionalidade jurídica. Curitiba: Juruá, 2008, p. 77.

Afirmar que o Homem é livre significa, em primeiro lugar, dizer que há nele um princípio ou capacidade fundamental de tomar em suas mãos seu próprio agir, de forma que este possa chamar-se verdadeiramente "seu", "meu".

Outra forma de entender a liberdade é concebê-la como auto possessão. Neste caso, refere-se àquele estado do Homem que, em grande medida, se liberou das alienações e determinismos em seu próprio agir, de modo que seu agir pode chamar-se verdadeiramente livre. O desenvolvimento da liberdade é descontínuo e nunca é uma possessão definitiva, entendem os autores.[180]

3.5.2 A Condição Pós-humana

Ao tratar da nova realidade por vir, Habermas[181] entende que as diferenças entre Homem e máquina, consequência do desenvolvimento de sistemas pós-humanos, desaparecerá:

> *Na medida em que a evolução aleatória das espécies entra no campo de intervenção da engenharia genética e, por essa via, no domínio das ações por que somos responsáveis, verifica-se uma desdiferenciação de categorias que, no mundo da vida, se mantêm ainda claramente distintas: a categoria do fabricado e a do naturalmente gerado. Para nós, essa antítese extrai a sua evidência das familiares formas de ação da transformação técnica de materiais, por um lado, e da relação de cultivo ou terapia com a natureza orgânica, por outro.*

Isso não significa que ele concorde com o curso dos acontecimentos, pois o que se faz hoje afetará (o direito) das gerações futuras que não quiseram — até, porque dele nem participaram — tal desenvolvimento. Ele vê uma mudança definitiva para a espécie humana:

---

[180] *Idem et. seq.*
[181] HABERMAS, Jürgen. **O futuro da natureza humana**: a caminho de uma eugenia liberal? Trad. de Maria Benedita Bettencourt. Coimbra: Almedina, 2006, p. 89.

> *Trata-se, evidentemente, de um poder dos de agora sobre*
> *os vindouros, objetos indefesos das decisões prévias desses*
> *planejadores de hoje. O reverso do poder de hoje será a fu-*
> *tura sujeição dos vivos em relação aos mortos [...] domínio*
> *da natureza se converte em degeneração da natureza da*
> *própria espécie.*[182]

Em princípio, parece, isso não difere em nada do que sempre ocorreu. Essa sujeição dos vivos em relação aos mortos sempre existiu. Tudo que se fez até hoje foi realizado pelos então viventes e deixou marcas, muitas vezes profundas, nos que estavam por vir. Esses vieram e deixaram suas marcas, morreram e seus efeitos foram sentidos pelos que lhes sucederam.

É evidente que as gerações por vir muitas vezes sofrem as consequências, quaisquer que sejam elas, das gerações antecedentes, por atos para os quais aquelas em nada concorreram. Contrariamente a isso, só se a marcha do tempo fosse diversa da que se experimenta.

Assim, sofrer os efeitos de uma causa promovida pelos mortos é da natureza da própria vida, ela mesma efeito dos mortos ou dos que irão morrer, embora, hoje se sabe, não seja a morte consequência inexorável de toda forma de vida[183].

De certo modo estaria correto o filósofo se o que pretendia caracterizar é a gravidade dos efeitos do que hoje se faz, com a perseguição ou inevitabilidade de uma pós-humanidade, uma vez que os paradigmas biológico e antropocêntrico poderiam ser rompidos. Todavia, paradigmas tão ou mais importantes já foram quebrados anteriormente, embora não pelo Homem.

A organização cristalina, não biológica, já deu espaço aos sistemas biológicos na origem da vida como conhecemos hoje. O paradigma monocelular foi rompido em seguida. Depois o paradigma aquático foi abandonado. O modelo sáurio deu lugar ao predomínio mamífero e com o tempo ao primata e por último, mas não provavelmente menos, ao humano.

---

[182] *Ibidem*, p. 91.
[183] CINQUEPALMI, João Vito. Você pode ser imortal. **Superinteressante**. Vol. 275, p. 42-51, Editora Abril, edição fev. 2010.

O mundo africano foi deixado para trás, a Grécia foi superada, Roma foi superada, os mongóis foram superados, os cristãos foram superados e depois derrotaram os mouros. O mundo europeu se ampliou com as navegações, Portugal perdeu seu poderio, Espanha *idem*, França também, Inglaterra e URSS da mesma forma, Estados Unidos agora imperam, vendo o acelerado desenvolvimento da China, seguidos do Brasil, Índia e Rússia.

Cada etapa histórica dessas, cada mudança relacionada, todas feitas pelos vivos de então e em seguida mortos, representou, ao seu modo e vez, uma sujeição dos vivos pelos mortos. Portanto, nesse particular nada de novo sob o Céu. Ademais, muitas dessas mudanças romperam importantes paradigmas.

Rover[184] se manifesta acerca desse assunto nos seguintes termos:

> *A partir desse avanço sem precedentes, podemos afirmar o surgimento de uma nova natureza, nem humana, nem maquinal. A invisibilidade da tecnologia teria seu ápice nesse momento, no qual o homem teria atributos de máquina em sua carne e as máquinas teriam atributos biológicos típicos da humanidade. Não haverá distinção clara entre seres humanos e robôs. As máquinas seriam capazes de sentimentos como o medo e o amor, de sonhar.*

Como todo paradigma, o antropocêntrico demanda algum tempo para se desenvolver ou se desfazer, o que pode ocorrer em uma ou poucas gerações.

Basta tomar-se um exemplo, hipotético e extremo, dos muitos possíveis. Imagine-se que, em uma sociedade determinada, se diga às crianças, desde a mais tenra idade, que cachorro, *v.g.*, é pessoa, e assim deva ser tratada — como, aliás, no Japão, por exemplo, se chama senhor cão ou senhor gato, ou senhora Lua ou senhor Sol.

Essas crianças poderão crescer tratando-os, referindo-se e considerando os cães como pessoas, como elas próprias, apenas com outra forma e outra maneira de se comunicar e com hábitos diferentes, mas não a ponto de fazê-los coisas. Serão adultos que tra-

---

[184] CINQUEPALMI, João Vito. Você pode ser imortal. **Superinteressante**. Vol. 275, p. 42-51, Editora Abril, edição fev. 2010.

tarão esses animais como pessoas e perpetuarão a ideia de que são titulares de direitos como os humanos.

Isso contribuiria para modificar o paradigma antropocêntrico. Nem se traga exemplos reais como as vacas na Índia, dotadas, até mesmo, de *status* superior aos de alguns Homens.

Ademais, no Japão, quando algo assume feição humana, ganha novo *status*, adquirindo um espírito.[185]

É mera questão de perspectiva e de concepção de mundo, que vem da experiência de estar no mundo. Assim, num mundo povoado de robôs inteligentes, conscientes, com inconsciente, pensamento, eventualmente sentimentos, ocupando vagas de trabalho em diversos setores, cuidando de crianças, decidindo acerca de vários fatores das vidas humanas, cooperando com os humanos, brigando com eles, matando e sendo postos fora de operação ou mortos, competindo com os homens etc., uma nova concepção de mundo certamente surgirá e, nesse momento não será o paradigma puramente antropocêntrico que prevalecerá mais.

Resta discutir a questão do nascimento com vida, conceito que será adiante tratado, para efeito de ver surgir a personalidade jurídica.

Nesse passo, importante rememorar que Habermas[186] não aceita falar de pessoa antes do nascimento. Ademais, o autor alemão não sacraliza a natureza biológica.[187]

Todavia, o filósofo não apenas está atento às questões da pós-humanidade, como também não se contenta com as explicações lançadas até o momento, deixando expresso que, na obra examinada, também desconfia não lograr êxito na explicação, apenas aventurando-se para tentar aclarar mais a situação: "O fenômeno inquietante é o desvanecimento da fronteira entre a natureza que somos e o equipamento orgânico que nos damos."[188]

---

[185] Mais detalhe ver: Sem carne, sem osso. **Carta Capital**. Vol. 15, n. 570. P. 74-79, Editora Confiança, nov. 2009.

[186] HABERMAS, Jürgen, *op. cit.*, p. 18.

[187] *Ibidem*, p. 22.

[188] *Ibidem*, p.64.

De logo convém aduzir que o nascituro é uma pessoa em potencial[189], virtual[190], dotada de direitos. Enquanto pessoa virtual, em potência, assemelha-se ontologicamente a um projeto factível e exequível de um robô, que é um robô em potência, virtual. Ambos podem se tornar pessoa real, em tese, uma, biológica, outra, cibernética, desde que venham ao mundo exterior, real, com caracteres necessários e suficientes, adquirindo, desse modo, personalidade jurídica.

Conforme leciona Szaniawski, Não se trata de nenhuma novidade no direito brasileiro a proposição de ser o nascituro possuidor de personalidade, ou seja, uma pessoa. Conforme lecionava Teixeira de Freitas, é pessoa de existência visível qualquer ente que portar sinais típicos da humanidade, independente de distinção de qualidades ou acidentes. As pessoas ainda não nascidas, mas que se encontravam em ventre materno, Teixeira de Freitas as chamava de *"pessoas por nascer"*[191]. Ora, por serem pessoas, portam personalidade e capacidade de direito, conferindo-lhes a lei a imprescindível representação.

Prossegue ele, afirmando que o Código Civil de 2002 não repele o entendimento presente no Código Civil de 1916: no parágrafo único do art. 1.609, consente o reconhecimento do filho antes mesmo de seu nascimento; no art. 1.779, disciplina a curatela do nascituro; no art. 1.798, autoriza, quando da abertura da sucessão, pessoas já concebidas como sucessoras. Neste último dispositivo legal, o novo Código reconhece e atribui o nome de "pessoa" ao concepturo. Deste modo, deve-se desprezar o antigo entendimento genético-desenvolvimentista, o qual dizia ser o nascituro resguardado pela lei, sem lhe ser concedido, entretanto, nenhum direito subjetivo, comparando a tutela que a lei civil lhe dava à tutela dada

---

[189] TELLES JÚNIOR, Goffredo, *op. cit.*, p. 303. "Em todo *ser em ato,* existem determinados *seres em potência.* [...] Os seres em potência, existentes num certo ser em ato, são faculdades *próprias* desse mesmo ser em ato, faculdades que nele existem porque ele *é* o que precisamente é.

[190] LEVY, Pierre. **O que é o virtual?** Trad. Paulo Neves. São Paulo: Editora 34, 1996.

[191] Esboço": arts. 35; 53; 221 e 226 *apud* SZANIAWSKI, *op. cit.*, p. 64.

a um objeto inanimado. Portanto, são de opinião contrária à do autor os que sustentam que o Código Civil recusa a personalidade natural da pessoa ainda não nascida, mas já concebida. O virtual é o seu real em potência.

Cogita-se, ao se tratar do pós-humanismo, de duas possibilidades: em uma, a ocorrência da singularidade produzirá efeitos tão avassaladores e rápidos que quase imediatamente o Homem perecerá, e na outra, poderá haver uma gradual substituição do *Homo sapiens* por seres híbridos antes de seu desaparecimento.

Afirma Hayes[192] que para os mentores do pós-humanismo o Homem poderá se conformar em ser colocado ao lado dos dinossauros ou tentar uma sobrevida tornando-se máquina cibernética, mediante alguma forma de simbiose ou ser suplantado pelas máquinas que criar. Todavia, haverá um limite para essa incorporação às máquinas, antes de existirem apenas elas.

Ademais, outras formas de vida parcial ou integralmente não biológicas são discutidas pela doutrina do pós-humanismo, como os *cyborgs*[193], e outros:

An initial taxonomy of Forms of Life (FOL)

In the first three decades of the new millennium all of the following 10 or so life forms will emerge. Today we tend to think in terms of two life forms: animal and vegetable. Vegetable is open to 'open slather' genetic manipulation and, since 'Dolly and co(w)', animals also — not yet us though. Not yet that is. By 2030, while our children will still be alive, most of these forms of life will exist and be in-

---

[192] HAYLES, N. Katherine. **How we became posthuman**: virtual bodies in cybernetics, literature and informatics. Chicago: The University of Chicago Press, 1999, p. 283.

[193] CLYNES, Manfred; KLINE, Nathan apud LIMA, Homero Luís Alves de. **Do corpo-máquina ao corpo-informação**: o pós-humano como horizonte biotecnológico. 2004. Tese (Doutorado em Sociologia) – Faculdade de Direito, Universidade Federal de Pernambuco, Recife, 2004. Disponível em: <http://boletimef.org/biblioteca/757/Do-corpo-maquina-ao-corpo-informacao-o-pos-humano-como-horizonte--biotecnologico>. Acesso em 28 abr. 2011. O termo *cyborg* foi criado em 1960 por Manfred Clynes e Nathan Clynes, médicos do hospital de Rockland, Nova Iorque, tendo em vista o ajustamento do corpo humano à conquista espacial.

tegrating with Artificial Intelligence (AI) and nanotechnology (NT). Life forms include: • Cyborgs — human/machine composite FOL — $6 million man/woman, Frankenstein. • GEborgs - genetically engineered FOL eg through modifying orgoborgs and cyborgs by cloning, food modification etc. [see Humborgs]. An interim life form only. [See Technoborg. • Orgoborgs — organic FOL — animal, vegetable, microscopic etc. on planet earth Inc. • Humborgs (organic conscious FOLs commonly called humans). These FOLs can be cloned [see GEborgs]. Ultimately humborgs will be implanted with bioborgs. As these chips are used to operate mechanical arms, or negate brain or nerve damage. The issue of man-robots, cyborgs, will arise — the advent of nanotechnology, which is forcing a re-definition of our conception of life. • Bioborgs — The development of living biochips will further blur the definition of a living machine. By synthesizing living bacteria, scientists have found a way to program the bacteria's genetic development to mimic the on and off switching of electronic circuitry. Many scientists presently feel silicon miniaturization has reached its limit because of the internal heat that they generate. The biochip is then expected to greatly expand the capabilities of computerization by reaching the ultimate in miniaturization. Biochips, when combined with nanotechnology will also have the unique ability to correct design flaws. Moreover, James McAlear of Gentronix Labs notes because proteins have the ability to assemble themselves the (organic) computer would more or less put itself together. • Siliborgs — silicon based FOL i.e. AI, self-repairing computer programs, Rights of Robots, HAL in 2001. Possibly silicon is nearing its design limitation as to its ability to dissipate heat and is about to be replaced by organic computers using biotech nano engineering. • Symborgs — symbological FOL — three types: • 1 Conscious/external — culture, computer virus, World Wide Web • 2 Unconscious/ internal —Mythic/unconscious i.e. archetypes i.e. FOL that are mythical, real yet not empirically real • 3 Bridges — between consciousness and unconsciousness eg the Cape York Rainbow Serpent Dreamtime stories/myths. Here the three prerequisite conditions of life are symbolically rather than literally met. In the case of the Rainbow Serpent story, however, the control over the physical aspects of the three aspects of tribes life is very 'real'. • Technoborgs technological FOL as shown in movies such as Batteries Not Included. By 2050 Technoborgs will become fused with GEborgs and Bioborgs. Humborgs as we know us will become indistinguishable. It is this life form that is likely to populate the life ecology of the near future. FOL relatively discrete from our humanoid terrestrial world: • ETborgs —FOL from other planets eg. ET,

Predator, Alien (usually hostile to humans, maybe they represent our own fear of future). • Macroborgs (macrocosmic FOL) eg. the Gaia hypothesis, which sees the world, indeed the universe as a living organism/entity demonstrating the requisite aspects of life, outlined below. • MVborgs — Micro Vita — microscopic FOL that blend mind and matter also called orgones, diatoms etc. cp. Macroborgs. • Psyborgs — psychic FOL, entities originating in the non-material realm eg angels, Dracula.[194]

O ciborgue é a criatura mais conhecida dessa nova fauna cibernética e é definido como um sistema que é parte humana e parte máquina.[195] Não se pode confundi-lo com o androide, que é um ser com aparência humana — normalmente referindo-se a um ser sintético — cujo feminino é ginoide.[196]

Na verdade, repita-se, o caminho da pós-humanidade vem sendo pavimentado há muito tempo. Assiste-se à confluência da seleção natural e da seleção artificial, se não substituição daquela por esta. Isso começou com o desenvolvimento dos medicamentos. "Pessoas com defeitos genéticos, que antes seriam fatais, agora sobrevivem e têm filhos. Predadores naturais não afetam mais as regras de sobrevivência (humana). "[197]

Alguns, como o Prof. Steve Jones[198], da University College London, consideram ter-se atingindo o fim da evolução humana, uma vez que esta, agora será mais memética que genética.

Richard Dawkins[199] esclarece a etimologia da palavra memética: que "'Mimeme' provém de uma raiz grega adequada, mas eu procuro uma palavra mais curta que soe mais ou menos como

---

[194] WILDMAN, Paul. Blood sweat and gears: some present implications of cloning and other life futures. **Australian Rationalist**. P. 33-37, n. 49, outono 1999.
[195] ROSENBERG, Jerry M. *Dictionary of artificial intelligence and robotics*. Toronto: John Wiley & Sons, 1986, p. 42.
[196] VAZ, Rafael de Oliveira. Sentimentos fabricados. **Revista filosofia, ciência & vida**. Enigmas da consciência na filosofia da mente. Ano I, n°3, p. 43, Editora Escala.
[197] WARD, Peter. Que futuro espera pelo homo sapiens? **Scientific America Brasil**. Evolução dirigida. Ano 7, n. 81, p. 59, Editora Duetto, fev. 2009.
[198] *Idem.*
[199] DAWKINS, Richard, *op. cit.*, p. 330.

'gene'. Espero que os meus amigos classicistas me perdoem se abreviar mimeme para meme. " Aduziu, ainda, que meme lembra a palavra memória.

Há quem entenda, como Hans Moravec[200], que o DNA se tornará inútil quando as máquinas, prosseguindo a nossa evolução cultural, corresponderem a todas as nossas funções humanas essenciais, resultando em robôs inteligentes, capazes de pensar e agir como um ser humano, que se desenvolverão cada vez mais rapidamente, sem necessidade humana.

Moravec[201] cita, ainda, que A.G. Cairns-Smith, no livro: Seven Clues to Origin of Life, aduz que tomadas genéticas do poder como essa porvir já existiram, quando cristais cerâmicos microscópicos, que se reproduziam pelo simples processo de crescimento mineral, foram superados pela reprodução biológica, como mencionado anteriormente.

Sim, esse era um modelo de reprodução existente antes da reprodução biológica, pois as mutações que sofriam e sofrem em tudo e por tudo se adéquam ao modelo evolutivo darwiniano, que exige reprodução, hereditariedade, mutação e diferentes graus de sucesso reprodutivo.

Assim, com as espécies de cristais cerâmicos competindo darwinianamente, algumas delas passaram a codificar informação[202] genética no exterior, sob a forma de longas cadeias de carbono, que, sucessivamente se reproduziam e mudavam, tornando-se cada vez menos dependente dos cristais, por fim abandonados, resultando no surgimento da vida.

Hoje, segundo Moravec[203], enfrenta-se um processo semelhante, uma alteração no modo como a informação é transmitida de geração a geração. A par da informação genética que se

---

[200] MORAVEC, Hans. **Homens e robots**: o futuro da inteligência humana e robótica. Trad. de José Luis Malaquias F. Lima. Lisboa: Gradiva, 1992, p. 11-12.
[201] *Idem.*
[202] Em realidade, quase qualquer coisa física, senão todas, é, em ultima ratio, um computador, pois codifica e armazena informações: DNA, células, bactérias, moléculas ou buracos negros podem ser considerados como computadores.
[203] MORAVEC, Hans. *op. cit.*, p. 12.

carrega nos genes, um volume crescente de dados culturais é armazenado fora desses, no sistema nervoso, nas bibliotecas e nos computadores, que têm crescido em importância cultural, na forma de guardiães e difusores de informações. No futuro, esses elementos culturais serão dispersados sem qualquer intervenção humana — como aliás já ocorre na internet e na computação em nuvem.

Quando esse ciclo se cumprir, completar-se-á uma nova tomada genética do poder, pois a cultura poderá se desenvolver completamente independente da biologia humana.[204]

A revista Scientific American[205], em sua versão brasileira, em recente edição vai longe ao afirmar que alguns cientistas consideram que enfrentamos uma involução em virtude de certas características da vida moderna que podem acarretar mudanças que venham mesmo a impedir a nossa sobrevivência: a necessidade de maior tempo de estudo tem retardado a reprodução. Isso resultaria em incremento de aumento da população menos inteligente e declínio da mais inteligente.

Há, na verdade, um equívoco na interpretação desse fenômeno moderno, uma vez que ela relaciona inteligência com educação formal, o que não é correto.

Ademais, repita-se, parece não haver qualquer relação entre evolução e inteligência, uma vez que, como visto, a evolução darwiniana não é intrinsecamente inteligente, embora possa resultar em inteligência. Parece evidente que há possibilidade de surgimento de algo diverso do que o antecedente gera, senão não teriam aparecido as diversas espécies.

Outrossim, o próprio periódico conclui que a inteligência humana tem um baixo grau de hereditariedade e que pesquisadores não encontraram sinal de que a média de inteligência esteja de fato decrescendo.

Outra vertente da evolução humana e da pós-humanidade, como visto, leva ao surgimento dos ciborgues. O Homem está cada vez

---

[204] *Ibidem*, p. 11 et. seq.
[205] WARD, Peter, *op. cit.*, p. 57 et seq.

mais dependente das máquinas, não podendo, mesmo, em determinadas circunstancias delas prescindir.

Na verdade, em todas as culturas, o Homem sempre delas se utilizou, e ele não chegaria onde se encontra sem elas. Se todas fossem simultaneamente paralisadas e o Homem não tivesse mais a capacidade de criar máquinas, permaneceria para sempre na pré--história, ou, nem mesmo poderia se constituir como espécie. Seríamos, portanto, desde a primeira pedra lascada, ciborgues. Além disso, novas ferramentas, muita vez, são mera evolução de equipamentos precedentes.[206]

Por isso, soa estranha a aversão às vezes encontrada quando se trata de máquinas cada vez mais aperfeiçoadas, pois foi sempre isso que o Homem fez até hoje. As máquinas estão tão visceralmente ligadas ao Homem que tarefas como cálculos, que sempre foram relacionadas com a inteligência, como uma de suas manifestações, quando passaram a ser feitas pelos computadores, muito melhor que se feitas pelos humanos, passaram não apenas a deixar de fazer parte do rol das coisas inteligentes, como também se tornaram, para a compreensão geral, entediantes e, por isso mesmo, destinadas a serem o campo de atuação dos computadores, as máquinas que os realizam. Nesse sentido, além de exemplos de máquinas que desempenham papéis, antes estritamente humanos e considerados inteligentes, confira-se, Enric Trillas.[207]

Portanto, o Homem urbano moderno não pode deixar de se aparelhar com ferramentas tecnológicas modernas, à semelhança dos seus antepassados, munidos de tacapes e outras ferramentas então de alta tecnologia.[208] Assim, "[...] o humano e o

---

[206] *Vide* HILLIS, Daniel. **O padrão gravado na pedra**: as ideias simples que fazem os computadores funcionarem. Trad. de Laura Neves. Rio de Janeiro: Ciência Atual Rocco, 2000.

[207] RUIZ, Enric Trillas. **La inteligencia artificial**: máquinas y personas. Madrid: Editorial Debate, 1998, p. 13-14.

[208] Entende Aires José Rover que tecnologia é um instrumento artificial de controle da natureza (em sentido estrito).

tecnológico se constroem mutuamente".[209]

Para poder superar as adversidades da vida moderna, há toda sorte de máquinas e equipamentos: celulares, óculos escuros e de grau, relógios, veículos, computadores nas mais variadas formas, baterias extras, carregadores, carros, aviões, roupas etc. "O processo de cyborgização contemporâneo nada mais é que a continuação inelutável dessa ordem à parte formada pelo homem, de sua saída da natureza na construção de uma segunda ordem artificial".[210]

Concomitantemente com a criação da tecnologia pelo Homem, esta o modificou. "Quando cria um artefato e passa a utilizá-lo, o homem o insere, de certa forma, em seu próprio pensamento".[211] Ocorre, no sentir de Guimarães, uma parabiose entre o Homem e as máquinas.

O Homem está constantemente se adaptando às suas ferramentas, adequando-se às suas interfaces, enfim, mudando seus comportamentos para que se submetam às demandas das máquinas. À medida em que se tornem mais complexas e interconectadas, será forçado a atendê-las, como afirma George Dyson no seu livro de 1998: "Darwin entre as máquinas":

> *tudo o que os seres humanos estão fazendo para tornar mais fácil operar redes de computadores é, ao mesmo tempo, mas por razões diferentes, tornar mais fácil para as redes de computadores operarem os seres humanos [...] A evolução darwiniana, num desses paradoxos que a vida tem em abundância, pode ser vítima de seu próprio sucesso, incapaz de lidar com o processo não-darwiniano que ela mesmo criou.[212]*

Parece que, nesse caso, se repete a relação homem/cão, na qual estes não têm mais as tarefas que os lobos tinham com abrigo, alimentação, atividade física, higiene e até mesmo reprodução e melhoria genética, pois há sempre um ser humano se submetendo às suas necessidades e provendo-as. Existem várias outras espé-

---

[209] LEMOS, André, *op. cit.*, p. 165.

[210] *Idem.*

[211] GUIMARÃES, André Sathler, *op. cit.*, p. 26.

[212] WARD, Peter, *op. cit.*, p. 61.

cies que evoluíram pela especialização, que dependem vitalmente de outras espécies ou de outros indivíduos de sua própria espécie para sobreviver, seja simbioticamente seja por outras adaptações, como os coalas, pandas e, ao menos uma espécie de peixe abissal. Acrescente-se que os pardais só vivem em aglomerados humanos.

Isso, porque, segundo Lemos[213], "a história do artificial e da humanidade coincide plenamente, já que 'para o homem, produzir o artificial é uma atividade absolutamente natural. "

Entende Lemos[214] que

> *O artificial, longe do que imaginamos no senso comum, é profundamente humano. Isto posto, a dicotomia entre o artificial e o natural perde sentido e a questão do cyborg pode ser colocada como estrutural da própria humanidade e como característica inegável da cibercultura. [...] O devir da humanidade é um devir cyborg. O primeiro homem, que de uma pedra faz uma arma e um instrumento, é o mais antigo ancestral dos cyborgs.*

Ademais, a ciência médica tem se desenvolvido muito, fazendo com que o Homem tenda à eternidade[215]. Sim, cada vez vive-se mais e melhor, com mais qualidade de vida — não se nega o surgimento de outras tantas doenças da modernidade — e a medicina tem proporcionado o surgimento de próteses cada vez mais avançadas e complexas.

Esse fenômeno foi antevisto por Wiener[216], ainda na década de cinquenta do século XX:

> *Há um grande número de problemas referentes aos autômatos que nada tem a ver com nosso sistema fabril, mas que servem ou para ilustrar e deitar luz sobre as possibilidades dos mecanismos comunicativos em geral, ou para propósitos semimédicos, para a prótese e substituição de funções humanas perdidas ou enfraquecidas em certos*

---

[213] LEMOS, *op. cit.*, p.165. Nesse trecho o autor colaciona lição de MAZINE, E. **Artefacts. Vers une Ecologie de l'environnement Artificiel.** Paris: CGP, 1991.
[214] LEMOS, André, *op. cit.*, p. 165.
[215] CINQUEPALMI, João Vito, *op. cit.*, p. 42-51.
[216] WIENER, Norbert. **Cibernética e sociedade**: o uso humano de seres humanos. Trad. de José Paulo Paes. 9. ed. São Paulo: Cultrix, 1993, p. 161

> *indivíduos infortunados. [...] Há uma segunda classe de máquinas que tem valor médico muito mais direto e de mais imediata pertinência. Essas máquinas podem ser usadas para suprir as faltas dos mutilados e dos sensorialmente deficientes, bem como para dar novas capacidades, potencialmente perigosas, aos já possantes.*

O autor ainda faz referências a luvas auditivas e pulmões artificiais, antecipando um futuro no qual o ser humano poderá substituir órgãos mutilados, desgastados ou mesmo falidos, por correspondentes funcionais cibernéticos, como os existentes hoje em dia, pouco mais de cinquenta anos depois.

Segundo Loureiro[217], "sob a capa do pós-humano se abrigam": "a) Projetos de intervenção no genoma que, no limite, levam a um processo de "criação" (*Züchtung*, à maneira do que acontece com os animais). b) A robótica e o *cyborg*, o "cenário de uma fusão entre homem e máquina".

Interessante notar que o processo de ciborguização do Humano caracteriza-se pelo rompimento da fronteira entre dois reinos: animal e mineral, para que surja uma criatura animal-mineral. Verdadeiramente faz-se, em certa medida, o caminho inverso ao já trilhado pela evolução. Como lembra Moravec[218], citando Cairns-Smith, no início alguns cristais passaram a suportar material orgânico em suas estruturas, resultando no surgimento da vida. Houve a junção mineral-animal. Agora, vê-se a fusão animal-mineral com os ciborgues, descendentes dos cristais, os primeiros ciborgues, por assim dizer.

Talvez a questão real seja indagar se o ser humano, assim como os demais animais, é uma máquina. Ver-se-á que se pode conceituar uma máquina como um sistema vivo e vice-versa. Consequentemente pode-se definir um Homem como sendo uma máquina.

Se for apreendida essa concepção, não causará tanto espanto o advento do ciborgue, parte máquina humana, parte máquina ci-

---

[217] LOUREIRO, João Carlos. Nota de apresentação, *in*: HABERMAS, Jürgen, *op. cit.*, p. 15.
[218] MORAVEC, Hans. **Homens e robots**: o futuro da inteligência humana e robótica. Trad. de José Luis Malaquias F. Lima. Lisboa: Gradiva, 1992, p. 11-12.

bernética. Haveria, apenas, a substituição de um tipo de máquina, parcialmente, por outro tipo de máquina.

Minsky[219] lembra que muita gente se ofende ao ser comparado a uma máquina, a ter seu cérebro comparado a um computador (e sua mente a um programa de computador, acrescenta). Todavia, ele indaga:

> *But if you're not a machine, what makes you an authority on what it feels like to be a machine? A person might reply, "I think; therefore, I know how the mind works". But that would be suspiciously like saying "I drive my car, therefore I know how its engine works". Knowing how to use some-thing is not the same as knowing how it works.*

Isso traz à tona a antiga história taoista dos sábios à beira do rio pescando. Um deles se vira para o outro e diz "Eu gostaria de ser como os peixes. Eles são tão felizes." Ao que o outro questionou: "Mas como você pode saber se os peixes são felizes, se não és um peixe? " O primeiro sábio retruca: "como você sabe que eu não sei o que os peixes sentem se você não é eu para saber o que eu sei sobre o que os peixes sentem? "

Todavia, Minsky[220] aduz que não se pode ter em mente o conceito tradicional de máquina, mecânica, de polias, alavancas, locomotivas, máquinas de escrever. Conclui que o termo máquina não leva a lugar nenhum mais.

Essa questão não passou despercebida de Kurzweil[221]:

> *Parece-me que temos um problema com a palavra "má-quina", porque crescemos acreditando que máquinas só podem se comportar sem vida, de maneira mecâni-ca. Essa visão está obsoleta, porque as maneiras que*

---

[219] MINSKY, Marvin. **The society of mind**. Nova York: Simon & Schuster, 1988, p. 30. "Mas, se você não é uma máquina, o que o torna uma autoridade em saber o que é ser uma máquina? A pessoa pode responder: Eu penso, portanto, eu sei como uma mente funciona. Mas isso seria suspeito como dizer eu dirijo meu carro, portanto, eu sei como seu motor funciona. Saber como usar algo não é o mesmo que saber como ele funciona". (tradução livre do autor)
[220] *Idem*.
[221] KURZWEIL, Ray. **The age of intelligent machines**. 3ª reimp. Cambridge: MIT Press, 1999, p. 215.

usamos a palavra "máquina" estão desatualizadas. Por séculos, palavras como "máquina" e "mecânico" eram usadas para descrever aparelhos simples como polias, alavanca, locomotivas e máquinas de escrever. A palavra "computador" também herdou do passado o sentido de insignificância que vem por fazer aritmética entediante através de muitos passos pequenos e chatos. Por causa disso, nossa experiência prévia pode às vezes ser uma deficiência. Nossas preconcepções do que máquinas podem fazer datam do que aconteceu quando juntamos sistemas de apenas algumas centenas ou milhares de partes. E isso não nos preparou para pensar sobre montagens de bilhões de peças-tipo como o cérebro. Apesar de já estarmos construindo máquinas com muitos milhões de partes continuamos pensando como se nada tivesse mudado. Devemos aprender a mudar como pensamos sobre fenômenos que funcionam em escalas maiores. (tradução nossa)

Bem se vê, portanto, que a aplicação da Lei dos Retornos Acelerados, que adiante será tratada, à evolução humana, apenas fará aflorar o ciborgue virtual que existe no Homem, dotado, também de uma natureza artificial.

Assim, a pós-humanidade — não apenas pela denominação que tem como referencial a própria humanidade, o Homem — será apenas a continuidade do processo evolutivo humano, não mais em bases totalmente biológicas, ou mesmo, em determinado momento, parcialmente biológica, mas numa base cibernética. Isso decorre da própria natureza humana que desde a pré-história vem se afastando, em velocidade geométrica, da natureza biológica e mineral, criando sua própria natureza circundante e, em a criando, constituindo-se enquanto Homem, enquanto ser que optou, na máxima medida possível, afastar-se da natureza biológica, para viver da forma como lhe é peculiar, em meio ao artificial.

Com espeque em J.M. Balkin[222], que foi além de Derrida, o que se pretende não é destruir o Homem ou a humanidade, mas sim desconstruí-lo para que se possa apreender novas formas de con-

---

[222] BALKIN, J.M. **Deconstructive Practice and Legal Theory**. Disponível em: <http://www.yale.edu/lawweb/jbalkin/articles/decprac1.htm>. Acesso em 30 mar. 2008.

ceber o Homem ou, mais especificamente, a vida e a Pessoa para fins de proteção e regramento jurídico.

Aqui não se advoga o fim do Homem para efeito de sua destruição, mas, antes, como uma consequência da singularidade e, antes dela, da ciborguização do Homem, que começou na pré-história, concomitantemente com o uso das ferramentas.

O Homem como espécie, puramente biológico, poderá até sobreviver a esse evento marcante, mas, teoricamente, provavelmente perderá sua condição de dominância, de preponderância no mundo, sendo substituído por seres mais inteligentes, sejam sintéticos, sejam ciborgues, na concepção usual do termo.

Essa orientação filosófica desconstrutivista permite a absorção pelo conceito de ser vivo cibernético, autopoiético, do conceito tradicional, haja vista que apresenta apenas uma reinterpretação e uma ressignificação do polissêmico conceito de vida.

Da mesma forma, o conceito jurídico de pessoa e a definição legal de pessoa, ao menos no Brasil, em Portugal e Espanha, podem perfeitamente acomodar o robô como pessoa singular de direito, uma vez que, novamente, o que se pretende é apenas uma ressignificação dos seus termos, construída a partir dos elementos caracterizadores da pessoa que foram usados pelo Direito para o atingimento do conceito jurídico de pessoa.

Constituído o conceito, o passo seguinte é a sua desconstrução para ampliar-lhe o sentido, sem, contudo, afastar ou apagar o sentido original. Assim, o conceito jurídico de pessoa passa a abranger não apenas os seres humanos, mas também todo ser ou ente que detenha os caracteres que serviram de esteio à construção do conceito jurídico de pessoa para o ser humano.

Destarte, a condição pós-humana, embora possa significar o desaparecimento da espécie humana em sua conformação atual, terá como protagonista a espécie criada pelo próprio Humano. Ao renunciar à sua condição de ser biológico, o Homem terá feito a opção — embora não se possa assegurar o resultado prático — de ser sucedido por uma sua criatura, cibernética, totalmente afastada do natural e completamente artificial, talvez eterna, como que a realizar um ideal de construção de uma realidade que lhe seja própria e inerente, criada por si mesmo e não encontrada em estado bruto.

Terá o Homem atingindo o fim último — longamente persegui-do, talvez de modo impensado ou inconsequente, de ser o criador e não mais a criatura, nem que para isso tenha de, na transformação de criatura para criador, renunciar à sua natureza biológica.

Enfim, na pós-humanidade, o Homem ainda persistirá em sua criatura. Pela sua extinção se fará eterno.

3.6 Personalidade jurídica

O direito regula a personalidade jurídica como sendo, de modo geral, a aptidão para exercer direitos e assumir obrigações, distin-guindo os seus titulares, sujeitos de direito, dos objetos de direito.

Essas duas categorias não se confundem, pois se encontram em tal situação que uma depende da outra para existir, haja vista não ser possível falar-se de sujeito de direitos sem que haja os corres-pondes objetos desses direitos.

Igualmente não pode haver objetos de direito sem que exista o titular desses direitos.

O fato é que o direito positivo regula a personalidade jurídica cui-dando de seu surgimento e extinção, condições para seu exercício e requisitos para a aptidão de tê-la, enquanto que, na doutrina, cogita-se da natureza das normas que dela cuidam: constitutiva ou declaratória, bem como, das suas vertentes subjetiva e objetiva, dentre outras im-portantes questões.

3.6.1 Natureza Declaratória ou Constitutiva?

Cogita-se de duas vertentes primárias tradicionalmente: o direi-to da personalidade individual é sobrejurídico, ou seja, o Homem é dotado de personalidade independentemente do Direito, que so-mente pode reconhecê-la e, quando não o faz, viola o caráter antro-pocêntrico do Direito e, assim, a norma que verberar qualquer regra em sentido contrário à personalidade jurídica individual despe-se de seu caráter jurídico e se torna antijurídica ou contrariamente à natureza declaratória do Direito em face da personalidade humana.

A outra corrente considera que o Direito seria constitutivo da personalidade, ou seja, em vez de ser um conceito lógico jurídico, a personalidade — jurídica quando tratada pelo Direito — seria um conceito jurídico objetivo ou positivo.

Para Vasconcelos[223],

> *O Direito não tem poder nem legitimidade para atribuir a personalidade individual. Limita-se a constatar, a verificar a hominidade, qualidade de ser humano. Não tem, também, legitimidade nem poder para excluir. Se algum legislador, juiz ou funcionário decretar ou decidir excluir ou deixar de reconhecer a personalidade de uma pessoa humana, nem por isso a sua personalidade deixa de existir. Continua, tal como antes. Apenas terá sido desrespeitada ou perturbada. Se, pelo exercício do poder, a personalidade for desrespeitada, se a pessoa for tratada como não-pessoa, como animal ou como coisa, nem por isso deixa de ser o que é: uma pessoa, com toda a dignidade que lhe é inerente.*

Esse debate talvez seja desnecessário na prática porque, por qualquer via tradicional se chega ao Ser Humano como pessoa e, assim, como sujeito de direito, como dotado de personalidade jurídica. Todavia, doutrinariamente tem importância para o desenvolvimento do tema.

De todo modo, quem entende o caráter declaratório parece mesclar elementos extrajurídicos com os jurídicos, causando uma confusão desnecessária e sem conexão com o contexto histórico, uma vez que o direito da personalidade nem sempre foi reconhecido para todos os Homens.

Assim, se existem elementos extrajurídicos ou metajurídicos que informam o que constitui o Homem enquanto sujeito de direitos, seu preenchimento, por qualquer entidade, leva, por força do raciocínio lógico, notadamente da lógica deôntica

---

[223] BALKIN, J.M. **Deconstructive Practice and Legal Theory**. Disponível em: <http://www.yale.edu/lawweb/jbalkin/articles/decprac1.htm>. Acesso em 30 mar. 2008.

e seu sistema de premissa maior, premissa menor e conclusão, ao entendimento de que o que quer que seja que cumpra com esses requisitos merecerá o mesmo tratamento, a menos que se mantenha atado ao paradigma antropocêntrico — que, repito, com toda razão atualmente prevalece — para alocar a condição de ser humano como pressuposto da personalidade jurídica. Todavia, bem se vê, isso não se sustenta como verdade, nem em tempos pretéritos, quando alguns homens não tinham personalidade (parcial ou plena), nem no presente com a pessoa jurídica e no futuro, sob a premissa da singularidade tecnológica, com os robôs.

O que interessa nesse trabalho é saber o que permite que o Homem seja dotado de personalidade, o que o torna humano e, assim, aos olhos do paradigma antropocêntrico do Direito, **pessoa**, para, então, a partir disso, perquirir e buscar responder se um robô dotado das mesmas características mereceria o mesmo tratamento jurídico.

Se, por outro lado, é o direito positivo quem define a personalidade jurídica, basta verificar se o ordenamento permite que outros entes possam ser considerados como sujeitos de direito, expressa ou implicitamente.

Repita-se, revelando-se os elementos que, reunidos, ou isoladamente resultam na personalidade do indivíduo juridiscizada, é lícito afirmar que se outro ente for encontrado dotado desses mesmos elementos, a conclusão lógica é a de se lhe atribuir o mesmo *status* jurídico de pessoa, de indivíduo e não de pessoa por equiparação ou por ficção, como ocorre com as pessoas jurídicas.

Portanto, qualquer que seja a corrente adotada — afastado o paradigma antropocêntrico — pode-se concluir, atingida a singularidade tecnológica, pela ocorrência da personalidade jurídica singular do robô.

É certo que a pessoa humana tem sua personalidade jurídica atrelada a um fato jurídico, enquanto que a pessoa jurídica o tem vinculado ou decorrente de um ato jurídico. Esse é um detalhe gigante que permite asseverar que a pessoa jurídica é uma ficção, sob a qual, usualmente, se encontram pessoas físicas que desejaram sua criação, e a pessoa física, embora, via de regra, decorra, com sua concepção, de um desejo, de uma vontade humana, não tem em sua retaguarda uma outra pessoa física, pois sua personalidade decorre do fato de seu nascimento, com vida, ou até mesmo de sua concepção.

Como se defende o conceito cibernético/autopoiético de vida, o robô poderá ser vivo e, portanto, surgido de um fato jurídico, o nascimento.

3.6.2 Direito da Personalidade Objetivo e Subjetivo

A par da discussão doutrinária acerca da natureza do direito de personalidade, uma lição pode ser haurida de Vasconcelos[224]:

> *O Direito ocupa-se da personalidade de um modo objetivo e de um modo subjetivo. A tutela da personalidade humana tem uma vertente objetiva e uma vertente subjetiva. A primeira pode designar-se direito objetivo de personalidade e a segunda, direito subjetivo de personalidade. Esta distinção corresponde à que existe, em geral, entre direito objetivo e direito subjetivo, referida agora especificamente à personalidade.*

Ao discorrer sobre o direito subjetivo da personalidade assim se manifesta Vasconcelos[225]:

> *O direito subjetivo de personalidade é uma posição jurídica: a posição jurídica daquele indivíduo, na sua qualidade de pessoa no direito, perante as circunstâncias que o envolvem e as outras pessoas que o cercam e que estão em contato pessoal, familiar e profissional, de vizinhança ou de outra ordem, com ele. É uma posição pessoal concreta, não é uma posição objetiva, abstrata, como a de cidadão.*
>
> *É uma posição jurídica porque é uma posição no Direito, com conteúdo jurídico, que não se confunde com a sua*

---

[224] VASCONCELOS, Pedro Pais de, *op. cit.*, p. 47.
[225] *Ibidem*, p.56.

posição moral, embora tenha com ela um contato estreito.

É uma posição vantajosa. Ser pessoa jurídica individual é bom, não é mau. É melhor sê-lo do que não o ser.

O direito subjetivo de personalidade está povoado de meios jurídicos hábeis para o êxito da defesa da dignidade do seu titular. Estes meios jurídicos são poderes.

No que toca ao direito objetivo, esclarece o autor seu caráter universalista, supranacional, fundado em razões de ordem pública, bons costumes e de bem comum, alheio à autonomia privada. Relaciona-se com a própria defesa da humanidade, da globalidade e de toda espécie humana. Assim, como nas lições de Arendt[226], um caráter dual se apresenta: defende-se a universalidade dos Homens e cada um de nós individualmente. Enfim, objetiva o respeito à dignidade da pessoa humana.

Melhor seria dizer, a dignidade da **pessoa**, para poder abarcar todas as pessoas, ainda que não humanas. Até, porque

> *Não esqueçamos que a própria ideia de igual dignidade moral entre os homens decorreu de um longo processo de lutas, que somente se consolidou quando a lei escrita passou a ser uma regra geral e uniforme, aplicável indistintamente a todos os membros de uma sociedade organizada.[227]*

Adiante, tecendo comentários sobre o tratamento da questão na história, Vasconcelos[228] revela:

> *A tutela da personalidade tem a ver com a coletividade e com a pessoa, com o Estado e com o Cidadão, com o próprio e com os outros. Nela se encontram e coexistem harmoniosamente a tutela objetiva e o direito subjetivo.*

Este diálogo, entende Vasconcelos,[229] deve ser aprofundado. Na sua origem está a grande diferença no modo de pensar a inserção

---

[226] ARENDT, Hannah. *op. cit.*, p.
[227] GORDILHO, Heron José de Santana. *op. cit.*, p. 92.
[228] VASCONCELOS, Pedro Pais de. *op. cit.*, p. 49.
[229] *Idem.*

da pessoa no mundo, entre o objetivismo platônico-aristotélico e o subjetivismo estoico. Estes dois modos de pensar dividiram e continuam a dividir o pensamento de matriz europeia.

Ao discorrer sobre a proteção da dignidade da pessoa humana como objeto do direito geral da personalidade, Garcia[230] aduz que "Há, portanto, uma íntima relação entre os direitos da personalidade e o princípio da dignidade da pessoa humana. " E acrescenta:

> *Assim, a 'dignidade da pessoa humana' decorre do reconhecimento da pessoa como um ser integrado à natureza, dotado de uma **racionalidade evoluída**, com a **capacidade de reconhecer-se** no próximo, relacionar-se com ele, exercendo sua aptidão para dialogar e amar (grifos nossos).[231]*

Contudo, o mesmo autor[232] reconhece que,

> *Entretanto, esta noção de 'dignidade da pessoa humana' traz subjacente uma determinada concepção da pessoa ('concepção insular'), que vem sendo posta em xeque. [...] A "concepção insular" — segundo ANTONIO JUNQUEIRA DE AZEVEDO – propõe que somente o Homem é dotado de razão e vontade, nota que o distinguiria dos demais seres vivos, colocando-o num patamar superior. [...] ANTONIO JUNQUEIRA DE AZEVEDO: "Do ponto de vista ontológico, ou de visão da realidade, a concepção insular da pessoa humana é dualista: homem e natureza não se encontram, estão em níveis diversos: são respectivamente sujeito e objeto. O homem 'rei da criação', vê e pensa a natureza. Somente o homem é racional e capaz de querer. O homem é radicalmente diferente dos demais seres: somente ele é autoconsciente. A natureza é fato bruto, isto é, sem valor em si.*

> *Também INGO WOLFGANG SARLET: "[...] tanto o pensamento de Kant quanto todas as concepções que sustentam ser a dignidade atributo exclusivo da pessoa humana – encontram-se, ao menos em tese, sujeitas à crítica de um excessivo antropocentrismo, notadamente naquilo em*

---

[230] GARCIA, Enéas Costa. Direito geral da personalidade no sistema jurídico brasileiro. São Paulo: Juarez de Oliveira, 2007, p. 118.

[231] *Idem.*

[232] *Ibidem*, p.125.

que sustentam que a pessoa humana, em função de sua racionalidade, ocupa lugar privilegiado em relação aos demais seres vivos. "

ANTONIO JUNQUEIRA DE AZEVEDO assim verbera "[...] a concepção própria de uma nova ética, fundada no homem como ser integrado à natureza, participante especial do fluxo vital que a perpassa há bilhões de anos, e cuja nota específica não está na razão e na vontade, que também os animais superiores possuem, ou na auto-consciência, que pelo menos os chimpanzés também têm, e sim, em rumo inverso, na capacidade do homem de sair de si, reconhecer no outro um igual, usar a linguagem, dialogar e, ainda, principalmente, na sua vocação para o amor, como entrega espiritual a outrem.

3.6.3 Personalidade Jurídica e Direitos Subjetivos

É preciso também esclarecer a distinção entre personalidade jurídica e direitos subjetivos, sendo estes a permissão dada pela norma jurídica para fazer ou não fazer alguma coisa. Quem possui essa permissão, possui direito subjetivo. Quem não a possui, pode não ter direito, mas ainda assim, ter a faculdade de tê-lo.

Define Vasconcelos[233] que a personalidade jurídica é a qualidade de ser pessoa de Direito.

Para Garcia[234],

A palavra "personalidade" tem no seu significado a noção de conjunto, reunião de aspectos diversos. Assim definem os léxicos: "Personalidade: conjunto de qualidades que define a individualidade de uma pessoa moral; conjunto de características que distingue uma pessoa, um grupo de pessoas, uma nação; conjunto de aspectos psíquicos que, tomados como uma unidade, distinguem uma pessoa, especialmente os que diretamente se relacionam com os valores sociais".

Ora, a faculdade é a potência do direito subjetivo, latente, em tese, virtual, que pode, ou não, vir a se configurar, se o Direito as-

---

[233] VASCONCELOS, Pedro Pais de, *op. cit.*, p.5.
[234] GARCIA, Enéas Costa, *op. cit.*, p. 109.

sim permitir ou negar, resultando ou não, em direitos subjetivos, ou seja, que são da titularidade do sujeito.

A faculdade não é um ato, pois este é o que já se fez, já se perfez, ou seja, está perfeito, concluído. A faculdade ainda não é o ser feito, embora seja um ser. Pelo simples fato de a faculdade ser algo, ela é, é um ser. Somente o que não é nada é que não é ser. O nada virtual não pode ser nada real.

O virtual tem aptidão para vir a se tornar ser. O robô do qual aqui se trata, embora não seja para a doutrina jurídica em geral, um ser, uma pessoa, pelo só fato de ser, em potência é uma pessoa, bastando apenas, como dito, perfazer-se, tornar-se ser no mundo real, da mesma forma como o nascituro, com as características que lhe permitam ser assim tratados.

Assim, negar a possibilidade de o robô tornar-se pessoa, é negar-se a existência do robô, é negar que ele é, pois admitindo-se sua existência, no mundo real, logicamente se deve admitir que ele pode ser e o será dentro de sua própria ordem de realidades, que, no momento, ainda não atingiu a capacidade real de ser pessoa, mas que virtualmente é. Basta, portanto, que as circunstâncias permitam que a pessoa virtual do robô se aperfeiçoe, que ele se tornará uma pessoa real e caberá ao Direito permitir que, sob seu campo de atuação, seu âmbito de validade material, se torne pessoa, em sentido jurídico; seja dotado de personalidade jurídica.

Nota-se sempre, nos mais de dez anos da expressão direito robótico no Brasil, manifestações de espanto ou assombro nos interlocutores jurídicos, cristalizados nas suas concepções antropocêntricas quando se afirma a personalidade jurídica do robô.

Quanto à descrença laica e mesmo abalizada, colacionam-se as palavras de Moravec[235]: "O choque foi também a primeira reação quando se sugeriu o número de átomos contidos num fragmento de matéria, ou a distância até as estrelas mais próximas, ou o tamanho e idade do universo."

---

[235] MORAVEC, Hans. **Homens e robots**: o futuro da inteligência humana e robótica. Trad. de José Luis Malaquias F. Lima. Lisboa: Gradiva, 1992, p. 269.

O futurologista australiano Paul Wildman[236], ao tratar sobre as diferentes formas de vida artificiais, aduz que a forma de vida robótica do amanhã deve ser legalmente considerada como uma 'pessoa' ou uma 'unidade de vida'. Prevê a possibilidade da entidade econômica do amanhã de configurar-se num *'compcornation'*, isto é, uma corporação dirigida por computadores, *v.g. technoborgs, orgoborgs* etc. Aliás, observa que, de certa forma, isso já está acontecendo com as empresas que lidam com a Bolsa de Valores — na queda da bolsa de 1987, os computadores continuavam a vender enquanto o valor das ações caía. A questão dos direitos e responsabilidades dos robôs incluiria os direitos e responsabilidades em si dos robôs, as outras formas de vida e o seu direito à existência, democracia etc., e os direitos e responsabilidades de corporações dirigidas por computadores.

Ademais, convém não perder de vista que a faculdade não se confunde com o direito subjetivo. Clássico o exemplo dado por Telles Júnior[237] da mãe que contraía novas núpcias e perdia o pátrio poder (art. 393 do Código Civil de 1916), quanto aos filhos do leito anterior. Perdia o direito de exercer o poder, não a faculdade. A Lei não lhe permitia exercer esse direito, tanto assim, que enviuvando, voltava a poder exercer o direito negado, demonstrando que o direito subjetivo pode ser concedido, retirado e novamente concedido.

Restrições existem, também, em relação ao servidor público, no que toca a administração de empresas e ao falido. A pessoa que deixa de servidor público pode voltar a gozar do direito de gerir uma empresa e o falido, uma vez reabilitado, pode retomar à atividade empresarial. São limitações legais à capacidade plena que podem ser restauradas em face de determinados fatos jurídicos supervenientes.

Assim, a realidade, a concretização da pessoa virtual do robô, ocorrendo como se prevê, forçará o direito objetivo a dela tratar, para os que entendem que o Código Civil já não permite, até, porque

---

[236] WILDMAN, Paul, *op. cit.*, p. 36.
[237] TELLES JÚNIOR, Goffredo, op. cit, p. 305.

o ser humano real é um ser no tempo, um fenômeno histórico, nada há que impeça que se considere o robô do mesmo modo, exceto um pré-conceito antropocêntrico.

3.6.4 Pessoa Jurídica

Adota-se o entendimento de que a pessoa jurídica é uma ficção do direito, uma sua criação, como resultado da evolução econômica e social da sociedade que passou a exigir uma forma de especialização do patrimônio material voltada para o desenvolvimento de atividades próprias com riscos previamente calculados.

O presente trabalho não se aprofunda nas questões relativas à pessoa jurídica, pois advoga a tese de que a personalidade jurídica a ser eventualmente atribuída aos robôs será de caráter individual, como a das pessoas físicas e não coletiva como a das pessoas jurídicas.

3.6.5 Surgimento da Personalidade Jurídica

Importa frisar que o art. 45 do Código Civil não diz expressamente que a pessoa jurídica *nasce, surge* com o registro apropriado. A locução utilizada é "Começa a existência *legal* das pessoas jurídicas de direito privado [...]".[238] Nota-se, portanto, que, embora o registro da sociedade seja ato constitutivo, o é, segundo o Código Civil, para efeitos **legais** e não jurídicos.

Com isso quer-se dizer que o Direito nacional reconhece a existência da sociedade, da pessoa jurídica, *antes* do registro, que serve para que se lhe atribua a capacidade jurídica de, autonomamente, nos termos da Lei e para efeitos *legais*, ou seja, para fins previstos em *Lei* - e não, mais amplamente, jurídicos — poder titularizar direitos e assumir obrigações.

Tanto assim que o próprio Código Civil reconhece a existência de um patrimônio especial (art. 994) e a retroatividade dos efeitos

---

[238] BRASIL. **Código Civil, Código de Processo Civil e Constituição Federal**. 6. ed., RT, São Paulo, 2004, p. 281.

157

do registro, se feito no prazo legal após à constituição da sociedade, para que esta tenha personalidade desde a data de sua criação, anterior ao registro.

Assim, o Direito reconhece que a existência **real** da pessoa jurídica, na forma de sociedade, começa antes do registro, tanto assim, que, se o registro ocorrer em até trinta dias da criação da pessoa jurídica empresarial, seus efeitos retroagem para alcançar a data inaugural, de surgimento no mundo real dessa pessoa.

Ademais, a doutrina cuida da sociedade de fato, que, embora seja uma sociedade, não é registrada e, portanto, não tem personalidade jurídica, na forma da lei, para titularizar, *de per se*, direitos.

O verbo ser no presente do indicativo tem força imponderável. Afinal, a realidade *é,* o direito diz como *deve ser*. Ou seja, o Direito se informa na realidade e dela não pode se apartar, a não ser excepcionalmente, para, em seu restrito, raso e limitado campo de incidência, dizer como ele a tratará, como deva ser, no âmbito jurídico, o que efetivamente é, ou mesmo o que não é.

Percebe-se, portanto que a pessoa jurídica existe independentemente do registro, mas que este lhe assegura personalidade, capacidade jurídica, e existência legal em sucessão a existência real. Com isso vê-se claramente a separação entre a existência real, existência legal, personalidade jurídica e pessoa, conceitos que não se confundem, como também não se confunde o de ser humano com pessoa, esta sim, dotada de personalidade jurídica, nos termos da Lei civil.

Convém notar-se que, quando a pessoa jurídica ainda não tem existência legal, embora tenha existência real, quem responde pelos seus atos são os seus sócios, um, algum, ou todos, tal como ocorre com o incapaz, pelo seu representante.

A ficção pessoa jurídica, a criação do direito positivo é a consagração na lei de que existem outras pessoas além dos seres humanos, cuja existência independe da Lei, que podem ter personalidade jurídica, desde que o direito positivo assim deseje.

3.7 O que é vida?

Embora possa parecer evidente o que seja vida, grande parte da doutrina científica funda-se numa concepção orgânica de vida, na forma como esta se apresenta na Terra.

Essa pode ser e **é** apenas uma forma de compreender esse fenômeno exsurgente no planeta Terra, mas cuja probabilidade de ocorrência em outros sistemas do Universo é bastante elevada, não apenas em formas semelhantes às aqui encontradas, mas de maneiras completamente diferentes, obedecendo a circunstâncias próprias desses outros sistemas.

Todavia a discussão da vida extraterrestre não é objeto do presente trabalho. Mesmo assim, não se pode deixar de aduzir que a concepção biológica tradicional de vida pode ser desconstruída e reinterpretada, como fizeram Maturana e Varela[239], com sua teoria autopoiética de vida e com as concepções cibernéticas de vida, ambas utilizadas aqui para construir a tese de que os robôs podem ser considerados como seres vivos.

Mesmo as abordagens biológicas tradicionais de vida encontram-se ainda sujeitas a muitas controvérsias.

3.7.1 Elementos Caracterizadores da Vida na Doutrina Tradicional

Uma ideia recorrente é a de que ser vivo[240] é ser dinâmico, é deter a capacidade de se reproduzir, de evoluir enquanto espécie, resultante de um processo, que termina com a morte.

Na verdade, procura-se definir o que é ser vivo por enumeração

---

[239] MATURANA, Humberto; VARELA, Francisco. **De máquinas y seres vivos. Autopoiesis**: La organización de lo vivo. 6. ed. Buenos Aires: Coedição Editorial Universitaria e Editorial Lumen, 2004.

[240] WIENER, Norbert. **Deus, Golem e Cia**: um comentário sobre certos pontos de contato entre cibernética e religião. Trad. de Leônidas Hegenberg e Octanny Silveira da Mota. São Paulo: Cultrix,1971, p. 152. Entende o autor que "Acresce que os seres vivos não são vivos (segundo tudo indica) além do nível das moléculas."

de suas propriedades e não pela busca de sua essência.

Relacionar vida com reprodução é absolutamente incongruente. Nem toda vida pode reproduzir-se. Tome-se, por exemplo, os seres que, por qualquer motivo, endógeno ou exógeno não podem produzir uma linhagem, como ocorre inclusive com seres humanos. As pessoas — ou qualquer ser vivo — estéreis perderiam a condição de vivente?

Argumentar-se-ia que se trata de algo acidental, episódico, e que na generalidade os seres humanos se reproduzem, como de resto, na generalidade os demais seres vivos também.

Dessa forma, o adjetivo *reproduzível* somente passa a ser considerado como um dos definidores da condição de vivente se aplicado de modo genérico a todos os indivíduos geneticamente idênticos, mesmo que um ou outro sejam estéreis.

Mas o que dizer quando todos os indivíduos com mesmos traços genéticos são incapazes de se reproduzir como as mulas ou lingres ou tigrões machos (resultantes do cruzamento de leões e tigres)? Tratar-se-ia de não seres? Não se lhes pode atribuir o adjetivo de vivo?

Evidentemente que a reprodução não pode definir o ser vivo.

Outro caráter que se apresenta como inerente aos seres vivos é a autonomia, tanto assim, que, segundo Maturana e Varela,[241] sempre que se observa alguma coisa que parece autônoma, a reação espontânea é considerá-la viva. Essa ideia surgiu com o vitalismo de Aristóteles, que influenciou toda história da biologia, sempre em busca de explicar a fenomenologia dos sistemas vivos sob alguma força organizadora peculiar. A propósito, confira-se em Freud sua abordagem do tema[242].

Todavia, espécies existem que não são autônomas, mas dependem completamente de outras espécies ou de outros indivíduos de sua própria espécie. Nem mesmo a mortalidade, que seria o oposto da eternidade da vida, pode ser critério válido, pois sabe-se de se-

---

[241] MATURANA, Humberto; VARELA, Francisco, *op. cit.*, p. 63.
[242] FREUD, Sigmund. **O estranho**. *In*: Edição Standard das Obras Completas. Trad. de Jayme Salomão. Vol. XVII. Rio de Janeiro: Imago, 1996, p. 273.

res que, ao que tudo indica, não morrem, ao menos de causas naturais. Assim morte não pode se de modo amplo e geral, o oposto de vida, para sustentar um conceito de vida.

Dada a complexidade do tópico e por não ser o cerne do presente trabalho, consideram-se suficientes esses elementos adotados aqui.

3.7.2 O Conceito Autopoiético de Vida

Parece evidente, hoje, que apenas fatores físicos operam sobre os seres vivos e não uma força imaterial inexplicável. Portanto, para Maturana e Varela, qualquer fenômeno biológico pode descrever-se como surgido da interação de processos físico-químicos cujas relações são especificadas pelo contexto de sua definição.[243] Nesse intento, esses autores chilenos concentram-se nos indivíduos em vez da espécie, apresentando uma visão mecanicista e não se deixando influenciar por fatores que se encontrem fora do meio físico.

Mas, novamente, indaga-se, é possível considerar uma máquina como sistema vivo, como viva? Para Maturana e Varela somente o preconceito e um resistência *a priori* justificariam uma resposta negativa.

Antes de mais nada, é preciso ter em conta que máquina é apenas uma palavra!

Os referidos autores entendem que os seres vivos são máquinas, sistemas autopoiéticos, haja vista que transformam a matéria neles mesmos de tal modo que seu produto é a sua própria organização: *"En otras palabras, sostenemos que la noción de autopoiesis es necesaria y suficiente para caracterizar la organización de los sistemas vivos."*[244]

Os autores enumeram algumas razões que os críticos apontam para não se aceitar que os seres vivos sejam máquinas e, evidentemente, aduz-se, que máquinas podem ser seres vivos, se forem máquinas autopoiéticas:

---

[243] MATURANA, Humberto; VARELA, Francisco, *op. cit.*, loc. cit.
[244] *Ibidem*, p. 73.

> *Em geral as máquinas são consideradas artefatos feitos pelo Homem, com propriedades determinísticas que são perfeitamente predefinidas, ao menos conceitualmente. Os sistemas vivos são considerados autônomos e, portanto, imprevisíveis. Se os sistemas viventes forem máquinas poderiam ser fabricados pelo Homem e parece inacreditável que o Homem possa fazer um sistema vivo.[245]*

Os mencionados autores julgam fácil desqualificar esse pensamento porque leva ao entendimento de que os sistemas vivos são complexos demais para a inteligência humana, ou que derivariam de princípios desconhecidos, ou que os princípios que os geram são decididamente impossíveis de serem conhecidos, julgando que se trata de juízos apriorísticos sem a devida comprovação.

Acrescento que, sendo assim, os defensores daquela ideia combatida por Maturana não podem se valer dos Teoremas da incompletude de Göddel.

Kurzweil[246] afirma que "a inteligência humana, apesar de bem complexa, não é infinitamente complexa." Daí não ser difícil concluir que a complexidade dos sistemas vivos não é infinita também, resultando em que deve ser compreensível pelo cérebro humano.

Embora se saiba da incompletude[247] com Gödel[248], o que permite dizer que não se pode provar nem infirmar, no âmbito da matemática, que certos problemas matemáticos são verdadeiros ou não, isso não significa que não pode ser conhecida a resposta, que é justamente essa. Não é que a solução devesse apontar para a possibilidade ou a impossibilidade de se comprovar, mas é que verdadeiramente há questões que não podem ser comprovadas nem refutadas, fato que pode ser metamatematicamente comprovado.

Assim, a ressalva feita pelos autores chilenos de que as premissas não foram comprovadas não implica que não podem ser comprovadas ou que não podem, como eles fazem, ser refutadas,

---

[245] *Ibidem*, p.63.
[246] KURZEWIL, Ray. **The age of intelligent machines**. 3ª reimp. Cambridge: MIT Press, 1999, p. 146. (tradução livre do autor)
[247] GÖDEL, Kurt, *op. cit.*
[248] GOLDSTEIN, Rebecca, *op. cit.*, p. 139.

não sendo, ao que parece, um problema de incompletude. O que deve se buscar é demonstrar que efetivamente não podem ser nem comprovados, nem refutados.

O que afirmam esses biólogos é que quem manifesta entendimento contrário à possibilidade de se considerar os seres vivos como máquinas autopoiéticas, o faz ou com premissas equivocadas ou sem comprovar o que asseveram, o que cientificamente não pode ser tolerado.

Todavia, com espeque em Gödel, pode-se contraditar os referidos autores na sua informação de que os princípios geradores da vida seriam ininteligíveis pelo Homem, ou seja, além da capacidade humana de compreensão, uma vez que é possível que não possam ser efetivamente conhecidos pelo Homem se, inexoravelmente não puderem ser provados, nos moldes preconizados pelo lógico e matemático, não sendo uma limitação humana, mas uma característica desses princípios, o que ainda está por ser demonstrado.

Portanto, há certas perguntas para as quais se pode demonstrar existirem respostas, mas que estas nunca poderão ser descobertas. Tanto assim, que nenhum Homem jamais solucionou um problema insolúvel, nem um computador tratou um problema não computável. "Muitos pensadores pós-Gödel, de mentalidade científica, declararam que ouviram, dentro da música estranha dos teoremas matemáticos de Gödel, notícias sobre a natureza humana essencial".[249] A partir dos teoremas da incompletude de Gödel, eles chegaram a conclusões sobre o que é o Homem; ou, para ser mais preciso, sobre o que ele *não* é. Os teoremas de Gödel informam, repita-se, de acordo com essa linha de raciocínio, "o que nossas mentes simplesmente não podem ser".[250]

No mesmo sentido a tese de Church-Turing[251] indica que, se um problema pode ser resolvido pelo cérebro humano, poderá ser

---

[249] *Ibidem*, p. 167-168.
[250] *Idem*.
[251] Confira-se uma explanação da tese em: <http://plato.stanford.edu/entries/church-turing/>. Acesso em: 23 fev. 2009.

resolvido por um computador, ou melhor, por uma máquina de Turing. Portanto, usando-se esse raciocínio, se um problema não pode ser resolvido pelo cérebro humano, poderá não ser por uma máquina de Turing.

Esse o cerne da inteligência artificial: é possível construir-se máquinas para executar funções inteligentes cujas soluções se atribuem possíveis a cérebros humanos. Contudo, essa afirmação leva em conta o paradigma atual sob o qual são feitos os computadores, nada impedindo que sob o paradigma da singularidade tecnológica, os computadores não possam resolver problemas além das capacidades de solução humana.

Assim, embora se adira à crítica à resistência apriorística de aceitar que os seres vivos são máquinas autopoiéticas, não se pode, em face das lições de Gödel, também aprioristicamente infirmar que os princípios dos quais derivam a vida sejam ininteligíveis, sendo certo que podem ser ou apenas, ainda, serem incompreendidos, bem como, certo também, de que os que assim pensam não comprovam o que dizem.

Na medida em que se ignora a natureza da organização viva não é possível reconhecer quando se está diante de um sistema que a exibe. Em geral, se aceita que são vivos as plantas e os animais, mas se o faz, repita-se, com base na enumeração de suas propriedades, o que refutam os autores chilenos. Mesmo assim, aduzem, quando essas mesmas características aparecem em um sistema concreto ou conceitual feito pelo Homem, os críticos passam a ressaltar outras propriedades e nenhum sistema sintético é aceito como vivo.

Destarte, parece que os que não aceitam os sistemas sintéticos, cibernéticos, como vivos, o fazem por vinculação a um paradigma biocêntrico ou orgânico, vislumbrado somente pela experiência, sem um embasamento teórico, pela observação de seus componentes e não, as suas relações como um jogo de interações e transformações.

Para Maturana e Varela[252], não se pode demonstrar que um siste-

---

[252] MATURANA, Humberto R; VARELA, Francisco J. **De máquinas y seres vivos. Autopoiesis:** La organización de lo vivo. 6. ed. Buenos Aires: Coedição

ma é vivo com apelo aos seus componentes, mas, à sua organização mecanicista, de forma que seja evidente como todas as suas propriedades dela surjam:

> *"O fato de que os sistemas vivos são máquinas não pode demonstrar-se atrelado a seus componentes, mas se deve mostrar sua organização mecanicista de maneira tal que seja óbvio como todas as suas propriedades surgem dela. Para fazer isto, descreveremos primeiro a classe de máquinas que são sistemas vivos, e em seguida indicaremos como as propriedades peculiares que os caracterizam podem surgir como consequência da organização desta classe de máquinas.*
>
> *Entre as máquinas, existem as que mantêm algumas de suas variáveis constantes ou dentro de uma faixa limitada de valores. Na organização destas máquinas, isto deve se expressar de tal modo que o processo se defina como verificado integramente dentro dos limites que a mesma organização da máquina específica. Tais máquinas são homeostáticas, e toda retroalimentação é interior a elas. Se alguém disser que existe uma máquina M com retroalimentação a sua volta, de tal forma que os efeitos de sua saída afetam a sua entrada, em realidade está se falando de uma máquina maior, M', que em sua organização definidora inclui o meio à sua volta e o circuito de retroalimentação.*
>
> *As máquinas autopoiéticas são máquinas homeostáticas. Porém, sua peculiaridade não reside nisso, senão na variável fundamental que mantém constante. Uma máquina autopoiética é uma máquina organizada como um sistema de processos de produção de componentes concatenados de tal forma que produzem componentes que: 1) geram os processos (relações) de produção que são realizados através de suas contínuas interações e transformações, e 2) constituem a máquina como unidade no espaço físico. Por conseguinte, uma máquina autopoiética continuamente especifica e produz sua própria organização através da produção de seus próprios componentes, sob condições de continua perturbação e compensação dessas perturbações (produção de componentes)"[253] (tradução nossa).*

Os autores chilenos não estão isolados entre os que consideram sistemas não biológicos como vivos. Embora usando critérios dis-

---

Editorial Universitaria e Editorial Lumen, 2004, p. 66.

[253] *Idem* et seq.

tintos Lehman-Wilzig[254] aduz:

> *But the essential question remains — can these machines be considered to be alive? Kement presents six criteria which distinguish living from inanimate matter: metabolism, locomotion, reproducibility, individuality, intelligence, a 'natural'(non-artificial) composition In all six, he concludes, AI servomechanisms clearly pass the test. Even a AI critic such as Weizenbaum admits that computers are sufficiently 'complex and autonomous' to be called an 'organism' with 'self-consciousness' and an ability to be 'socialized'. He sees "no way to put a bound on the degree of intelligence such an organism could, at least in principle, attain", although from his critical vantage point, not in the visible future.*[255]

3.7.3 O Conceito Cibernético de Vida

O conceito cibernético de vida assemelha-se ao defendido por Maturana e Varela[256]. Quem buscou construí-lo, dentre outros, foi Korzeniewski[257]:

> *a vida é definida como uma rede de feedbacks negativos e inferiores (mecanismos regulatórios) subordinada a (a serviço de) um feedback positivo e superior (expansão potencial). Sugere-se que essa definição seja uma definição mínima, ne-*

---

[254] LEHMAN-WILZIG, Sam N. Frankenstein Unbound: towards a legal definition of artificial intelligence. Disponível em: <profslw.com/wp-content/uploads/academic/40._Frankenstein_Unbound. Towards_a_legal_definition...pdf>. Acesso em: 22 fev. 2009 . "Mas resta uma questão essencial – podem essas máquinas ser consideradas ´vivas´? Kemeny apresenta seis critérios que distinguem o ser vivo da matéria inanimada: metabolismo, locomoção, reprodutividade, individualidade, inteli-gência e uma composição ´natural´ (não artificial). Em todos os seis, ele conclui que o mecanismo de IA certamente passaria nos testes. Até mesmo um crítico da IA como Weizenbaum, admite que computadores são suficientemente ´complexos e autônomos´ para serem chamados de ´organismo´ com autoconsciência e uma capacidade de se socializar". (tradução livre do autor)

[255] *Ibidem*, p.2.

[256] MATURANA, Humberto; VARELA, Francisco, *op. cit.* p. 66.

[257] KORZENIESWSKI, Bernard. **Cybernetic formulation of the definition of life**. Institute of Molecular Biology, Jagiellonian University, al. Mickiewicza 3, 31-120 Kraków, Poland. Disponível em: <holtz.org/Library/Natural%20Science/Biology/DefiningLife.doc>. Acesso em: 27 jan. 2009.

> *cessária e suficiente para diferenciar a vida de fenômenos*
> *inanimados e, como tal, constitui a essência da vida.*

Esse conjunto de *feedback* negativo deve atender a uma finalidade do indivíduo, qual seja, manter a sua identidade. Esse *feedback* negativo está presente, segundo Dawkins,[258] em várias máquinas que se comportam como se fossem motivadas.

Esse conceito, entende Korzeniewski, há de servir tanto para a vida biológica atualmente encontrada na Terra, como a extinta, além da vida por ventura existente, extraterrestre.

Interessante notar que o autor vê nos robôs a existência dos seguintes caracteres relacionados com a vida:

I)   Alta complexidade, pois computadores e robôs podem ser mais complexos que os organismos simples como bactérias;

II) Estrutura hierárquica, por serem caracterizados por processos internos complexos ("funções") e terem *feedback* negativo e,

III) Serem entidades estruturalmente e funcionalmente integradas.

Todavia, ele não vislumbra que os robôs sejam seres vivos porque não têm a finalidade própria, de manter sua identidade. Parece haver uma percepção limitada e contextualizada no estado da técnica contemporâneo no conceito do autor, haja vista que, quando a singularidade ocorrer, certamente, os robôs poderão ter consciência própria e, desse modo, possivelmente, desejarão manter a sua identidade individual.

De notar-se que o autor não considera como ser vivo, na acepção cibernética, as castas estéreis como as abelhas operárias ou mesmo as rainhas, porque elas não têm um objetivo próprio, mas o de terceiros, do grupo ao qual pertencem, "não são indivíduos cibernéticos (evoluons) pois servem o propósito de uma entidade

---

[258] DAWKINS, Richard, *op. cit.*, p. 113.

maior (a colônia)."[259]

Interessante que o autor considera as células cancerígenas como indivíduos cibernéticos, citando que elas, apesar de estarem em um indivíduo, têm objetivos próprios, aduzindo, inclusive um exemplo de câncer que se tornou parasitário e transmissível.[260]

A importância dos estudos de Maturana e Varela para a cibernética é reconhecida por muitos, sendo, mesmo, um marco para as perspectivas da pós-humanidade. Hayles[261] assim se manifesta, ao tratar da segunda fase da cibernética, marcada pela reflexividade que se tornou a auto-organização:

> It all started with a frog.
>
> But a young neurophysiologist from Chile, Humberto Maturana, was also on the research team [...]. Pushing the envelope of traditional scientific objectivity, he developed a new way of talking about life and about the observer's role in describing living systems. Entwined with the epistemological revolution he started the three stories we have been following: the reification of information, the cultural and technological construction of the cyborg, and the transformation of human into the posthuman. As a result of work by Maturana and his collaborator, Francisco Varela, all three stories took decisive turns during the second wave of cybernetics, from 1960 to 1985.

Ela lembra que Maturana descreveu o sistema nervoso e o subsistema da visão da rã aduzindo que entre ambos se estabelece uma

---

[259] *Ibidem*, p.280.
[260] *Ibidem*, p.283.
[261] HAYLES, N. Katherine, *op. cit.*, p. 131: "Tudo começou com uma rã. [...] Mas um jovem neurofisiologista do Chile, Humberto Maturana, também estava no grupo de pesquisa. Avançando além da tradicional objetividade científica, ele desenvolveu uma nova maneira de tratar da vida e sobre o papel do observador na descrição dos sistemas vivos. Relacionado com a revolução epistemológica que ele iniciou estão as três histórias que temos acompanhado: a reificação da informação, a construção cultural e tecnológica do ciborgue e a transformação do humano em pós-humano. Como resultado do trabalho de Maturana e seu colaborador, Francisco Varela, todas as três histórias que foram vistas tiveram mudanças decisivas no curso da segunda onda cibernética, de 1960 a 1985." (tradução livre do autor)

comunicação de alta capacidade de processamento e específico (da espécie). Ele conseguiu esses dados implantando um circuito no cérebro do batráquio que passou a ser um ciborgue anfíbio, ou seja, o cérebro foi reprogramado não para atender aos fins do animal, mas, de terceiros. Ele não pertencia mais ao animal.

Ele pôde perceber que o que o olho enviava para o cérebro era um conjunto de dados já devidamente submetido a um sofisticado processamento, resultando na conclusão que é um dos fundamentos de sua teoria: "Tudo que é dito, é dito por um observador".[262]

Vemos, portanto, que, contrariamente ao manifesto cibernético original que informava que o importante era o comportamento do sistema, Maturana entende que o processo autopoiético, gerador do comportamento é o que conta.

> As we have seen, first-wave researchers concentrated on building artifacts that would behave as cybernetic mechanisms: John von Neumann's self-reproducing machines; Claude Shannon's electronic rat; Ross Ashby's homeostat. By contrast, Maturana and others in the second wave look to systems instantiating processes that count as autopoietic. The homeostat might behave cybernetically, for example, but it does not count as an autopoietic machine because it does not produce the components that produce its organization. Perhaps because of this emphasis on process, autopoietic theory has proven readily adaptable to the analysis of social systems. In autopoietic theory, the machine of interest is much more likely to be the state than Robocop or Terminator.[263]

---

[262] *Idem.* Hayles se refere ao trabalho *What the Frog's Eye Tells the Frog's Brains* (O que os olhos da rã diz ao cérebro da rã), escrito por J. Y. Lettivin, H. R. Maturana, W. S. McCulloch e W.H. Pitts, publicado em 1968, na obra *"The Mind: Biological Approaches to its Functions"* (A mente: abordagens biológicas sobre seu funcionamento), p. 233-258.

[263] HAYLES, N. Katherin, *op. cit.*, p. 141: "Como visto, os pesquisadores da primeira fase concentraram-se em construir artefatos que se comportariam como mecanismos cibernéticos: as máquinas autorreprodutoras de John von Neumann; o rato eletrônico de Claude Shannon; o homeostato de Ross Ashby. Contrariamente Maturana e outros na segunda fase focaram-se em sistemas de processos de instância, autopoiéticas. O homeostato deve se comportar ciberneticamente, por exemplo, mas ele não pode se considerado como uma máquina

Hoje já se cogita da possibilidade de vida artificial, como sendo a criada em sistemas informáticos, mediante programas específicos.

Trata-se da terceira fase da cibernética. Aqui, ao contrário da circularidade da autopoiese de Maturana, descreve melhor essa fase a imagem de uma espiral, pois a ênfase recai sobre fazer com que o sistema evolua acumulando todos os ganhos prévios. Quem pavimenta o caminho para a terceira fase da cibernética é Varela, coeditor dos anais da primeira conferência europeia sobre o tema. Em sua introdução: "Para uma prática dos sistemas autônomos", ele e o coautor, Paul Borgine, expõem sua visão do que deve ser a vida artificial.

Eles situam sua origem na cibernética, referindo-se à tartaruga eletrônica de William Grey Walter e ao homeostato de Ross Ashby. A autopoiese é sucedida pela vida artificial, pela evidente conotação de sistemas fechados que apresenta. Contudo, como não poderia deixar de ser, trazem elementos novos, como uma concepção nova de autonomia:

Autonomia, nesse contexto, refere-se à capacidade básica e fundamental de ser, de afirmar sua existência e levar adiante um mundo que é significante e pertinente sem ser pré-elaborado. Portanto, autonomia do vivo é compreendida aqui, tanto em relação a suas ações como à forma que ele modela o mundo em um significado.[264]

Quer isso dizer que o próprio ser vivo modifica-se, apresentando um comportamento emergente.

3.7.4 A Vida Artificial

Embora dê a impressão que os sistemas de vida artificial sejam

---

autopoiética porque ele não produz os componentes que produzem sua organização. Talvez, por causa de sua ênfase no processo, a teoria autopoiéticas se provou prontamente adaptável à análise dos sistemas sociais. Na teoria autopoiéticas, a máquina que interessa é mais parecida com o Estado do que o Robocop ou o Exterminador do Futuro." (tradução livre do autor)

[264] *Ibidem*, p.222.

organismos incorpóreos, isso não é de aceitação geral, pois haveria sempre a figura do observador, agora em posição periférica, como um narrador que vai contando as histórias da vida artificial.[265]

Mas as ideias sobre vida artificial proliferaram no mundo. Na quarta conferência sobre vida artificial em 1994, o biólogo evolucionista Thomas S. Ray apresentou duas propostas: a primeira, era um plano para preservar a biodiversidade na floresta tropical da Costa Rica, e a segunda, a sugestão de liberar na internet o *software* Tierra, que cria formas artificiais de vida no computador, de modo a que ele pudesse gerar várias espécies em computadores de todo o mundo. Para ele, as duas propostas eram complementares. A primeira, objetivava estender a biodiversidade para formas de vida proteíno-baseadas, e a segunda, fazer o mesmo com as formas de vida silício-baseadas. A ideia era introduzir a forma natural e o processo de vida em um meio artificial. Para ele as linhas de códigos que compõem essas criaturas tornam-se formas de vida natural. Apenas o meio é diferente.

Assim, para ele, não apenas as linhas de programação reunidas e concatenadas são vivas, mas também, naturais. E essa não é a única perspectiva sob a qual a vida (artificial) tem sido vista.

Resumidamente, os estudos sobre vida artificial subdiv*idem*-se em três linhas de pesquisa:

I)   *wetware*, que é a tentativa de criar vida biológica mediante técnicas como a construção de componentes de organismos unicelulares em tubos de ensaio;
II) *hardware* que é a construção de robôs e outras formas de vida corporificadas e
III) *software* que se relaciona com a criação de *softwares* que estabelecem processos emergentes e evolucionários.

Todas essas vertentes buscam criar vida de baixo para cima, como, por exemplo, com os programas que criam regras simples e

---

[265] *Idem et seq.*

depois, mediante estruturas altamente recursivas, permitem o surgimento de complexidade espontaneamente.

Hayles,[266] frustrado com a velocidade lenta com que se dava a evolução natural dos organismos, questionou se não existiria uma possibilidade de acelerar esse processo através da criação de organismos artificiais evoluíveis dentro do computador. Para isso, ela primeiro teve que enfrentar o desafio de criar programas resistentes o suficiente para aguentar mutação sem, contudo, entrar em pane. Ele imaginou um "computador virtual" feito de *software*, que se utilizaria da técnica *address by template*, no qual um segmento do código encontraria o seu binário inverso, encaixando-se um no outro, semelhante ao que acontece com as bases do DNA. O *address by template* funciona apenas no computador virtual, possuindo a vantagem de manter os organismos dentro desse computador, sem possibilidade de reprodução externa.

Seguindo no seu processo investigativo, Hayles observou os trabalhos realizados por Ray nesse campo. Notou que Ray, visando possibilitar mutação, criou o equivalente a raios cósmicos através da alteração de polaridade de um bit a cada 10.000 instruções executadas. Ademais, a reprodução ocorre uma vez a cada 1.000 a 2.000 instruções copiadas, introduzindo uma nova fonte de mutação. Ainda, para controlar o número de organismos, Ray introduziu um programa por ele denominado de *reaper*. O *reaper* monitora a população e elimina as criaturas mais antigas e as mais defeituosas, ou seja, aquelas que mais erraram na execução de seus programas. Se uma criatura encontra uma forma de se replicar de maneira mais eficiente, o *reaper* a move para baixo na sua lista, e assim, se torna mais "jovem".

O computador virtual começa o seu processo evolutivo através da partilha de um bloco de memória chamado por Ray de *soup*, em analogia ao início da vida na Terra. Dentro da sopa são soltos programas auto reprodutores, normalmente, começando com uma criatura de 80-*bytes*, chamadas de "ancestral". O ancestral é feito de três seg-

---

[266] *Ibidem*, p. 225-227.

mentos. O primeiro, faz a contagem das instruções para analisar o comprimento do ancestral; o segundo segmento reserva um espaço na memória mais próxima, inserindo uma membrana protetora em volta desse espaço; e o terceiro segmento copia o código do ancestral para um espaço reservado, completando assim, o processo de reprodução, criando uma prole celular da célula original.

Ray deixou o seu programa funcionando à noite, imaginando que encontraria, no máximo, variação de 1 ou 2 *bytes* do ancestral de 80-*bytes*. Ao verificar o programa no dia seguinte, ele descobriu que toda uma ecologia evoluiu, incluindo um organismo de 22 *bytes*. Entre os mutantes, estavam parasitas que perderam as suas instruções de cópia, mas que desenvolveram a habilidade de invadir um hospedeiro para retirar o procedimento de cópia. Um parasita de 45 *bytes* evoluiu numa relação benigna com o ancestral; outras foram destrutivas, expulsando o ancestral com a sua prole. Posteriormente, observou-se também o desenvolvimento de hiperparasitas, que evoluíram para competir por tempo e memória. Os hiperparasitas ficam à espera da invasão de parasitas. Quando esses tentam se reproduzir, utilizando-se do procedimento de cópia do hiperparasita, este direciona o programa para o seu terceiro segmento ao invés de reverter o programa para o segmento do parasita. Logo, o código do hiperparasita é copiado no tempo de processamento do parasita. Dessa forma, o hiperparasita multiplica o tempo que possui para a sua reprodução, pois se apropria do tempo do parasita.

Hayles[267] leciona que, segundo Christopher Langton, o principal suposto da vida artificial é que a forma lógica de um organismo pode ser separada de seu suporte físico e que sua vida pode ser encontrada na sua lógica e não no suporte. Langton afasta a tautologia ao definir vida de forma que os programas se qualifiquem e, em seguida, em virtude de eles se qualificarem, ele alega que são vivos. A forma pode ser logicamente separada da matéria. A forma

---

[267] *Ibidem*, p. 231.

prevalece sobre a matéria, a forma define a vida, enquanto que o suporte físico é apenas uma circunstância.

Entendem alguns que os registros de elementos essenciais caracterizadores da vida biológica, seja de um Ser Humano, de um rato, ou de uma baleia azul são idênticos dos registros produzidos por seres artificiais, quando plotados em gráfico de modo que na busca pela vida extraterrestre o que se deve pesquisar é registros semelhantes a esses e quando encontrados, considerar-se que se está diante de vida, ainda que ela não seja nem biológica ou, mesmo biológica, estruturada de modo diverso ao conhecido na Terra, em derredor do DNA.

4 BREVE COMPREENSÃO TÉCNICA DA ROBÓTICA

4.1 Cibernética

É bastante precisa a origem do termo cibernética. Leciona Stafford Beer[268] que

> Cybernetics had its origins in the early 1940s, when a group of distinguished scientists was gathered together in Mexico to deal with various assignments associated with the second world war. It is well-documented how they discovered that — precisely because of their eminence in different fields — they found it difficult to talk to each other about anything serious. So, they decided to choose a topic that was nobody's specialty, but of interest to everyone. And their eminence was really important for another reason: they had nothing to prove. They decided to discuss the nature of control.

Eles compreenderam que o controle era um elemento constante em qualquer sistema, de qualquer natureza. Entre esses cientistas estava um matemático chamado Norbert Wiener. Foi ele que nomeou a nova área do conhecimento. Sua inspiração veio dos antigos navios gregos que enfrentavam as mais diversas condições meteorológicas, muitas totalmente imprevisíveis. Todavia, sua trajetória era controlada pelo responsável pelo leme que, mantendo os olhos atentos ao farol, controlava a cana do leme, de forma a ajustar continuamente a direção do navio para alcançar o farol. Desde a época de Homero que a palavra grega para essa pessoa responsável pelo leme era *kubernetes*, o que, traduzido para o inglês, viraria *cybernetes*. Nesse mesmo sentido, em Roma, a mesma palavra em latim se transformou em *gobernator*, o que significa *governor* (go-

---

[268] BEER, Stafford, **What is cybernetics?** Palestra proferida na Universidade de Valladolid no final de 2001. Disponível em: <http://www.nickgreen.pwp.blueyonder.co.uk/beerWhatisCybernetics.pdf>. Acesso em: 13 fev. 2009, p. 4.

vernador) em inglês. Dessa forma, a palavra cibernética significa controle, governança[269]

Wiener, lembra Beer, fez referência na definição de cibernética a animais e máquinas, o que é bastante apropriado nesse trabalho.

Cibernética, de Norbert Wiener, é uma das obras seminais em tecnologia da informação. Essa obra inaugurou uma nova ciência e orientou todos os estudos na informática desde então, espalhando-se, ainda, para os mais diversos ramos do conhecimento, pois é de sua natureza ser inter ou transdisciplinar.

Publicada em 1948, foi atualizada em 1950, sob o título: Cibernética e sociedade: o uso humano de seres humanos. Aduz o autor que:

> *A tese deste livro é a de que a sociedade só pode ser compreendida através de um estudo das mensagens e das facilidades de comunicação de que disponha; e de que, no futuro desenvolvimento dessas mensagens e facilidades de comunicação, as mensagens entre o homem e as máquinas, entre as máquinas e o homem, e entre as máquinas e as máquinas, estão destinadas a desempenhar papel cada vez mais importante.*
>
> *O propósito da Cibernética é o de desenvolver uma linguagem e técnicas que nos capacitem, de fato, a haver-nos com o problema do controle e da comunicação em geral, e a descobrir o repertório de técnicas e ideias adequadas para classificar-lhe as manifestações específicas sob a rubrica de certos conceitos.[270]*

Aduz o professor do MIT — Massachusetts Institute of Technology — que foi influenciado na elaboração do livro pelas ideias de Leibniz, que era interessado na computação por máquinas e por autômatos, mas que as concepções do livro não são leibnitzianas.

O livro não deixa passar despercebida uma característica do Direito que lhe permite caracterizá-lo como um sistema cibernético, adiante tratada.

---

[269] *Idem.*
[270] WIENER. Norbert. **Cibernética e sociedade**: o uso humano de seres humanos. Trad. de José Paulo Paes. 9. ed. São Paulo: Cultrix, 1993, p. 16-17.

4.2 Lei e comunicação

A lei pode ser definida como o controle ético aplicado à comunicação, e à linguagem enquanto forma de comunicação, especialmente quando tal aspecto normativo esteja sob mando de alguma autoridade suficientemente poderosa para dar às suas decisões o caráter de sanção ou decisão social efetiva.

Toda natureza de nosso sistema legal é a de conflito. É uma conversação em que pelo menos três partícipes intervêm — digamos, num caso civil, o autor, o réu e o sistema legal, conforme o representam o juiz e o júri. Trata-se de um jogo, no pleno sentido de Von Neumann.[271]

Interessa, ainda, conhecer as três premissas de Wiener:

1) mudança do paradigma da energia para a informação, verdadeiro motor das máquinas cibernéticas;
2) a computação analógica é substancialmente mais barata que a digital, o que vem a calhar em sistemas maciçamente paralelos como o cérebro e
3) o tempo de Newton é reversível, porque, se executamos o mundo da maneira Newtoniana de volta no tempo, ele continuará a seguir as leis de Newton. A computação, via de regra, não é reversível no tempo, mas há dois tipos de transformações computacionais, uma, em que a informação é preservada — e, portanto, reversível — e outra, em que é destruída.

4.3 Inteligência artificial

4.3.1 Introdução

Muito antes do advento da eletrônica, o Homem já tentou criar máquinas inteligentes. Esse relato histórico é bastante resumido e não abrange todas as tentativas e projetos que buscaram uma forma

---

[271] *Ibidem*, p. 167.

artificial de inteligência. Portanto, aqui colaciona-se apenas uma amostragem da evolução desses dispositivos e seus criadores.

Considera-se que Blaise Pascal (1623-1662) tenha sido o pioneiro ao construir sua máquina de calcular que efetuava mecanicamente adições e subtrações.

Gottfried Wilhelm Von *Leibniz* avançou um pouco mais, pois concebeu uma máquina de raciocinar, considerando que o pensamento é redutível ao cálculo, sendo, por isso o precursor da inteligência artificial. Sua solução foi conceber a lógica.

Avançando no tempo, chega-se ao séc. XIX, quando Lorde Charles Babbage, construiu em 1833 uma máquina de calcular. Na verdade, ele fez uma máquina diferencial, capaz não apenas de executar isoladamente as quatro operações aritméticas elementares, mas também, efetuar sequências de operações. Seu gênio concebeu algo mais sofisticado no ano seguinte: uma nova máquina para, simultaneamente, executar cálculos aritméticos com números e manipular expressões formais, ou seja, uma máquina analítica, embora não tenha logrado construí-la.

Colaborou sobremaneira para a inteligência artificial George Boole (1815-1864), criando a lógica booleana.

Contudo, somente com as ideias de Alan Turing[272] descrevendo sua máquina universal, capaz de representar qualquer outra máquina que pudesse ser formalizada matematicamente e de resolver qualquer problema computável, desde que dispusesse de tempo e memória suficientes, é que o problema da inteligência artificial passou a ser atacado por métodos modernos. Ele comprovou também que

> *O comportamento de uma máquina é, com frequência, tão imprevisível que ela não deixa transparecer a sucessão das instruções elementares que lhe deram origem. Assim, ainda que a atividade de uma máquina resulte daquilo que se lhe ordenou, ainda que ela seja o reflexo fiel disso, a rapidez do cálculo e a multiplicidade das operações executadas fazem com que sejamos incapazes de reconstituir, apenas a partir*

---

[272] GANASCIA, Jean Gabriel. **Inteligência artificial**. Trad. de Reginaldo Carmello Corrêa de Moraes. São Paulo: Editora Ática, 1997, p. 31.

da observação de seu comportamento, a sequência das instruções às quais obedece uma máquina. De certo modo isso significa que existe uma outra coisa naquilo que resulta de uma máquina, além daquilo que lhe foi fornecido[273].

Isso, mesmo que o resultado sempre resulte da aplicação precisa de instruções precisas e de dados não fornecidos pela própria máquina. Significa apenas que, dado o elevado número de operações executadas em dado espaço de tempo, o Homem é incapaz de reconstituir mentalmente seu encadeamento.

Sua segunda comprovação: a dificuldade humana de determinar a origem do comportamento das máquinas constitui um obstáculo para os homens encarregados de programá-las.

Para Turing, uma máquina inteligente é a que se passa por inteligente aos olhos dos homens. Para tanto, concebeu um teste no qual uma pessoa ou máquina, é colocada à prova, para que outra pessoa descubra tratar-se de um Homem ou de um computador, sem ter contato físico ou visual com ela, apenas à vista de respostas dadas por escrito a perguntas também formuladas por escrito. Esse teste é unanimemente conhecido como Teste de Turing.

Há de se concordar com Kurzweil[274] que, se o computador passar pelo teste de Turing, é prova de inteligência, o contrário não caracterizaria a falta de inteligência

Tecnicamente pode-se definir inteligência artificial como a capacidade de um dispositivo de realizar funções que normalmente são associadas com a inteligência humana como: raciocínio, aprendizagem e auto aprimoramento.[275]

Como a linguagem é característica da inteligência humana e como, atualmente, é preciso aprender uma linguagem comum a Homens e máquinas, "A máquina inteligente seria então aquela com a qual poderíamos comunicar-nos pela linguagem escrita".[276]

---

[273] *Ibidem*, p. 33.
[274] KURZWEIL, Ray. **The age of intelligent machines**. 3. reimp. Cambridge: MIT Press, 1999, p. 117.
[275] ROSENBERG, Jerry M, *op. cit.*, p. 10.
[276] GANASCIA, Jean-Gabriel, *op. cit.*, p. 31.

Kurzweil considera que

> *Provavelmente a definição mais constante de inteligência artificial, e a mais utilizada, afirma que "Inteligência Artificial é a arte de criar máquinas que executam funções que requerem inteligência quando executada por pessoas*[277].

Ou, ainda que, "Inteligência artificial é o estudo de problemas com computadores que ainda não foi resolvido".[278]

No Brasil um dos pioneiros no estudo da moderna inteligência artificial sob a ótica jurídica é Aires José Rover. Na opinião do autor, os sistemas de inteligência artificial contribuem para suprir a incapacidade da mente humana de armazenar e avaliar todas as variáveis possíveis numa dada situação-problema constante no Direito.[279]

Rover[280], em consonância com Marvin Minsky, define inteligência artificial como a

> *Ciência da construção de máquinas que fazem coisas que requereriam inteligência, caso fossem feitas por homens. De outro, é o estudo que busca simular processos inteligentes ou processos de aprendizagem em máquinas ou que tenta fazer com que os computadores realizem tarefas em que, no momento, as pessoas são melhores. Isso inclui tarefas como se comportar como especialista, entender e falar linguagem natural, reconhecer padrões como a escrita.*

Em interessante obra sobre a construção do tratamento jurídico da inteligência artificial, Sam N. Lehman-Wilzig discorre sobre as capacidades das máquinas dotadas de inteligência artificial que, para ele, resumidamente são:

---

[277] KURZWEIL, Ray. **The age of intelligent machines**. 3. reimp. Cambridge: MIT Press, 1999, p. 13 (tradução livre do autor).

[278] *Ibidem*, p. 14 (tradução livre do autor).

[279] ROVER, Aires José. **Direito, sociedade e informática**: limites e perspectivas da vida digital. Florianópolis: Boiteux, 2000, p. 107-112.

[280] ROVER, Aires José. ***O Uso de técnicas computacionais inteligentes no domínio do direito***: uma introdução. Disponível em: <http://www.infojur.ufsc.br/aires/arquivos/porto%20IA%20introducao.pdf>. Acesso em: 13 fev. 2009, p. 1.

(1) Imitate the behavior of any other machine.

(2) Exhibit curiosity (i.e. are always moving to investigate their environment); display self-recognition (i.e. react to the sight of themselves); and manifest mutual recognition of members of their own machine species.

(3) Learn from their own mistakes.

(4) Be as 'creative' and 'purposive' as are humans, even to the extent of look[ing] for purposes which they can fulfill.

(5) Reproduce themselves, in five fundamentally different modes, of which the fifth — the "probabilistic mode of self-reproduction" — closely parallels biological evolution through mutations (which in the case of M. Sapiens means random changes of elements), so that "highly efficient, complex, powerful automata can evolve from inefficient, simple, weak automata".

(6) "Can have an unbound life span" through self-repairing mechanisms[281].

Considera em seguida que os robôs formam uma raça que pode ver, ler, falar, aprender e até mesmo sentir [emoções].

A inteligência artificial se apresenta para o público em geral como o devir, o que ainda não se concretizou, que não perdeu sua aura mística, cujo funcionamento ainda não se conhece. Isso, porque tudo quanto um dia se atribuiu ser o campo da inteligência artificial, na medida em que foi por ela realizado, passou a ser descartado como tal. Parece que o Homem precisa acreditar em algo misterioso para se sustentar no mundo concreto. Antes deuses ou Deus, agora, no mundo tecnológico, na criação humana no porvir, inexplicada e desejadamente inexplicável, pois o que já foi compreendido pertence ao reino dos homens e não guarda o mistério

---

[281] LEHMAN-WILZIG, Sam N. **Frankenstein Unbound**: towards a legal definition of artificial intelligence. Disponível em: <profslw.com/wp-content/uploads/academic/40._Frankenstein_Unbound.Towards_a_legal_definition... pdf>. Acesso em: 22 fev. 2009, p. 444 (tradução livre do autor).

transcendental que levará à eternidade.

Em realidade a inteligência artificial nos circunda no mundo atual[282], mas nem sempre é visível ou percebida como tal[283], pois o seu desenvolvimento levou a sistemas[284] que, muita vez, se apartam do imaginário coletivo.

Todavia, lembra Kurzweil, também se verificam comportamentos assim quando se descobre como um especialista opera e se entendem seus métodos e regras básicas, o que antes parecia inteligente aparentará ser menos.[285]

O raciocínio é desenvolvido por Kurzweil[286]:

> De fato, a pesquisa de inteligência artificial fez um progresso enorme em apenas algumas décadas, e por causa dessa rapidez, o campo adquiriu uma reputação sombria! Esse paradoxo resultou do fato de que sempre que um projeto de pesquisa de inteligência artificial tornava útil uma nova descoberta, esse produto geralmente desenvolvia-se rapidamente formando uma nova especialidade científica ou comercial com seu próprio nome. Essas mudanças de nome fizeram com que pessoas de fora perguntassem: por que vemos tão pouco progresso no campo central da inteligência artificial? Aqui estão algumas especialidades que originaram no mínimo em parte da pesquisa de inteligência artificial, mas mais tarde se separaram em campos diferentes: robótica, reconhecimento de padrão, sistemas especializados, provas de teoremas automáticas, psicologia cognitiva, processamento de palavras, visão de máquina, engenharia de conhecimento, o simbólico aplicado à matemática e a linguística computacional.

Kurzweil[287] traz a lume os elementos coligidos por Allen Newell para que um sistema seja considerado inteligente: opera em tempo

---

[282] LEVY, Steven. Artificial intelligence is here. In fact, it's all around us. But nothing like we expected. **Wired**. New & Improved, p. 87-89, jan. 2011.

[283] BROWN, Joe. Drivers not wanted. **Wired**. New & Improved, p. 94-97, jan 2011.

[284] SALMON, Felix et STOKES, Jon. Bull vs. bear vs. bot. **Wired.** New & Improved, p. 90-93, edição jan. 2011.

[285] KURZWEIL, Ray. **The age of intelligent machines**. 3. reimp. Cambridge: MIT Press, 1999, p. 16.

[286] *Idem* (tradução livre do autor).

[287] *Ibidem*, p.18.

real; explora vasta quantidade de conhecimento; tolera ações desconhecidas e inesperadas; usa símbolos e abstrações; comunica-se usando alguma forma de linguagem natural; aprende com o ambiente e exibe comportamento adaptável focado em uma meta.

Ao contrário da inteligência humana, a da máquina tem se desenvolvido e melhorado rapidamente. A evolução das máquinas estima-se ser dez milhões de vezes mais rápida que a biológica.[288]

Convém lembrar que, portanto, que se o Homem é inteligente como se supõe que seja, teria surgido de um processo que parece ser objetivamente não inteligente que é a evolução e seu longo curso, haja vista que se costuma relacionar Inteligência com a capacidade de resolver problemas rapidamente. Tanto assim, que se considera mais inteligente quem resolve um dado problema em questão de minutos do que aquele que o resolve em semanas, meses ou anos!

De todo modo, sendo um processo intrinsecamente não inteligente, a evolução gerou seres humanos, que são considerados inteligentes. Portanto, repita-se, um processo não inteligente, ou ainda, mesmo inteligente, pode gerar um produto inteligente ou, mesmo, mais inteligente do que ele, o que abre as portas para a possibilidade de criar-se computadores mais inteligentes que os Homens, entende Kurzweil.[289]

4.3.2 História Resumida da Inteligência Artificial

O desenvolvimento da inteligência artificial não se deu de modo linear ou programado. Aqui não cabe um longo histórico, mas apenas, a informação acerca dos principais períodos por que passou.

Embora os estudos já ocorressem há anos, apenas em 1956, John McCarthy propôs criar uma nova disciplina, que seria denominada *inteligência artificial*.

A partir daí se divisam quatro períodos da inteligência artificial: I) o primeiro da euforia, oportunidade em que lhe eram atribuídas

---

[288] MORAVEC, Hans. **Entrevista concedida a Robot Books.com**. Disponível em: <http://www.robotbooks.com/Moravec.htm>. Acesso em: 27 fev. 2009.
[289] KURZWEIL, Ray, *op. cit.*, p. 20-25.

todas as qualidades; II) o segundo período começa em 1966, data em que o relatório ALPAC, redigido a pedido do Departamento de Estado norte-americano, colocou em evidência as limitações inerentes a essa abordagem, com imediata redução das verbas oficiais. Mesmo assim, muitos avanços e resultados práticos ocorreram nessa fase; III) em 1976 tem-se o início do terceiro período, que se poderia qualificar de período dos "sistemas especialistas"; IV) o quarto, de maturidade e de compromisso, que persiste até hoje.

4.4 O Robô

Agora há de se indagar se um ente surgido de um fato jurídico, por ato volitivo de pessoas físicas, imediatamente postadas ou por intermédio de pessoas jurídicas, mas com concepção resultante não de atos jurídicos, mas de evento físico ou lógico ocorrente no mundo de modo independente de qualquer vontade ou ato humano, não haveria de gozar do mesmo *status* dos seus criadores?

Explica-se. Qual *status* haverá de ter uma máquina, dotada de inteligência semelhante ou superior à humana, fruto de interações lógicas em programa de inteligência artificial, cujo resultado, portanto, não está aprioristicamente determinado minuciosamente, mas genericamente, embora com todos os passos coerentes, como um sequenciamento de DNA humano que resultará em um Ser Humano, mas cujas características específicas não podem ser (ainda) previstas, apenas a generalidade do que nos faz fisicamente humanos, como: dois olhos, nariz, mãos com cinco dedos etc.?

Já tratamos alhures do robô havido de um ato jurídico. Aqui se perquire do robô surgido de um fato jurídico.

O Ser humano, segundo a teoria darwiniana, não surgiu da vontade divina, mas de um processo evolutivo. Que dizer de um ente exsurgente de um programa de inteligência artificial que se utilize de algoritmos genéticos, adaptativos ao ambiente circundante, como já existem, ou seja, de um processo evolutivo?

Para os seres biológicos se manterem vivos, *i.e.* funcionalmente operantes, com os sistemas e subsistemas em atividade, necessitam extrair de elementos da natureza energia, quebrando moléculas, geralmente orgânicas, para obter reações químicas que produzam energia aproveitável.

Que dizer de sistemas projetados por humanos que extraem energia de processos semelhantes ou idênticos à quebra de determinadas moléculas por enzimas para a obtenção da energia necessária à manutenção de seu funcionamento e de seus subsistemas?

Acaso seja o paradigma calcado na **natureza biológica** do ser humano fundada nas moléculas estruturadas pelo carbono, resultando no que se costuma chamar de vida biológica, sob o paradigma carbônico, que dizer de outras formas do que se chama vida, baseadas em estrutura molecular ou atômica diferente da biológica? Que dizer também de máquinas projetadas para usar sistemas baseados, integral ou parcialmente, em moléculas estruturadas pelo carbono? Como conceituar sistemas de processamento fundados em bactérias?

> *Cientistas conseguiram executar funções lógicas com moléculas de DNA, transformando um tubo cheio de DNA em um enorme número de computadores, em torno de 10^{23} deles. Isso é muito. Porque eles comunicam entre si bem devagar, a maneira mais fácil de usá-los é como em uma loteria, preparando todas as respostas possíveis para um problema e então checando para ver qual molécula tem a solução vencedora.*[290]

Se o que distingue os humanos é a **consciência** de sua individualidade, como recusar personalidade a sistemas ou máquinas que possam reconhecer sua individualidade em face de outras máquinas e seres?

O certo é que, no âmbito jurídico, encontram-se em normalidade os conceitos de pessoa e de personalidade jurídica. Denomina-se de normalidade ao estado, o modo de ser estável, segundo Telles Junior[291]:

---

[290] GERSCHENFELD, Neil. **When things start to think**. New York: Henry Holt and Company, 1999, p. 157. (tradução livre do autor)
[291] TELLES JÚNIOR, Goffred,°, *op. cit.*, p. 190.

O que se caracteriza pela preponderância de procedimentos normais. É o estado do corpo ou da mente, de um átomo ou de uma galáxia, de um agrupamento social ou de uma nação, em que os procedimentos não contrariam as convicções dominantes sobre como as coisas devem ser, podem ser, ou como as coisas são necessariamente.

Contrariamente, a anormalidade ocorre quando se fere a normalidade, sempre em caráter excepcional.

Todavia, a par da excepcionalidade da normalidade, existem as anormalidades aparentes, que divergem de errôneas concepções vigentes e que, quando os equívocos são dissipados por novas ideias, tornam-se normais.

Parece ser essa a qualidade do pensamento que se desenvolve nesse trabalho sobre a personalidade jurídica do robô.

De todo modo, entende-se que, em adição à possibilidade de surgimento de um robô inteligente por obra humana, fruto de um ato jurídico, caracterizado como pessoa, pelos atributos que pode vir a ter, o que parece mais provável é que surjam pessoas robóticas em decorrência de um fato jurídico, representado pela aparição do primeiro robô inteligente em virtude de desenvolvimentos não adrede programados ou previstos em um dado sistema.

Esse Adão cibernético, fruto da evolução do sistema, nascerá como o Homem, de um evento sem interferência de uma vontade externa, de uma consciência exógena ou de uma inteligência estranea.

É a singularidade tecnológica!

Mas, afinal, o que é um robô?

4.4.1 Breve História do Robô

Antes do mais, convém trazer um resumo histórico dos robôs, que somente ganharam esse nome, veremos, em 1920. Clarke leciona que "As lendas egípcias, babilônicas e sumérias existentes há 5000 anos refletem a imagem difundida da criação, com homens-deuses soprando vida nas imagens feitas de barro"[292].

Lembra Asimov[293] que, no livro dezoito da Ilíada, de Homero, vê-se que Hefesto, o deus grego das forjas, tinha como ajudantes duas donzelas feitas de ouro, mas que eram exatamente como moças vivas que podiam pensar, falar e usar músculos, além de poder fiar e tecer.

Da Grécia ainda temos a lenda de Talos, o gigante de bronze de Creta, que patrulhava o litoral incessantemente à procura de invasores.

De todas as histórias medievais sobre robôs e autômatos, a que chegou mais viva aos dias atuais é a do rabino Loew, de Praga, no séc. XVI, que fabricou um ser humano artificial de barro, um golem (substância não formada, em hebraico), sem vida. Todavia, o rabino, usando o nome de Deus deu vida ao boneco e fê-lo proteger os judeus.

No séc. XVIII proliferaram os autômatos, como soldados e aves de brinquedos etc., presenteados a nobres e pessoas abastadas e exibidos em público para o espanto geral.

Com a descoberta de Luigi Galvani em 1798 que um tecido muscular morto reagia à eletricidade, aguçou-se nas mentes a ideia de criar vida artificial, como Frankstein, de Mary Shelley, de 1818.

Interessante notar que, talvez por medo de ferir suscetibilidades divinas ou religiosas, em quase todas as estórias, os autônomos fugiam do controle e ameaçavam seus criadores e demais pessoas, sendo necessário destruí-los.

Apenas em 1920, Karel Capek escreveu R.U.R. (Rossum Universal Robots)[294], na qual Rossum, um inglês, fabricava homens artificiais em série para servirem de escravos.[295]

---

[292] CLARKE, Roger. Asimov's Laws of Robotics: Implications for Information Technology. Disponível em: <www.anu.edu.au/people/Roger.Clarke/SOS/Asimov.html>. Acesso em: 12 fev. 2009. (Tradução do Autor)

[293] ASIMOV, Isaac. **Visões de robô**. Trad. de Ronaldo Sergio de Biasi. Rio de Janeiro: Record, 1994, p. 12.

[294] CAPEK, Karel, *op. cit.*

[295] ASIMOV, Isaac, *op. cit.*, p. 15-16.

A partir daí a palavra robô ganhou o *status* que tem e serve para referir-se a essas máquinas.

Para efeito desse livro, robô, computador, sistema de inteligência artificial, android e ciborgue são considerados como sinônimos, pois o que importa aqui não é a preocupação com a forma, mas, com o aspecto funcional, com resultado prático de saber se, preenchidos certos requisitos, estar-se-ia diante da hipótese de um sujeito de direitos não humano ou de objeto de direito como, atualmente, tudo animado ou inanimado que não é humano.

Assim, um *software* de inteligência artificial rodando em um equipamento qualquer, seja ele semelhante aos computadores que existem hoje, supercomputadores ocupantes de salas refrigeradas, tratados como armas de guerra, grandes computadores *mainframes*, médios servidores corporativos ou departamentais, *desktops*, *notebooks*, *ultrabooks*, *netbooks*, *pocket pcs*, *smartphones* etc. ou um computador de vestir, de comer, de movimentos autônomos ou um verdadeiro ciborgue, dependa ele ou não de substrato físico ou de uma forma definida, é para os fins desse trabalho considerado como robô ou simplesmente máquina ou computador.

Todavia, como a doutrina criou categorias distintas para se referir a diversas dessas máquinas, convém, para efeito didático definir o que seja, ao menos, computador, robô e ciborgue.

4.4.2 Conceito de Robô

Para Isaac Asimov[296], que concebeu as leis da robótica, robô é

> *um objeto artificial que se parece com um ser humano; [ou] máquinas que exercem certas funções especiais. Um robô é uma máquina computadorizada capaz de realizar tarefas complexas demais para qualquer cérebro vivo, a não ser o do homem, e de um tipo que nenhuma máquina não computadorizada, é capaz de executar. Em outras palavras, os robôs podem ser definidos através da equação: robô = máquina + computador[297].*

---

[296] *Ibidem*, p. 11.
[297] *Idem*.

Essa é a visão clássica de robô, haurida desde a primeira aparição de personagens assim na literatura mundial, em R.U.R. (Rossum's Universal Robots), do escritor tcheco Karel Capek[298]. *Robota* significa trabalhador forçado ou escravo, em tcheco[299]

Todavia, o próprio Asimov, na obra acima referida, sugere abandonar o critério da aparência para tratar da função, explicitando que um robô é uma criatura capaz de fazer o que o humano faz, com maior rapidez e eficiência, concluindo que, sendo assim, qualquer máquina ou muitas máquinas poderiam ser definidas como robôs, como uma máquina de costura, por exemplo.

Conclui, portanto, repita-se, que o termo deve ser reservado para máquinas computadorizadas que executem certas funções especiais, complexas demais para qualquer cérebro vivo, exceto o do homem, e que nenhuma outra máquina é capaz de realizar. Robô, gize-se, para Asimov seria a junção máquina e computador.

Clarke[300] vê o robô como "um dispositivo multifuncional reprogramável projetado para manusear e/ou transportar materiais através de movimentos variáveis programados para o desempenho de uma variedade de funções". Assim, com base nessa definição, ele divisa três elementos-chaves, sem os quais, não há de se falar em robôs:

- Programabilidade, seja computacional ou simbólica — capacidades manipulativas que o construtor pode combinar da forma que desejar (o robô é um computador);
- Capacidade mecânica, permitindo que atue no seu ambiente ao invés de funcionar como mero processador de dados ou dispositivo computacional (o robô é uma máquina);
- Flexibilidade, podendo atuar utilizando-se de uma gama de programas e manusear e transportar materiais em modos variados.

---

[298] *Ibidem*, p. 11.
[299] CAPEK, Karel, *op. cit.*
[300] CLARKE, Roger, *op. cit.*, p. 12. (tradução livre do autor)

Ele também não admite diferenciar computador e robô: "Podemos, então, conceber um robô como uma máquina computacional melhorada ou como um computador com dispositivos sofisticados de entrada e saída".[301]

Destarte, não se vislumbram diferenças vitais entre computadores e robôs.

4.4.3 Exemplos de Robôs Inteligentes

Tratar de qualquer menção à possibilidade de robôs ou qualquer máquina vir a ter semelhança, que não a meramente física com o Homem, causa, imediatamente e via de regra, reações, muita vez, fervorosas.

Ao menos na civilização judaico-cristã o Homem é criado à imagem e semelhança de Deus, que detém o monopólio da criação em seu sentido bíblico. Assim, qualquer tentativa de criar um ente assemelhado ao Homem faz surgir um sentimento culturalmente arraigado de que o Homem está a brincar de Deus.

Todavia, assim não pode nem deve ser encarada tal empreitada. A uma, porque não se cuida de qualquer investida em campo religioso e sim técnico-científico: a duas, porque o interesse que move os cientistas da robótica e da inteligência artificial não é o de criar almas ou Homens, mas, máquinas inteligentes, embora máquinas, mesmo que máquinas sejam consideradas seres vivos e pessoas e seres humanos possam ser definidos como máquinas.

O porquê de pretender criar máquinas dessa natureza parece ser simples, embora envolva diversos fatores e causas, dentre as quais se destacam: i) a possibilidade de fazê-lo; II) o desafio de fazê-lo; III) o interesse econômico e político envolvido(s) e IV) a necessidade.

Em realidade, é possível afirmar-se que já existem máquinas inteligentes ou, por outra forma, que realizam tarefas que se jul-

---

[301] *Ibidem*, p. 5. (tradução livre do autor)

gava ou se julga inteligentes e que, portanto, somente podiam e podem ser feitas por alguém ou algo dotado de inteligência. Os exemplos são inúmeros e crescentes. Eis alguns:

EWA-1, produzido pela Enviromental Robots, teve força suficiente para participar da competição de queda de braço humano X robô, que o laboratório de Propulsão a Jato (JPL) da NASA realizou em 2005. Sua força advém de seis fibras internas de grafite condutivo que se contraem quando uma corrente de 120v atinge-as e produzem reações nos produtos químicos nelas existentes.

O interessante nesse robô é que ele tem o equivalente funcional a músculos, algo essencial a um robô humanoide.

Existem robôs que produzem dezenas de movimentos semelhantes aos da mão humana. Existe um dedo robótico com conformação semelhante à estrutura óssea e de juntas de um dedo humano que se movimenta em decorrência de sinais que emulam os comandos neurais do cérebro humano.

Importa, aqui, ressaltar que o Homem se valeu da experiência acumulada pela evolução para posicionar o polegar na evoluída forma humana. Assim os robôs — aplicando-se a Lei dos Retornos Acelerados — não precisam esperar o mesmo tempo evolutivo do ser humano para adquirir essa ferramenta.

Um robô chamado WE-4R, criado por uma equipe da Universidade Waseda do Japão, pode demonstrar expressões faciais de medo, raiva, surpresa, alegria e tristeza ou mesmo um ar zen de tranquilidade, Ele também pode ver, escutar, tocar e cheirar.

Todos esses caracteres são próprios do Homem.

Partner (parceiro, em inglês) é o nome de um robô criado pela Toyota para tocar trompete, um instrumento que exige muitos movimentos labiais e diferentes tipos de sopros do músico na sua execução, pois não tem estruturas internas para produzir as diversas notas. O músico de *jazz* profissional, Paul Hogson, criou um *software* baseado em inteligência artificial chamado de Improvisador que executa, como o nome indica, **improvisos** de *jazz* em tempo real, seguindo o estilo de Charlie Parker.

191

Note-se que se trata de verdadeira produção de música inédita e criativa, algo que somente o Homem, supunha-se, poderia fazer, ao lado de alguns cetáceos.

KRT-V.3 é um robô, criado por Hideyuki Sawada, que mecanicamente fala algumas palavras em japonês com cordas vocais artificiais quase que naturalmente.

Importante nesse robô é que o som não é provocado como nos demais equipamentos eletrônicos, mas, gize-se, por cordas vocais, semelhantes às humanas.

Trata-se de passo importante para se dar voz humana ao robô. A máquina poderá vir a ter o verbo.

Vera, criada por David Hanson, da Universidade do Texas em Dallas, tem uma pele artificial com textura semelhante à pele humana, feita de um silicone especial, produzindo expressões faciais com 1/20 da força exigida por peles sintéticas anteriores. Com isso, os robôs se aproximam de ter um rosto idêntico ao humano.

E não só, Vera conta com o equivalente ao maior órgão humano, que é a pele, extremamente parecido com a nossa, abrindo a porta para a criação de robôs com aparência muito semelhante à humana.

O Instituto Internacional de Pesquisas Avançadas em Telecomunicações do Japão desenvolveu o ROBOVIE IIS, cuja pele é sensível. Filmes piezoeletrônicos metalizados na pele artificial dele geram voltagem quando tocados. Se alguém gentilmente o toca, ele responde "Sim? ". Se alguém bate nele ou o toca mais forte, ele produz uma onomatopeia em inglês que expressa dor.

Ou seja: um dos sentidos humanos de vital importância para a sobrevivência já tem sua versão robótica.

Jerry, desenvolvido pelo MIT, imita a maneira como os humanos se valem de pistas contextuais para fazer rápidas e precisas conclusões visuais. Ele consegue identificar, por exemplo, a distância do horizonte, os arredores e decidir se o que bloqueia sua passagem é, por exemplo, um carro ou um sofá, facilitando-lhe a locomoção.

Assim a capacidade de georreferenciamento animal, já está disponível em máquinas, permitindo o seu deslocamento autônomo.

Outros exemplos de robôs com capacidades auditivas, olfativas, mobilidade quase humana e animal etc., podem ser encontrados na edição de julho de 2004 da Revista Wired, referida em trabalho de minha lavra.[302]

> *O [...] robô chamado Kismet, que usa visão e fala como sua entrada principal, conversa com pessoas e foi modelado como um bebê em desenvolvimento. Apesar de não estar propriamente centrado, uma personalidade confiável foi desenhada por HAL, Kismet foi o primeiro robô do mundo a ser realmente sociável, que pode interagir com pessoas através de uma base igualitária, e que as pessoas aceitam como uma criatura humanoide. Ao olhar para ele, ele olha de volta. Pessoas podem ver o seu humor através da entonação de sua fala, e Kismet percebe o humor das pessoas pela entonação de suas vozes. Kismet e qualquer pessoa que se aproxima dele podem interagir de forma natural. Pessoas falam com ele, gesticulam e agem socialmente com ele. Kismet fala com pessoas, gesticula para elas e age socialmente com elas. Pessoas, pelo menos por enquanto, tratam Kismet como outro ser. Kismet está vivo. Ou poderia estar vivo. Pessoas tratam como se assim fosse.*[303]

Tem-se, portanto, a criação de importantes elementos da personalidade psicológica humana em robôs.

Brooks relembra que

> *A Professora Sherry Turkle visitou nosso laboratório. Sherry sempre fora uma crítica das pesquisas de inteligência artificial [...]. Assim ele se expressou: Cog me "percebeu" logo que entrei na sala, sua cabeça virou para me seguir e eu fiquei envergonhada ao perceber que isso me deixou feliz [...] Minha visita me deixou abalada — não por algo que Cog era capaz de fazer, mas pela minha própria reação a "ele". [...] Apesar de mim mesma e de minha desconfiança sobre esse projeto de pesquisa, eu me comportei como se estivesse na presença de outro ser. [...] Os estudantes que trabalham com Kismet reportam o mesmo efeito [...].*[304]

---

[302] CASTRO JÚNIOR, *op. cit.*
[303] BROOKS, Rodney A. **Flesh and machines: how robots will change us**. Nova York: Pantheon Books, 2002, p. 65.(tradução livre do autor)
[304] *Ibidem*, p.149. (tradução livre do autor)

A tecnologia embutida em Kismet é tão avançada que mesmo *experts* descrentes das possibilidades da inteligência artificial se surpreendem com ele. É interessante ver as experiências de Turkle[305], inclusive com crianças e computadores e a perspectiva própria das novas gerações em relação às máquinas.

Brooks[306] aduz:

> *Nós provavelmente estaríamos surpresos se nosso cachorro de repente começasse a agir da mesma forma de Kismet durante a calibração. [...] Devemos concordar ao designar a Kismet o status de ser? Ou será Kismet apenas uma máquina que ocasionalmente é ligada. Podemos considerar Kismet como algo pensante, porque se o Kismet dos dias atuais não qualifica como digno de ter o status de ser, uma pessoa poderia se perguntar outras três perguntas [...].*

Quando a Honda apresentou ao mundo P2 em 1997, sucedido pelo P3 em 1998, seguidos, em 2001, pelo modelo ASIMO, os robôs pareciam com pessoas portando trajes espaciais. Trata-se dos primeiros exemplares de robôs bípedes com andadura humana quase natural.

Moravec[307] cita ainda como exemplo de robô que leva a inteligência artificial a um outro patamar:

> *[...] em outubro de 1995, um veículo experimental chamado Navlab V atravessou os Estados Unidos, de Washington até San Diego, na Califórnia, dirigindo sozinho mais de 95% do percurso. O sistema de navegação e de direção automática do veículo foi construído com base em um laptop de aproximadamente 25 Mips. O Navlab V foi construído pelo Instituto de Robótica da Carnegie Mellon University, do qual sou membro.*

> *Durante as provas do Grande Desafio da Darpa (Agência Americana de Projetos de Pesquisa Avançados de Defesa), realizado na Califórnia, ficou claro o progresso extraordinário desse campo. Em outubro de 2005 vários carros to-*

---

[305] TURKLE, Sherry. **A vida no ecrã**: a identidade na era da internet. Trad. de Paulo Faria.Lisboa: Relógio D'Água Editores, 1997, p. 111-148.

[306] BROOKS, *op. cit.*, p.151. (tradução livre do autor)

[307] MORAVEC, Hans. A Ascensão dos Robôs. **Scientific American Brasil**. Seu futuro com robôs: as máquinas inteligentes que vão transformar o mundo. Edição Especial n. 25, p. 16, Editora Duetto, 2008.

talmente autônomos percorreram com sucesso um percurso de 210 Km cheio de perigos pelo deserto, e em 2007 vários outros veículos dirigiram com sucesso, durante 12 horas em meio ao tráfego urbano.

A Siemens lançou no mercado europeu em 2004, ao preço de € 1.399 (um mil trezentos e noventa e nove euros), o robô Dressman, cujo sistema usa ar quente para secar e passar a camisa ao mesmo tempo. O robô possui o formato de um manequim, bastando vestir a roupa lavada nele e ativar um dos 12 programas que possui para diferentes tecidos.

Já existe no Brasil o robô Vigilante, capaz de monitorar ambientes e transmitir informações (inclusive áudio) em tempo real a uma Central de Vigilância externa bem como, enviar imagens via internet.

O robô é capaz de fazer rondas por diversos cômodos e possui sensores que permitem detectar qualquer alteração no ambiente, que será comunicada diretamente à Central de Comando.

A máquina também pode ser utilizada para investigar os casos de disparo de alarme, constatando se se trata de tentativa de invasão ou mero acidente.

Outro exemplo de robô, este de uso cotidiano por milhões de pessoas no mundo todo, é o robô de busca[308]. Trata-se do sistema de inteligência artificial por detrás de toda e qualquer ferramenta de busca, seja o gigantesco Google, ou outros, menores, como o Goshme, desenvolvido por jovens baianos. Esses sistemas varrem vastas bases de dados em frações de segundo para apresentar ao interessado o resultado de sua busca de maneira consistente e útil.

Todavia, esses sistemas fazem muito mais que apenas pesquisar. Eles procuram aprender com o universo de buscas com que lidam desde seu início, sugerindo resultados que podem inclusive estar relacionados com um determinado contexto.

Ademais, têm ferramentas próprias para evitar serem enganados por *sites* pouco relevantes que tentam usar técnicas que lhes

---

[308] ROVER, Aires José. **Dados e informações na internet**: É legítimo o uso de robôs para formação de base de dados de clientes? Disponível em: <http://www.infojur. ufsc.br/aires/arquivos/manole2aires.pdf>. Acesso em: 13 fev. 2009.

possibilitem maior visibilidade, dentre outras funcionalidades, cujo tratamento não se permite aqui.

Há o exemplo de RAP (*Robotic Action Painter*) um robô artista plástico criado pelo *também* artista plástico português Leonel Moura, que cria suas obras sem qualquer intervenção externa.[309]

---

[309] KATO, Gisele. **Eu Robô**. Disponível em: <http://bravonline.abril.com.br/conteudo/artesplasticas/artesplasticasmateria_292516.shtml>. Acesso em: 05 de jan. 2009. Acesso em: 05 de jan. 2009, p.1-3. "O artista português Leonel Moura é o criador do robô conhecido como RAP (Robotic Action Painter), **nascido** em 2006. Seus movimentos assemelham-se aos movimentos de uma formiga, possui noves olhos que funcionam como sensores e, equipado com seis canetas coloridas, é capaz de criar pinturas a moda Jackson Pollock (1912-1956; expoente do expressionismo nos EUA). Desse tipo de robô, existem três e que, apesar de terem sido criados ao mesmo tempo, afirma Moura que cada um possui um gênio distinto, por exemplo, um deles usa muito mais a cor vermelha.

Leonel Moura assegura que o seu robô não obedece a regras predeterminadas por ele. Segundo ele, "seu programa lhe dá plena autonomia para escolher por onde circular, o que fazer e quando parar". "Trata-se de quase um anti-programa". Assim, o RAP possui autonomia para decidir quando iniciará uma pintura e quando a sua obra haverá de se encerrar.

Desse modo, questiona-se se o que o RAP faz é arte. Leonel Moura garante que sim e ao fazer isso, estaria quebrando o conceito de arte consolidado no início do século 20, que está ligado à intenção do artista e sua arte (poder do autor sobre a sua obra) (paradigma estabelecido por Marcel Duchamp em 1913). Moura questiona esses valores: "Eu identifico arte com a criatividade, com o fato de se fazer algo que não existia antes. Nenhum desenho ou pintura do meu robô se repete ou copia alguma coisa já vista. Ele não se submete a um conjunto de instruções. Ele cria". Assim, para Moura, qualquer ser (humano ou não) seria capaz de fazer arte, desde que possua criatividade (podendo este ser artificial). O que interessa é o conteúdo e não quem o criou.

Leonel Moura, em seu ateliê em Portugal, trabalha com uma equipe de vinte robôs-pintores e as obras assinadas por ele já possuem aceitação no mercado. Uma tela chega a custar U$$ 10 mil enquanto um desenho sai pela metade do preço. Leonel diz que especialistas em artes plásticas não distinguem as telas feitas pelos humanos das feitas pelos robôs.

O artista paulistano Rodrigo Andrade discorda do português. Ele não concorda com a existência de uma máquina com liberdade de escolhas. Vê o robô como instrumento do artista. A paulistana Giselle Beiguelman comenta: "É uma sacada brilhante. Com o robô, ele nos alerta para essa fronteira cada vez mais híbrida entre o homem e a máquina". Mas, sobre a assinatura do robô, aduz: "Quando o robô termina o desenho e se dirige para o canto do papel, ele volta a operar

Esses equipamentos modernos trazem embutidos sistemas de inteligência artificial que se comportam, no todo ou em parte, como suas contrapartes biológicas.

Todavia, o comportamento inteligente ou biológico não é um advento do estado da técnica da tecnologia atual. Wiener[310] e outros pesquisadores citados por ele, como Ashby e Walter, já projetavam máquinas assim, na década de cinquenta do século passado:

> [...] algumas máquinas[311] anteriores do Dr. Walters, algo parecidas à minha "mariposa" ou "percevejo", mas que foram construídas para uma finalidade diferente. Nessas máquinas fototrópicas, cada elemento conduz uma luz, de modo a poder estimular os outros elementos. Dessarte, quando se põe em funcionamento uma porção deles ao mesmo tempo, eles exibem certos agrupamentos e reações mútuas que seriam interpretados, pela maior parte dos especialistas em psicologia animal, como comportamento social, caso fossem encontrados em seres de carne e osso, em vez de bronze e aço. É o começo de uma nova ciência, a do comportamento mecânico.

Nos primórdios da computação, o gênio de Wiener[312] assim verberou, avançando ainda mais na previsão das possibilidades da inteligência artificial:

> Chegamos agora a outra classe de máquinas que possuem algumas possibilidades assaz sinistras. É muito curioso que nessa classe se inclua a máquina automática de jogar xadrez. [...] todavia, uma máquina capaz de jogar xadrez perfeito é irrealizável, pois exigiria um número muito grande de combinações. O Professor John von Neumann, do Instituto de Estudos Avançados de Princeton, comentou essa dificuldade. Contudo, não é fácil, nem irrealizável, construir uma máquina que, podemos garantir, fará o melhor que se possa fazer durante um número limitado de lances à frente,

---

dentro das restrições impostas hoje à arte pela cultura cartesiana". (grifou-se)

[310] WIENER, Norbert. **Cibernética e sociedade**: o uso humano de seres humanos. Trad. de José Paulo Paes. 9. ed. São Paulo: Cultrix, 1993, p. 172.

[311] *Ibidem*, p. 22. "Para nós a máquina é um mecanismo capaz de transformar mensagens recebidas em mensagem emitidas."

[312] *Ibidem*, p. 172 e 175.

digamos dois, e depois se deixará ficar na posição que é a mais favorável, de conformidade com algum método mais ou menos fácil de avaliação.

As atuais máquinas computadoras ultrarrápidas podem ser adaptadas para funcionar como máquinas de jogar xadrez, conquanto uma máquina melhor pudesse ser construída, por um preço exorbitante, se decidíssemos por nosso empenho nisso. A velocidade dessas modernas máquinas computadoras é suficiente para que possa avaliar cada possibilidade dois lances à frente, no tempo legal de jogo para um lance. O número de combinações aumenta aproximadamente em progressão geométrica. Dessarte, a diferença entre esgotar todas as possibilidades para dois ou para três lances é enorme. Fazer isso numa partida completa, de algo assim como cinquenta lances, é irrealizável dentro de qualquer limite razoável de tempo. No entanto, para seres que vivessem o bastante, conforme o demonstrou Van Neumann, tal seria possível; e uma partida jogada com perfeição de parte a parte conduziria, como conclusão antecipada, sempre uma vitória das Brancas, ou sempre uma vitória das Pretas, ou, muito provavelmente, sempre a um empate.

O quanto isso atrasaria a partida, encompridando cada lance para além do limite permitido, não sei, embora não esteja convencido de que possamos, com as nossas atuais velocidades, ir muito longe nessa direção sem ver-nos às voltas com problemas de tempo.

Seu jogo seria assaz rígido e desinteressante, mas muito mais seguro que o de qualquer jogador humano.

Embora já tenhamos visto que se pode construir máquinas aprendizes, a técnica de construção e utilização dessas máquinas é ainda muito imperfeita. Ainda não chegou a hora propicia para a construção de uma máquina de jogar xadrez baseada nos princípios de aprendizagem, conquanto tal hora não esteja provavelmente muito distante.

A melhor maneira de fazer uma máquina magistral seria provavelmente pô-la a enfrentar uma grande variedade de bons jogadores de xadrez. Por outro lado, uma máquina bem ideada poderia ser mais ou menos arruinada por uma escolha injudiciosa de seus oponentes. Um cavalo é tam-

bém estragado quando se permite que jóqueis incompetentes o montem.

Na máquina aprendiz, é bom distinguir entre o que a máquina pode e o que não pode aprender. Pode-se construí-la com uma preferência estatística por certa espécie de comportamento, que, não obstante, admite a possibilidade de outro comportamento; ou, então, certas características de seu comportamento podem ser rígida e inalteravelmente determinadas. Chamaremos à primeira espécie de determinação preferência, e à segunda espécie coerção. Por exemplo, se as regras de xadrez oficial não forem introduzidas numa máquina de jogar como coerções, e se for dada à máquina a capacidade de aprender, ela poderá transformar-se, sem que se perceba, de uma máquina de jogar xadrez noutra que execute uma tarefa totalmente diversa. Por outro lado, uma máquina de jogar xadrez com as regras estabelecidas como coerções pode continuar a ser uma máquina aprendiz no que respeita a táticas e sistemas.

Lembra o criador da cibernética que o Padre Dubarle escreveu uma resenha sobre seu livro, na edição do Jornal Le Monde, de 28 de dezembro de 1948, trazendo uma conjetura assaz reveladora e que vale a pena ser transcrita, quase na íntegra pela atualidade do seu conteúdo:

Uma das mais fascinantes perspectivas assim abertas é a da direção racional dos negócios humanos, e, em particular, daqueles que interessam às comunidades e parecem apresentar certa regularidade estatística, tal como o fenômeno humano de evolução da opinião. Não será possível imaginar uma máquina para coligir este ou aquele tipo de informação, como, por exemplo, informação acerca da produção e do mercado, e depois determinar, como função da psicologia mediana dos seres humanos, e das quantidades que seja possível medir numa determinada instância, qual poderá ser o desenvolvimento mais provável da situação? Não será possível conceber um aparelho estatal que abranja todos os sistemas de decisão política, quer sob um regime de muitos Estados distribuídos pela face da Terra, quer sob um regime aparentemente muito mais simples de um governo humano deste planeta? Atualmente, nada nos impede de pensar nisso. Podemos sonhar com a época em que a machine à gouverner venha suprir — para o bem ou para o mal — a atual e óbvia insuficiência do cérebro, quando este se ocupa com a costumeira maquinaria da política.

Uma máquina capaz de haver-se com esses processos e os problemas que suscitam, deve, por isso, assumir um pensamento de tipo probabilístico [...]

Isso faz com que a tarefa se torne mais complicada, mas não impossível.

A máquina da predição que determina a eficácia do fogo de artilharia é exemplo disso. Teoricamente, a predição do tempo não é impossível; tampouco o é a determinação da decisão mais favorável, pelo menos dentro de certos limites. A possibilidade de máquinas de jogar, tal como a de jogar xadrez, é considerada como confirmação disso. Pois os processos humanos que constituem os objetos do governo podem ser comparados a jogos, no sentido em que von Neumann os estudou matematicamente. Embora tais jogos tenham um conjunto incompleto de regras, há outros jogos com grande número de jogadores, no quais os dados são extremamente complexos. As machine à gouverner definirão o Estado como jogador mais bem informado a cada nível específico; e o Estado é o único coordenador supremo de todas as decisões parciais. Estes são enormes privilégios; se forem alcançadas cientificamente, permitirão ao Estado, em todas as circunstâncias, derrotar qualquer outro jogador do jogo humano que não seja ele próprio, propondo-lhe este dilema; ou falência imediata ou cooperação planificada.

A despeito disto tudo, e talvez afortunadamente, a machine à gouverner não estará pronta em futuro muito imediato. Pois, afora os seríssimos problemas que o volume de informação a ser coligido e rapidamente processado ainda suscita; [...]

Tanto quanto se possa avaliar, apenas duas condições podem garantir estabilização no sentido matemático do termo. São elas, de um lado, uma ignorância suficiente por parte do grande número de jogadores explorados por um jogador hábil, que pode, ademais, idear um método de paralisar a consciência das massas; ou, de outro lado, boa vontade bastante para permitir que cada qual, por amor à estabilidade do jogo, submeta suas decisões a um ou a alguns jogadores que tenham privilégios arbitrários. Esta é uma dura lição de fria matemática, mas deita certa luz sobre a aventura do nosso século; hesitação entre uma indefinida turbulência dos negócios humanos e o surgimento de um prodigioso Leviatã. Em comparação com isso, o Leviatã de Hobbes não é mais que uma brincadeira divertida. Cor-

remos o risco, atualmente, de um grande Estado Mundial no qual a injustiça primitiva, deliberada e consciente, pode ser a única condição possível para a felicidade estatística das massas: um mundo pior que o inferno para toda mente lúcida. Talvez não fosse uma má ideia para as equipes que estão presentemente criando a Cibernética acrescentar ao seu cadre de técnicos, que procedem de todos os horizontes da Ciência, alguns antropólogos sérios e talvez um filósofo que tenha certa curiosidade pelos negócios mundanos.[313]

O alerta dado pelo Padre nunca foi tão atual, pois se cogita que a NSA — National Security Agency ou Agência Nacional de Segurança norte americana, segundo informações divulgadas por um ex-colaborador, Edward Snowden, através do site Wikileaks, teria se valido de seu enorme arsenal computacional e telemático para bisbilhotar cidadãos, empresas e autoridades de todo o mundo.

My Real Baby foi uma boneca lançada nos Estados Unidos por volta de 2002 que era dotada de inteligência artificial e se comportava como um verdadeiro bebê humano, chorando quando ficava cansada, sozinha, com fome, suja ou irritada; dormindo, quando tinha sono, comendo, quando tinha fome, arrotando, flatulando, sorrindo, demonstrando suas "emoções" com inúmeras expressões faciais realísticas, balbuciando, de início, sons de bebês e aprendendo palavras com o tempo, a ponto de pronunciar frases com até quatro ou cinco palavras. Fazendo-se cócegas em seus pés ou face, ela ria. Deixada sozinha, chorava pedindo atenção. Nada disso era pré-programado, mas era aprendido pela boneca com o passar do tempo. Sua permanência no mercado foi muito rápida, oficialmente devido a problemas de produção e erros de publicidade. Exemplares desse brinquedo atualmente alcançam elevados valores no mercado secundário por ser considerado artigo raro, sendo disputado por colecionadores e pesquisadores de robótica. Era um robô extremamente complexo e parecido com um bebê humano, graças a centenas de programas concorrentes que produziam o comportamento geral do boneco e a eletrônica avançada para a época pela qual o *software* funcionava, sentia e agia.

---

[313] DUBARLE *apud* WIENER, *op. cit.*, p. 176-178.

Tomando conhecimento de sua existência, logrei comprar em leilão, no *site* E-bay, um exemplar novo, sem uso, e o apresentei a minha filha Maria de três anos, à época. Como qualquer brinquedo novo, My Real Baby chamou a atenção dela de início e depois foi deixada de lado. Perguntada, minha filha disse que a boneca era chata, pois tinha de ser alimentada, ninada, colocada para dormir, ser limpa, enfim, parecia a priminha menor dela — as outras bonecas não davam tanto trabalho.

Já com minha filha mais nova, Rafaela, que tinha entre 3 e 4 anos, cerca de 7 ou 8 anos depois, as coisas aconteceram de forma um pouco diferente, pois ela aceitou mais facilmente a boneca. Eu não conseguiria afirmar se em virtude de ela ter tido outros brinquedos, por assim dizer, mais inteligentes do que os disponíveis para sua irmã mais velha, ou se, porque, passados esses anos todos, a tecnologia dessa natureza esteja se tornando mais comum ou mais natural para as crianças, embora, não se tenha notícia, em 2017, de outra boneca com a mesma capacidade de My Real Baby.

Compreendi que a pequena "mamãe" da boneca ainda tinha muita coisa a curtir na vida e não podia se dedicar à maternidade em tão tenra idade, confinada à sofisticação desse robô, tratado como verdadeiro bebê humano!

O exemplo que foi noticiado pelo jornal A Tarde[314], da conta de dois robôs que "podem raciocinar, formular teorias e descobrir conhecimento científico por conta própria [...]". Tal fato está ainda publicado na revista Science[315] e abre novas fronteiras para as aplicações da inteligência artificial, demonstrando que um robô mais inteligente que os humanos está cada dia mais próximo e factível.

Atualmente, os chips estão presentes em quase tudo: televisão, Blu-Ray, telefone, avião, roupas e nos robôs, que surgem com os

---

[314] Robô-cientista consegue raciocinar e criar teorias. **Jornal A Tarde**. Caderno 4, p. 7, Salvador, 5 abril 2008.

[315] **The automation of science**. Disponível em: <http://www.sciencemag.org/cgi/content/abstract/sci;324/5923/85?maxtoshow=&HITS=10&hits=10&RESULTFOMAT=&fulltext=robot++ross+king&searchid=1&FIRSTINDEX=0&resourcetype=HWCIT> Acesso em: 06 abr. 2008, p. 85-89.

mais variados tamanhos, formas e utilidades. Vários estão nas fábricas, ocupando o lugar de trabalhadores humanos em funções pesadas ou repetitivas; outros, realizam funções bastante perigosas ou impossíveis aos humanos, como entrar em vulcões, desarmar bombas ou percorrer as profundezas marinhas; ou outro planeta há ainda aqueles que ajudam nas tarefas domésticas ou, como bichos de estimação, divertem quem os possui.[316]

Com quase dois milhões de exemplares vendidos até o fim de 2005, o Roomba, da *iRobot*, nos Estados Unidos, empresa de Rodney Brooks, do MIT, é um sucesso. Funcionalmente parecido com a empregada do desenho *Os Jetson*, Rosie, em uma versão bem mais simples, o Roomba utiliza-se de inteligência artificial para aspirar o chão da casa. Autônomo, desvia-se dos obstáculos e diferencia os tipos de pisos e tapetes. Graças a esta sua capacidade, não é preciso programar na sua memória a disposição dos móveis e tapetes do mundo inteiro antes de vendê-lo, algo impossível. As versões mais recentes permitem que ele seja programado para se auto acionarem e limparem a casa, o que não requer nem mesmo a presença do dono ou apertar o botão de ligar. Além disso, quando notam que a bateria está acabando, dirigem-se para a unidade conectada à tomada e se recarregam. O Roomba foi decorado com luzes piscantes, já que muitos compradores ficavam admirados ao ver o robô funcionar. A *iRobot* possui também outros modelos, como o Scooba, que tira o pó, esfrega o chão com água e produtos de limpeza, e depois o seca.

Existem vários outros robôs autônomos para aspirar o pó, a exemplo do Trilobite, da empresa sueca *Electrolux*, e o Dyson, da empresa inglesa de nome igual. Um modelo popular da *Electrolux* é o Automower. Este silencioso modelo corta sozinho a grama, pode trabalhar por 24 horas, independentemente de haver sol ou chuva, e os pequenos pedaços em que as folhas são transformadas servem como fertilizante. Um de seus concorrentes, o Robomow,

---

[316] Muitos exemplos foram extraídos do livro SHIMIZU, Heitor. **Robô, o filho pródigo**. São Paulo: Editora Terceiro Nome; Mostarda Editora, 2006.

da norte-americana *Friendly Robotics*, pode aparar em três horas quinhentos metros quadrados de grama.

A japonesa *Fujitsu* criou Maron que controla aparelhos de televisão e DVD, por exemplo, e pode ser programado para circular pela casa e conferir se tudo está em ordem. Caso note alguma invasão, um alarme é disparado e, através de um telefone celular embutido, o dono é alertado. Medindo cerca de trinta centímetros e pesando quatro quilos, ele pode também enviar fotos. Outro modelo da mesma empresa é o Papero. Ele circula pela casa, desvia dos obstáculos, expressa emoções, dança quando está feliz e compreende cerca de três mil frases relativas a diferentes situações, o que nos permite conversar com ele. Tudo de novo que aprende, Papero armazena em sua memória e, assim, se comporta de forma diferente com cada dono.

Entretanto, é a modelo Wakamaru, da *Mitsubishi,* que mais se aproxima de Rosie. Com forma humanoide e voz feminina, ela foi criada especialmente para dialogar com seus donos. Ela compreende em torno de 10 mil palavras em japonês, reconhece os rostos das pessoas, acorda os donos pela manhã, informa as principais notícias e a previsão meteorológica, recebidas da internet. Quando os proprietários estão ausentes, ela os comunica em caso de alguma invasão, através de um telefone celular. Sua finalidade principal, contudo, é servir de companhia para crianças ou idosos.

A japonesa *ZMP* colocou no mercado um robô que canta, dança e compreende comandos por voz. À distância, pelo celular, o proprietário pode ordenar que ele se locomova pela casa e envie imagens captadas por uma câmera digital.

Asimo, fabricado pela *Honda,* e que assim se chama para homenagear o escritor Isaac Asimov, é um dos mais fabulosos exemplos da robótica. Do tamanho de uma criança, possui braços e pernas e desloca-se de modo fluido, que em nada se assemelha aos movimentos "robotizados" de outros robôs; ele é capaz de correr e descer ou subir escadas.

A *K-Team*, empresa suíça, lançou um modelo que age como jóquei em corridas de camelo, através de comandos de voz recebidos por rádio, substituindo os humanos. Sua finalidade principal é evitar que muitas crianças desempenhem a tarefa forçadamente, sendo muitas vezes vendidas por suas famílias, como já se noticiou.

Em 2005, Bruce Donald, Edward Foley e sua equipe apresentaram seus micro robôs, os menores até então construídos. Medindo por volta de 250 micrômetros — milésima parte do milímetro — eles possuem bateria e sistemas de locomoção e comunicação, o que lhes permite ser controlados à distância. A equipe norte-americana pensou em aplicações bastante variadas, como a reparação de circuitos eletrônicos ou a manipulação de células e tecidos humanos.

O Predador é uma aeronave autônoma que fotografa campos inimigos e lança mísseis sobre certos alvos no solo. Outros modelos são utilizados para instalar minas terrestres ou em tanques. Há vários outros tipos de robôs militares disponíveis atualmente.

O Packbot, da *IRobot*, tem sido utilizado para encontrar bombas em países em conflitos armados. Ele pode funcionar autonomamente ou controlado por um computador com conexão sem fio do tipo wifi.

O Departamento de Defesa norte-americano deseja que em breve, um terço do total de veículos militares seja robotizado e não precise de soldados humanos. Alguns modelos de infantaria testados obedecem a comandos à distância, como em um videogame. Para Vijay Kumar, professor do Departamento de Engenharia Mecânica da Universidade da Pensilvânia, os robôs serão os soldados do futuro. Eles lutarão como em um jogo, bastante caro, é verdade, mas que poupa vidas humanas.

A NASA coordena um avançadíssimo projeto de robótica. O Robonaut possui mãos e braços muito hábeis. Equipado com sensores térmicos e táteis, controladores de movimento e de força, ele pode levantar objetos bem pesados ou bastante delicados e se adapta às situações mais extremas de temperatura. Podendo funcionar comandado à distância ou autonomamente, sua principal finalidade é ser enviado à Lua e a Marte, substituindo humanos em procedimentos arriscados.

A japonesa Matsushita, juntamente com a Universidade de Shiga, lançou um exemplar que leva exames pelo hospital. Baseado em mapas do local, ele recebe os exames de funcionários, que dizem onde entregá-los.

O RoTa (Robotic Aid Travel) vem sendo desenvolvido pela Universidade Yamanashi, em parceria com empresas privadas e o Ministério da Educação do Japão. Seu propósito é guiar deficientes visuais pelas ruas, identificando objetos e sinais de trânsito. Munido de um sistema de reconhecimento por voz e um telefone celular para contatar uma central caso algo saia errado.

Na Alemanha, o Instituto Fraunhofer desenvolve o Care-O-Bot. Ele ajuda os idosos com os horários de medicamentos, na sua locomoção, muda os canais da televisão e faz companhia, pois é programado para responder a perguntas fáceis.

A norte-americana Intuitive Surgical lançou seu robô cirurgião da Vinci, que foi testado por mais de cinquenta institutos de pesquisa no mundo, para realizar cirurgias extremamente delicadas. Por seu caráter terapêutico, o da Vinci e o Zeus, da Computer Motion, foram aprovados pela FDA, órgão governamental dos Estados Unidos que fiscaliza remédios e alimentos (dados de 2008).

Segundo dados de 2006, das 60 mil cirurgias de retirada de próstata anualmente realizadas, aproximadamente 10% eram realizadas com auxílio de robôs. De acordo com os pesquisadores participantes, a precisão alcançada é muito maior que a de um humano. No ano de 2001, o mundo inteiro surpreendeu-se quando um paciente em Estrasburgo, na França, foi operado por uma equipe médica nova-iorquina, através de sinais emitidos por redes de fibra óptica para um braço robotizado na sala de operações, a uma distância de quase seis mil quilômetros. O procedimento durou 54 minutos e foi bem-sucedido.[317]

O pesquisador brasileiro Miguel Nicolelis reporta vários experimentos com braços robóticos e macacos, provando a possibilidade da interface cerebral com máquinas. No seu último livro ele vai

---

[317] Disponível em: <http://www.davincisurgery.com/>. Acessado em: 31 de ago. 2010.

além e ensina mais possibilidades da interface do cérebro com o computador[318].

A Repliee Q1, desenvolvida pela Universidade de Osaka e construída pela Kokoro Company Ltda., foi sensação na Feira Mundial Expo 2005, que aconteceu em Nagoya, Japão. Também conhecida como Actroid, quando de seu lançamento foi a mais realista dos humanoides já construídos. Ela é capaz de localizar os olhos do interlocutor, vira-se ao ser chamada, realiza grande quantidade de movimentos e parece que respira, graças às 42 articulações em seu rosto, controladas por compressores de ar. O cientista líder do projeto, Hiroshi Ishiguro, afirma que as pessoas, ao primeiro contato, interagem com ela como se humana fosse, além de demonstrarem surpresa.

O lançamento de um robô semelhante a um cãozinho feliz, o Aibo, pela Sony, transformou 1999 no ano em que os robôs ganharam fisicamente a cultura de massa. Do mundo da ficção ou do isolamento industrial, eles agora adentram os lares. Mais do que um sucesso de vendas por conta de seu alto custo, ele foi um sucesso de popularidade, pois em pouco tempo o mundo inteiro conheceu a novidade.

Autônomo, o que significa que funciona sem controle remoto, o Aibo pode realizar diversos movimentos — correr, andar, sentar —, latir e mesmo falar, compreende comandos de voz e aprende coisas novas. Dotado de sistema de visão, consegue identificar pessoas e objetos e tirar fotos digitais. Seu sistema operacional, o Aiboware, possui vários módulos. Em um deles, o "vida", o cão crescia e amadurecia. Para aqueles familiarizados com informática, é possível programá-lo para outras atividades, como falar com sotaque inglês. Ele também é participante da Robocup, a copa mundial de futebol de robôs, em uma categoria própria. Seu *software* bastante complexo e de relativo baixo custo, transformou o Aibo em bem mais que um brinquedo, sendo plataforma de estu-

---

[318] NICOLELIS, Miguel. *Muito além do nosso eu: a nova neurociência que une cérebro e máquinas — e como ela pode mudar nossas vidas.* São Paulo: Companhia das Letras, 2011.

dos de diversas universidades. Até hoje ele é muito procurado no mercado de usados ou por colecionadores e pesquisadores.

Outro robô da Sony é o Qrio, cujo nome vem do inglês *"curious"*, curioso. Com forma humanoide, ele armazena informações sobre o ambiente ao seu redor, à medida que o explora. Ao caminhar, caso caia, ele pode levantar-se sozinho. Parece uma ação simples, mas ela representa um avanço enorme tratando-se de um robô. Quando de seu lançamento, a Sony acreditava que em 2010, cada lar japonês teria pelo menos dois robôs, meramente por diversão, o que não aconteceu até o corrente ano de 2019.

No início de 2006, a Sony informou que não mais produziria o Aibo e o Qrio. Curiosamente, a notícia foi dada uma semana depois de divulgado um estudo realizado por pesquisadores da Universidade Purdue, nos Estados Unidos, o qual demonstrou que bichos de estimação robóticos oferecem as mesmas vantagens emocionais aos donos que animais de verdade.[319]

Para aqueles que preferem gatos, a solução é o NeCoRo, da japonesa Omron. Meio arisco, próprio de sua personalidade felina, ele fica feliz ao ganhar carinho e bravo ao ser maltratado, dorme, ronrona e, evidentemente não precisa ser alimentado.

Vários outros animais viraram robôs, como o Paro, da também japonesa Intelligent System. Com formato de uma foca bebê, ele manifesta contentamento ao ser acariciado e é destinado aos idosos, pois é uma companhia agradável sem dar o trabalho de um bichinho real de estimação, embora uma foca não possa ser assim adjetivada!

Para os amantes de animais pré-históricos, a chinesa Wow Wee Toys lançou o Roboraptor, um dinossauro mecânico que anda e reage a estímulos exteriores, e Robosapien, capaz de dançar e lutar karatê.

A linha Mindstorms da Lego, atesta a popularidade dos robôs entre crianças e adolescentes. Desenvolvida conjuntamente com o MIT,

---

[319] NICOLELIS, Miguel. *Muito além do nosso eu: a nova neurociência que une cérebro e máquinas — e como ela pode mudar nossas vidas.* São Paulo: Companhia das Letras, 2011.

os modelos incluem blocos de plástico com chips embutidos que possibilitam, a partir de um computador, diversas programações. Esses blocos, que se chamam RCX, são capazes de se comunicar com um computador ou com outros robôs trocando dados por meio de infravermelho. A linha possui ainda motores elétricos, sensores, rodas e dispositivos pneumáticos. Muito mais que um brinquedo sensacional, o Mindstorms é uma ferramenta educacional utilizada em várias feiras e competições de robótica no Brasil e no mundo, a exemplo da First Lego League.

Diversas empresas no mundo possuem robôs com finalidades educacionais. Muitos destes robôs podem ser vistos em competições como a First, que foi concebida pelo norte-americano Dean Kamen e reúne milhares de estudantes de vários países. A intenção é incentivar o conhecimento da robótica através de desafios para construir modelos envolvendo conhecimentos variados, como a engenharia ou o *design*.

A Robocup é a copa mundial de futebol de robôs. Realizada pela primeira vez em 1997, em Nagoya, no Japão. Os jogos contaram com pesquisadores de 31 centros de dez países e os jogadores foram divididos em categorias diferentes, em função do tamanho. Ela acontece anualmente e já foi sediada em vários países, como França, Suécia, Austrália, Estados Unidos, entre outros. A grande divulgação foi uma das responsáveis pelo aumento gigantesco de participantes. Em 2005, de volta ao Japão, na cidade de Osaka, ela contou com 330 times de dez países e cerca de dois mil participantes. O grande destaque foi o Team Osaka, que participou da categoria mais complexa, a dos humanoides, e trucidou os adversários.

A inteligência artificial é o grande destaque, pois os jogadores precisam, em cada situação, resolver o que fazer. Além disso, devem enxergar a bola e seus companheiros, o que requer um sofisticado sistema de visão computacional. É necessário que sejam ágeis e leves por conta da complexidade dos movimentos.

Hiroaki Kitano, responsável pela Robocup, admite que a competição e outras similares têm impulsionado o grande desenvolvimento, mas sua meta é criar um time capaz de vencer a Copa do Mundo de Futebol em 2050, a Copa de seres humanos! A empreitada é difícil, mas completamente possível. Seu único desafio é quem teria vontade de fazê-lo e de pagar por isso.

Exemplos de robôs inteligentes são cada vez mais frequentes nos noticiários, sendo os acima mencionados apenas alguns deles, alguns são aterrorizantes, como o Big dog, com o qual se encerra essa lista.

4.5 Tratamento humano para máquinas

A doutrina tem considerado que cada vez mais existe um ambiente favorável à humanização ou antropomorfização das máquinas, pois os Homens lhes atribuem caracteres tipicamente humanos.

Assim, por exemplo, relata-se os casos de agressões a computadores e máquinas, em virtude do sentimento de raiva, desilusão ou desapontamento com o comportamento do equipamento, como ocorre quando, por exemplo, uma máquina recebe o dinheiro, mas não entrega a latinha de bebida ou quando um computador trava, entrando em *looping* na tentativa eterna e burra de resolver um problema não computável, mostrando, no sistema operacional Windows, a famosa e temida tela azul (BSOD) ou mesmo quando a ATM não entrega o dinheiro ou o faz em quantidade menor ou "engole" o cartão.

Nesses casos, a reação humana é semelhante ou pior àquela que poderia ocorrer se o responsável pelos atos desfavoráveis fosse outro Ser Humano. É como se pudéssemos ter raiva de algo que seria dotado de vontade própria e que estaria agindo contra nós.

Outras vezes se atribui características de humor, ação ou anatomia humanas a máquinas, como no exemplo do ícone da ampulheta indicativo de que o computador estaria "pensando", como se tivesse um cérebro — afinal antigamente eram chamados de cérebros eletrônicos — ou quando o drive ou o próprio computador não estão querendo *ler* um arquivo ou uma mídia ou um *software* não *quer* rodar ou o quando se diz que um computador *apagou* ou *escondeu* um arquivo. Outras vezes, lembram Yorik Wilks e Afzal Ballim, se diz "O que o chip da cor está dizendo é que está no modo de plano de fundo", e acrescentam: que não há diferença para o que se diz do corpo humano ou suas partes.[320]

Esse fenômeno não passou despercebido pelo Professor Rover[321]:

> *Já a dimensão psicológica do ser humano de atribuir humanidade às suas criaturas parece até mais importante. Lembremos o já velho Tomagochi, tão pequeno e tão rude, mas com uma potência de unidade indecifrável com quem o ser humano se toma como tutor.*

Para Negroponte[322]:

> *No que se refere a conversar com objetos inanimados, o que mais parece incomodar as pessoas é sua própria autoconsciência. Sentimo-nos perfeitamente à vontade conversando com cachorros e canários, mas não com maçanetas ou postes (a não ser que você esteja completamente bêbado). Será que eu me sentiria um idiota conversando com uma torradeira? Provavelmente não mais do que você costumava se sentir falando para uma secretária eletrônica.*

Ademais, quanto a isso, convém, repita-se, conhecer os estudos de Sherry Turkle com a percepção que as crianças têm de elementos humanos nos computadores, denotativos de uma mudança ou começo de mudança de paradigma psicológico. É interessante como a conformação ao paradigma em curso vai ocorrendo com o crescimento delas.[323]

---

[320] WILKS, Yorik; BALLIM, Afzal. Liability and consent. In NARAYANAN, Ajit; BENNUN, Mervyn (ed.). *Law, computer, science and artificial intelligence*. Nova Jersey: Ablex Publishing Corporation, 1991, p. 118. (tradução livre do autor)

[321] ROVER, Aires José. **Para um direito invisível**: superando as artificialidades da inteligência. Disponível em: <http://www.infojur.ufsc.br/aires/arquivos/direito%20invisivel%202005.pdf>. Acesso em: 25 fev. 2009.

[322] NEGROPONTE, Nicholas, *op. cit.*

[323] TURKLE, Sherry, op.cit., p.68-73: "Destarte, eu escolhi seis crianças, de sete aos nove anos de idade, que tenham trabalhado com computador por vários

Eu mesmo fiz experiência semelhante com minha filha Maria, então com quatro anos, obtendo resultados parecidos. Experimentem também.

A forma como as crianças veem os computadores seria, para Kurzweil, uma mudança de perspectiva que acena para a possibili-

---

anos, mas que me asseguraram que não leram nada sobre um trabalho antigo ou mais recente de Wittgenstein.

Eu disse a cada criança (uma de cada vez) que eu perguntaria várias questões e que não haveria certo ou errado, eu só queria a opinião delas. As perguntas eram: Pode o computador lembrar? O computador aprende? Computadores pensam? Computadores têm sentimentos? Você gosta de computadores? Os computadores gostam de você?

Para as duas primeiras perguntas, as crianças responderam afirmativamente: computadores lembram e aprendem. A terceira pergunta precisou de alguns momentos de reflexão, e todos menos duas crianças concluíram que sim, computadores pensam. Aparentemente, uma dica importante para a habilidade de computadores pensarem para as crianças foi o fato que quando as crianças pedem para o computador fazer algo, o computador responde de imediato ou às vezes demora enquanto o computador aparentemente "pensa" sobre a tarefa antes de responder. Isso, na opinião das crianças, é bastante similar à maneira que eles respondem às questões.

A quarta pergunta – computadores têm sentimentos? – não foi apenas respondida negativamente; como geralmente resultou em risada ao ser perguntada. Elefantes voam? Risada, de acordo com Freud, às vezes resulta de uma justaposição de dois conceitos que não devem estar juntos, que pode resultar do fato de os dois conceitos nunca serem relacionados antes ou de um tabu social. Possivelmente, os dois motivos causaram risada nesse caso.

Na quinta questão, as crianças respondem que sim, que gostavam de computadores. Todas elas acharam que a última pergunta era boba, que computadores não têm gosto ou aversão.

As crianças estavam, é claro, respondendo às perguntas baseadas no entendimento dos termos empregados. Sua compreensão é baseada em associações ricas e diversas que a nossa civilização colocou em termos como "pensar" e "sentir", mas não foi influenciada por tentativas de filósofos adultos estabelecerem definições precisas. O que as crianças aparentam estar dizendo é que o processamento analítico do computador pode ser visto como pensar, mas que sentir e gostar, ambos envolvem um agente ativo consciente, não são características percebidas em um computador. Em outras palavras: "computadores, ou ao menos os computadores com os quais essas crianças têm experiência, não são conscientes, mas eles pensam, e, portanto, pensar não requer consciência." (tradução livre do autor).

dade de consciência sem vida, ou seja, a ideia de uma consciência artificial.[324]

Mais que isso. Na medida em que as crianças mais novas reconhecem nos computadores caracteres típicos das emoções humanas assemelhadas aos japoneses, daí o porquê de serem consideradas vivas, quando crescem um pouco mais, reconhecem que os computadores estão de certo modo vivos porque têm inteligência, mas os distinguem das pessoas porque somente estas têm sentimentos. Assim, as crianças se identificam com os computadores por liames psicológicos, gerando a possibilidade de, confrontando-se o Homem com a concepção aristotélica de animal racional, considerar as pessoas como máquinas emocionais.[325]

Isso, por si só, não atribui qualquer efeito jurídico, asseveram Wilks e Ballim, mas, certamente, constitui uma pré-condição necessária para a atribuição de responsabilidade legal ou de outra ordem. Anotam, contudo, tratar-se de mudanças reais, para qualquer um com tendências

> *Dennestista de filosofia — se podemos usar essa palavra para referir-se a alguém que dá prioridade para o vocabulário explanatório além de qualquer outra evidência direta ontológica — máquinas podem, portanto, agora ter certas características chave humanas. Sendo assim, essa seria a brecha com a qual seria possível exigir qualquer responsabilidade legal para máquinas e programas.* [326]

A partir dessa pré-condição, gize-se, estabelecem Wilks e Ballim uma gradação. Explicam que, no direito consuetudinário inglês ao menos, já existiria no mínimo um precedente estabelecido, que trata de entidades que não são nem humanos nem totalmente irresponsáveis, que são os animais como os cachorros, que seriam diferentes das *ferae naturae* como, por exemplo, os tigres: se você criar um tigre e este fizer algo de errado, você é

---

[324] KURZWEIL, Ray **The age of intelligent machines**. 3. reimp. Cambridge: MIT Press, 1999, p.71.
[325] *Idem.*
[326] WILKS, Yorik; BALLIM, Afzali, *op. cit.*, p. 118-119 (tradução livre do autor).

responsável porque eles são considerados meras máquinas em sua posse.

> *Com os cachorros, a situação é mais complexa e normal-*
> *mente, apesar de não ser apropriado, resulta no clichê de*
> *que a cada cachorro é permitido uma mordida (expres-*
> *são da língua inglesa): sendo que o ponto chave é que o*
> *cachorro não é tão selvagem simplesmente porque morde*
> *de vez em quando. Ele pode, assim como nós, estar fora*
> *de si. Para que um cachorro seja considerado selvagem,*
> *seu comportamento deve ser habitualmente agressivo e*
> *seu dono deve ter conhecimento de sua selvageria. Ti-*
> *gres não possuem um comportamento, uma personalida-*
> *de previsível, são apenas máquinas que mordem. Essa*
> *noção de ter um comportamento que alguém pode prever*
> *está diretamente ligada com as noções de moral, respon-*
> *sabilidade legal e culpa.*
>
> *Os cães podem ser considerados culpados e punidos de for-*
> *ma análoga à humana — em alguns países ambos podem ser*
> *executados como já ocorreu no Brasil — pelo simples fato*
> *de compartilharem estruturas psicológicas similares (embora*
> *fundamentalmente diferentes). O problema com as máquinas*
> *e seus programas, mesmo que fossem colocadas na mesma*
> *categoria dos cães, seria como responsabilizar e puni-las.*[327]

Consideram os autores que essa dificuldade pode sempre ser evitada, identificando sempre os humanos por trás das máquinas e programas, para assumir a culpa, no sentido de que para eles sempre haverá humanos de verdade por trás de agentes e empresas com personalidades jurídicas próprias, o que, atualmente, não seria difícil de se fazer.

Todavia, as coisas podem se tornar mais complicadas com o passar do tempo e com a simples substituição das pessoas responsáveis por máquinas delinquentes. Eles citam dois exemplos práticos e atuais dessas dificuldades: primeiramente, existem sofisticados sistemas que são resultados da atividade de vários indivíduos, que foram constantemente editando e atualizado seus códigos durante os anos, e hoje podem não ter qualquer documentação adequada, como acontece, por exemplo, com alguns aplicativos de código

---

[327] *Ibidem*, p.119 (tradução livre do autor).

aberto. Aqueles que poderiam ter escrito a documentação podem até estar mortos. Grandes sistemas atingiram um ponto em que se torna difícil e caro substituí-los. Todavia, aqueles que trabalham com eles são normalmente inseguros acerca dos motivos pelos quais fazem o que fazem, ou o que eles podem fazer no futuro. Erros cometidos por tais softwares dificilmente poderão ser atribuídos aos indivíduos atualmente responsáveis por eles.

Em segundo lugar, dizem, estamos a um pequeno passo de um futuro no qual a máquina obterá autoridade maior sobre sua situação, seus dados e mesmo seu gabinete, do que detém hoje em dia.

Ademais, o inteiro teor do programa da tal máquina pode ser terrivelmente longo, não documentado e efetivamente sem estrutura (previsível), como ocorre com cérebro humano, cujo teor de programação é praticamente inacessível a terceiros, embora haja uma tendência a se atribuir grande autoridade, inclusive em Juízo, ao que as pessoas dizem sobre seu estado de espírito, sobretudo na atribuição do estado de espírito de "culpado", a *mens rea*.

Concluem os autores: "Esse movimento, através de um *software* impenetrável a diagnósticos que, em última análise se mostrarão inapropriados é, a nosso ver, o caminho pelo qual as máquinas podem vir a ser consideradas responsáveis."[328]

4.6 Alguns requisitos técnicos para o atingimento da singularidade tecnológica

4.6.1 Supercondutividade

A adoção de supercondutores ou de materiais isolantes topológicos[329] pode propiciar, quando estiverem disponíveis para uso a temperaturas viáveis, o surgimento de uma nova geração de processadores muitíssimo mais potentes que os atuais, ou mesmo que a geração imediatamente anterior a ela. A explicação para tanto é

---

[328] *Ibidem*, p. 120 (tradução livre do autor).
[329] ZANDONELLA, Catherine. Computação a frio. **Revista Info Exame**. Viva na casa do futuro hoje. p. 80-84, Abril, dez. 2010.

plausível. Os supercondutores não geram perdas de energia na forma de calor, conduzindo praticamente toda eletricidade que se lhes aplica. Como não geram calor, pode-se adensá-los mais próximos do que acontece com os materiais semicondutores. Isso resulta em que, num mesmo espaço ocupado por semicondutores atuais, pode-se ter um número muito maior de supercondutores, gerando com isso mais capacidade de processamento.

Assim, por exemplo, a primeira geração de processadores feitos com materiais supercondutores poderia, ao invés de dobrar a capacidade de processamento da geração anterior, como ocorre hoje em dia sob a Lei de Moore, multiplicar, digamos, por dez. Esse ganho pode ser alcançado, numa mesma dimensão, por exemplo, no eixo X, se conseguir se colocar dez vezes mais transistores que no mesmo espaço ocupado por transistores de semicondutores. Se, além disso, também no eixo Y se conseguir o mesmo feito, tem-se a multiplicação do ganho dos eixos X e Y (X * Y), que, em nosso exemplo, é de dez em cada eixo, resultando num ganho de cem vezes em relação à geração anterior.

Note-se que se utilizou acima o paradigma dos transistores, que podem, eventualmente, ser substituídos por outros componentes mais eficientes e melhores.

Por igual modo, mantém-se, no exemplo dado, o paradigma bidimensional, que é uma limitação existente atualmente nos chips de silício regulares, justamente por conta de fatores térmicos.

Nada impede que, ausente o problema térmico devido ao uso dos supercondutores, passe-se a projetar processadores tridimensionais[330], pois o terceiro eixo (Z) não concentraria mais calor, sendo possíveis ganhos de processamento ainda maiores. Desse modo, mantendo-se o incremento de dez vezes no eixo Z — na verdade atualmente o valor de Z é zero e, portanto, a simples

---

[330] Intel anuncia transistores 3d. Disponível em: <http://www.oficinadanet.com.br/noticias_web/3812/intel-anuncia-transistores-3d>. Acesso em: 05 maio 2011. INTEL ANUNCIA TRANSÍSTORES TRIMENDICIONAIS, E DEMONSTRA IVE BRIDGE. Disponível em: <http://www.hardware.com.br/noticias/2011-05/intel-transistores-tridimensionais.html>. Acesso em: 05 maio 2011.

adoção desse novo eixo, dando tridimensionalidade aos chips, resultaria num ganho superlativo, embora, matematicamente, sendo zero o valor do eixo Z, qualquer multiplicação dele resultaria em zero. Todavia, não se trata aqui de multiplicar-se, mas, de acrescentar um novo eixo que multiplicará o resultado da multiplicação dos eixos anteriores — ter-se-ia a seguinte equação (X*Y*Z), com cada um dos eixos valendo 10, resultando em um aumento de mil vezes.

Ora, pode-se sair dos ganhos de dobra para ganhos de dez, cem ou de mil ou mais!

Isso fará com que um suposto gráfico de medida do incremento da capacidade computacional (eixo horizontal A) numa escala de tempo (eixo vertical B) que vem crescendo consistentemente na forma de uma linha horizontal ascendente, passasse a ser representado por uma linha ascendente que, em dado momento, se tornaria vertical, pois a escala exponencial do crescimento atingiria uma explosão.

Segundo Kurzweil[331] e Vernor Vinge[332], dentre outros, isso ocorrerá quando atingirmos a singularidade tecnológica, oportunidade que, para os autores adotantes dessa linha de pensamento pode vir a ocorrer em datas diferentes, mas virá.

Para se ter uma ideia do problema térmico dos processadores, basta ver o quanto os *overclockers* se dedicam a esfriar suas *CPUs* em busca de mais desempenho.

Nesse sentido, a lição de Rover[333]:

---

[331] KURZWEIL, Ray. **The age of intelligent machines**. 3. reimp. Cambridge: MIT Press, 1999, p.150-151.

[332] VINGE, Vernor. **What is The Singularity?** Disponível em: <http://webcache.googleusercontent.com/search?q=cache:2UA--AmSFT0J:mindstalk.net/vinge/vingesing.html+singularity+vernor+vinge&hl=pt-BR&ct=clnk&cd=1&gl=br&client=firefox-a> . Acesso em: 13 fev. 2009.

[333] VINGE, Vernor. **What is The Singularity?** Disponível em: <http://webcache.googleusercontent.com/search?q=cache:2UA--AmSFT0J:mindstalk.net/vinge/vingesing.html+singularity+vernor+vinge&hl=pt-BR&ct=clnk&cd=1&gl=br&client=firefox-a> . Acesso em: 13 fev. 2009.

> *A evolução tecnológica tem a potencialidade de atingir o seu grau de singularidade ao qual não haveria mais explicação e descrição lógica dessa evolução, tamanho o dinamismo e superação de etapas. [...] Em curto prazo, diz-se que em 2029 os computadores domésticos terão a capacidade de processamento de mil cérebros humanos.*

Esse entendimento é esposado por Kurzweil.[334]

4.6.2 Nanotecnologia

Além disso, o desenvolvimento da nanotecnologia[335] permitirá produzir equipamentos e circuitos de tamanhos diminutos e com características especiais, não encontrados na natureza, potencializando a fabricação de componentes e, assim, o poder dos equipamentos.

Não discorrerei em detalhes sobre a nanotecnologia, porque, para o presente trabalho, parece ser suficiente dizer que é a tecnologia que trabalha materiais e produz máquinas em nível atômico.

4.6.3 Computação Quântica

A computação quântica liberará os computadores da sua simples capacidade binária, fundada no padrão 0 ou 1, sim ou não, ligado ou desligado etc. Verdadeiramente, por mais espantoso que seja tudo que um computador pode fazer hoje em dia, ele o faz processando informações binariamente, ou seja, o computador somente consegue lidar com dois estágios ou estados, ou pontos.

Ora, entre o zero e o um existe um número infinito[336] de pontos que o computador não consegue tratar simultaneamente. Isso é reflexo da aplicação da física clássica à computação moderna.

---

[334] KURZWEIL, Ray, *op. cit.*, loc. cit.

[335] KURZWEIL, Ray, *op. cit.*, loc. cit.

[336] Não ingressarei na problemática dos diversos infinitos, como já tratado matematicamente.

Assim, por exemplo, na física mecânica clássica, um corpo não consegue ocupar mais de um lugar no espaço ao mesmo tempo. Dessa forma, se um corpo estiver em um dado local será impossível estar em outro local naquele exato momento, algo que pode ser afirmado com certeza absoluta no mundo apreensível pelo Ser Humano.

Todavia, com o advento da física quântica, com o conhecimento mais amiúde das partículas atômicas e subatômicas, desfraldou-se um novo universo. Agora se sabe da existência de partículas que podem estar, probabilisticamente, em mais de um lugar ao mesmo tempo, bem como se conhecem outros comportamentos subatômicos que são impossíveis na mecânica clássica.

Surge, então, a possibilidade de se construir computadores quânticos. A máquina de Turing deixava de ser a forma mais sofisticada de contar pedras![337]

A necessidade do computador quântico surgiu do caráter incomputável do problema geral de calcular propriedades de um sistema quântico, haja vista que o número de passos computacionais crescia exponencialmente com o tamanho do sistema estudado. "Porque um computador quântico pode executar todos os cálculos possíveis ao mesmo tempo, pode ser a chave para construir computadores mais poderosos".[338]

Foi Richard Feyman[339] quem, em 1982, mostrou a possibilidade de se criar um computador quântico e, desse modo, conseguir superar a limitação do computador binário.

Avançando um pouco mais, David Deutsch, em 1985, descreveu o equivalente quântico de uma máquina de Turing, mas somente em 1994 é que se descobriu um problema real para o

---

[337] GALVÃO, Ernesto F. **O que é computação quântica?** Rio de Janeiro: Vieira e Lent Casa Editorial Ltda., 2007, p. 7. "A palavra calcular vem de pedra em grego, possivelmente numa alusão a uma forma rudimentar de contar unidades, de calcular, de computar".

[338] GERSCHENFELD, Neil, *op. cit.*, p. 158

[339] GALVÃO, *op. cit.*, p.24.

qual o computador quântico seria mais rápido que o tradicional: a fatoração de números inteiros.[340]

A solução foi descoberta por Peter Shor[341] que, valendo-se de passos quânticos, demonstrou que computadores quânticos podem fatorar um número com uma quantidade de passos computacionais que cresce como um polinômio do número de dígitos desse número, transformando um problema não computável em solucionável na prática, desde que seja possível construir-se um computador quântico.

Interessante aduzir, com espeque em Galvão, que a ciência ainda não conseguiu determinar a complexidade computacional de diversos problemas, seja para computadores clássicos ou quânticos.[342] Além disso, não se sabe que tipo de problema pode ser intratável no computador binário e tratável num quântico, sendo certo que, em ao menos três tipos, este é superior: simulação de sistemas quânticos, fatoração e busca numa base de dados. Esse último pode significar um incremento tremendo em termos de velocidade de obtenção de um dado em uma base de proporções gigantescas.

Ademais, nem mesmo a física quântica, ou melhor os fenômenos de que ela trata, são plena ou incontroversamente compreendidos.

Não se imagine com isso que a computação quântica ou aplicações quânticas são coisas do futuro, pois já há sistemas quânticos em funcionamento hoje em dia, como os de criptografia quântica.

---

[340] *Ibidem*, p. 26.

[341] GERSCHENFELD, Neil, *op. cit.*, p. 159. "Isso começou a mudar no início da década de 90. Uma série de resultados foi provada por David Deutsch, Richard Josza da Universidade de Plymouth, e Dan Simon, agora na Microsoft, mostrando que o computador quântico é mais poderoso do que o computador clássico por uma série de aumentos de problemas menos triviais. Em 1994, Peter Shor foi capaz de usar essas técnicas para mostrar que um computador quântico pode achar fatores primários em polinômio ao invés de tempo exponencial para AT&T. Isso torna a fatoração de números de quatrocentos dígitos quase tão fácil como multiplicar seus fatores". (tradução livre do autor)

[342] *Ibidem*, p.31.

Retomando a física quântica, lembremo-nos de que, ao contrário do que ocorre na mecânica normal, as partículas quânticas não têm posição bem definida, podendo estar em mais de um lugar ou em todos os lugares de um dado intervalo no mesmo momento. Em verdade, sua posição é determinada probabilisticamente

Valendo-se de partículas e átomos com essas características de certo modo erráticas, o computador quântico consegue tratar um número maior de dados, justamente porque consegue estar em mais de um estado ao mesmo tempo.

Para isso algumas características das partículas devem ser aproveitadas: superposição quântica[343] e o emaranhamento[344].

Portanto, existe a possibilidade de que o uso da computação quântica acelere o desenvolvimento tecnológico e aumente a capacidade computacional de forma extraordinária.

Galvão exemplifica de modo simples e inteligente. Na computação — contagem de pedras[345] — tradicional, nos moldes da mecânica clássica, o processo tem como passos computacionais uma pedrinha e dois buracos. A pedrinha ocuparia um buraco de cada vez. Assim, no primeiro passo computacional a pedrinha estaria no buraco zero, em seguida ficaria no buraco um, retornando ao zero e assim, sucessivamente alternando de buraco a cada passo computacional.

Mudando de perspectiva para a mecânica quântica, ao invés da pedrinha, temos uma partícula. Todavia, ele pode ocupar qualquer dos dois buracos, zero ou um ou mesmo os dois buracos, ou qualquer ponto, também simultaneamente, entre os dois buracos, em face da superposição.

Como há o efeito do emaranhamento, as mudanças feitas em

---

[343] *Ibidem*, p.44.
[344] *Ibidem*, p.52-61. Basicamente o emaranhamento é a demonstração de que partículas quânticas distantes parecem estar se comunicando, de modo que as medidas de suas propriedades revelam resultados coordenados entre si, possibilitando a criação de pares de partículas.
[345] HILLIS, Daniel, *op. cit.* Interessante a comparação feita entre os entalhes nas cavernas e o chip de silício, existente nessa obra, razão de ser do seu título.

uma partícula, esteja ela em qualquer ponto, afetarão sua gêmea onde ela estiver.

Esse emaranhamento permite, inclusive, pensar em tele transporte[346], criptografia, telecomunicações e processamento de dados, especialmente para a sincronização de relógios distantes, autenticação bancária etc.

Uma tarefa computável complexa pode ser dividida em determinado número de passos computacionais simples, ocupando um número X de *bits*[347]. No computador quântico tem-se os *qbits*[348],

---

[346] NORBERT, Wiener. **Deus, Golem e Cia**: um comentário sobre certos pontos de contato entre cibernética e religião. Trad. de Leônidas Hegenberg e Octanny Silveira da Mota. São Paulo: Cultrix,1971, p. 7. Entende ele ser possível o teletransporte: "A ideia já atraiu minha atenção anteriormente: creio que é conceitualmente possível enviar um ser humano de um para outro local através de uma linha telegráfica. Apresso-me a esclarecer que as dificuldades de um tal projeto excedem de muito a minha capacidade de imaginar soluções para o problema e que não tenho intenções de resolver problemas de transporte criando uma transportadora telegráfica. Atualmente, a ideia é impraticável. Talvez continue impraticável durante toda a existência da raça humana. Isso, porém, não a torna inconcebível."

[347] MICROSOFT PRESS. **Dicionário de informática**. Trad. de Valéria Chamon. 3. ed.. Microsoft Press, São Paulo: Editora Campus, 1998: "*bit* – Forma reduzida de *binary digit* (dígito binário); o zero ou o um do sistema binário de numeração. No processamento e armazenamento de dados, um *bit* é a menor unidade de informação tratada pelo computador, sendo representada fisicamente por um elemento específico – por exemplo, um pulso isolado enviado através de um circuito, ou um pequeno ponto num disco magnético, capaz de conter um zero ou um *um*. Visto isoladamente, um *bit* não fornece nenhuma informação que um ser humano possa considerar significativa. Entretanto, em grupos de oito, os *bits* se tornam *bytes*, que são a forma mais conhecida de representação de todos os tipos de informação no computador, inclusive as letras do alfabeto e os dígitos de zero a nove. *Ver também ASCII; binary (binário); byte.*

[348] GERSCHENFELD, Neil, *op. cit.*, p. 159. "[...] Se um *bit* quântico está em superposição de 0 e 1, e interage com o segundo *bit*, o valor do segundo *bit* irá depender do estado do primeiro. Se eles forem separados agora para lados opostos do universo e a primeiro *bit* for mensurado, será forçado a decidir entre ser 0 ou 1. Nesse instante, o valor do segundo *bit* é determinado. Isso aparenta ser uma ação instantânea à distância, algo que deixou Einstein infeliz. Era chamado de entrelaçamento e serve com o efeito de emaranhado de *bits* em um computador quântico".

que podem criar estados impossíveis de se alcançar com a física clássica, resultando em que um computador quântico não precisa de um número de *qbits*[349] tão grande quanto um computador clássico precisaria de *bits* para decompor um problema computável complexo.

Evidentemente que, para compreender o que é um *qbit*, é necessário saber o que é um *bit*. Uma curiosa descrição, embora não seja uma definição técnica, é dada por Negroponte:

> *Um bit não tem cor, tamanho ou peso e é capaz de viajar à velocidade da luz. Ele é o menor elemento atômico no DNA da informação. É um estado: ligado ou desligado, verdadeiro ou falso, para cima ou para baixo, dentro ou fora, preto ou branco.*[350]

Isso implica, de modo simplificado e sem alusão aos problemas da computação quântica, tal como a descoerência[351], que estão sendo enfrentados atualmente, que um computador quântico com N *qbits* seria equivalente a 2n computadores binários trabalhando simultaneamente. Se o sistema quântico for dotado de pouco emaranhamento, será fácil simular num computador clássico não sendo necessário construir um computador quântico, até que tal possa ser alcançado pela tecnologia.

A tecnologia para construção de computadores quânticos está em pleno desenvolvimento, e já possibilitou a construção de pequenos modelos.

Ademais, como a computação quântica se vale da física quântica, tem-se descoberto mais sobre como controlar sistemas quânticos com poucos nanômetros.

4.6.4 A Lei dos Retornos Acelerados

> *"No jogo da vida e da evolução há três participantes: os seres humanos, a natureza e as máquinas. Estou firmemente*

---

[349] OLIVEIRA, Ivan S. e VIEIRA, Cácio Leite. **A revolução dos q-*bits***: o admirável mundo da computação quântica. 1. ed.. São Paulo: Jorge Zahar, 2009.
[350] NEGROPONTE, Nicholas, *op. cit.*, p. 19.
[351] Fenômeno do desaparecimento de superposições.

do lado da natureza, mas suspeito que a natureza esteja do lado das máquinas. " *(Darwin among the machines, George Dyson)*[352]

Muito se discutiu e se discute sobre o ritmo dos avanços tecnológicos. Existem várias teorias sobre o assunto no campo científico e na futurologia. Além disso, o futuro preocupa também as empresas, que fazem grandes investimentos para se prepararem para sua chegada.

Acerca do interesse das empresas em conhecer, hoje, o futuro, intrigante o relato de Bruce Sterling:

> *A coisa mais estranha a respeito de minha relação com o capitalismo é quão próximo o mundo dos negócios ficou da ficção científica. À medida que os anos passaram e que minha carreira evoluiu, os negócios avançaram de modo cada vez mais rápido e agressivo em meu próprio território cultural. A ficção científica sempre foi um mote para o estranho e o improvável, mas a virada do século marcou a primeira vez que comecei a receber das empresas sérias ofertas de emprego. O pessoal da área empresarial começou a me convidar para ocupar cargos executivos, para integrar conselhos consultivos e o board de diretores das corporações. De nada adiantou que eu lhes mostrasse que nunca em minha vida estivera numa folha de pagamento, que não tinha experiência como executivo, que não tinha interesse nenhum em corresponder às expectativas dos acionistas. Eles já sabiam de tudo isso. Na verdade, eles gostavam dessa parte. Era por isso que estavam atrás de mim. Eu ganho a minha vida maquiando uma estranha sucata imaginária, e eles consideravam isso um ativo maior no mundo dos negócios.*[353]

Muitos cientistas têm se dedicado ao tema também. Paul Virilio já havia cuidado da velocidade das mudanças. Richard Buckminster-Fuller já havia exposto que a velocidade exponencial do desen-

---

[352] DYSON, George. **Darwin among the machines**. *Apud* SHIMIZU, Heitor, op. cit (epígrafe).

[353] STERLING, Bruce. Tomorrow now. **O Estadão online**. Disponível, quando do acesso, em: <http://www.oesquema.com.br/trabalhosujo/2010/12/06/bruce--sterling-julio-verne.htm>. Acesso em: 14 fev. 2009.

volvimento tecnológico causava mais efeito na maneira de viver e de pensar que a política[354].

A academia também busca apreender essa nova realidade. A Universidade Singularidade, criada por Kurzweil e Peter Diamandis, funciona em alguns prédios do Centro de Pesquisas Ames, na Califórnia, próximo ao Vale do Silício, e abriu suas portas para os primeiros trinta alunos no verão norte-americano de 2009.[355]

Como acima aduzido, a confluência de determinados avanços tecnológicos tem permitido à doutrina, notadamente Kurzweil, expressar o entendimento de que há possibilidade real de, em futuro não muito distante, surgirem máquinas realmente inteligentes, a ponto de nos igualarem ou mesmo nos superarem, como passo seguinte.

Algumas dessas tecnologias, como a computação — vista pela capacidade de processamento em relação ao custo — têm se desenvolvido ao longo do tempo em escala geométrica e não aritmética. Isso significa que seu ritmo de crescimento é crescente.

Na verdade, a Lei dos Retornos Acelerados se aplica não apenas à tecnologia, mas também, é evolução biológica, na medida em que ela é considerada uma fase daquela.

Desde o surgimento do Universo, estimado em dez ou onze bilhões de anos, a evolução se iniciou. Primeiramente não biológica. Em termos gerais, para o surgimento da vida na Terra foram consumidos cerca de dois bilhões de anos. O mesmo tempo, ou quase, foi gasto para que surgissem os primeiros seres multicelulares, há cerca de 700 milhões de anos.

Para Kurzweil[356], o objetivo da evolução, pela seleção natural, não é a complexidade, embora seja evidente que ela se instala, mas buscar melhores respostas para o problema da sobrevivência e perpetuação individual e da espécie, ou seja, o equilíbrio autopoiéti-

---

[354] Para maiores explicações, consultar a obra VIRILIO, Paul. Política e velocidade. Trad. de Celso M. Paciornik. São Paulo: Editora Estação Liberdade, 1996.
[355] *Idem*.
[356] KURZWEIL, Ray. **The Singularity is near**: when humans transcends biology. Nova York: Penguin Books, 2005, p. 39 (tradução livre do autor).

co. Ele vê na evolução uma ordenação da vida, dando um sentido preciso à ordem:

> *Ordem não é o mesmo que o oposto de desordem. Se desordem representa uma sequência aleatória de eventos, o oposto de desordem deveria ser "sem aleatoriedade". Informação é uma sequência de dados que tem significação em um processo, como o código DNA de um organismo ou os bits em um programa de computador. [...] Ordem é a informação que se encaixa num propósito. A mensuração de ordem é a mensuração de quão bem a informação se encaixa num propósito. Na evolução das formas de vida, o propósito é sobreviver. Num algoritmo evolucionário (um programa de computador que simula evolução para resolver um problema) aplicado para, por exemplo, desenvolver o motor de um jato, tem como propósito otimizar a performance desse motor, sua eficiência [...]*

Embora não afirme expressamente, parece que Gordilho[357] vislumbra os efeitos da Lei dos Retornos Acelerados na evolução biológica ao defender, com espeque em Varela que,

> *Por outro lado, a seleção natural nem sempre representa o aperfeiçoamento da espécie, pois a natureza segue muito mais uma lei proscritiva do tipo 'o que não é proibido é permitido', do que uma lei prescritiva do tipo 'o que não é permitido é proibido', de modo que as mudanças muitas vezes não ocorrem de forma gradual, **mas através de saltos repentinos**. (grifos nossos)*

A partir do surgimento dos mamíferos, a evolução começou a mostrar sua aceleração. Esses animais passaram a dominar a terra há cerca de sessenta e cinco milhões de anos, com a extinção dos dinossauros gigantes. Os primeiros primatas surgiram, e a unidade de tempo passou a ser de alguns milhões de anos. Segundo algumas estimativas, os primeiros hominídeos surgiram entre quinhentos e trezentos e cinquenta mil anos atrás. O *Homo sapiens* data de cerca de cento e cinquenta a cem mil anos.

A última glaciação ocorreu há cerca de dez mil anos. As primeiras civilizações contam com cerca de sete mil a cinco mil anos.

---

[357] GORDILHO, Heron José de Santana, *op. cit.*, p. 83-84.

Depois, os eventos marcantes são medidos em escala de séculos, depois de décadas e, depois, em anos.

No século 19, o progresso tecnológico se equiparou aos avanços conquistados ao longo dos dez séculos anteriores. Os progressos nas duas primeiras décadas do século 20 foram comparáveis àqueles, de todo o século 19. Atualmente, transformações tecnológicas significativas levam apenas alguns anos para acontecer. Basta ver os exemplos do uso do cavalo, carruagens, trem, carros e aviões, no segmento dos transportes. Nas comunicações, partimos da pedra entalhada, para o papiro, pergaminho, imprensa, rádio, telefone, televisão, videocassete, celular, DVD, internet, HDDVD (já extinto) e *blu-ray*. Pinçando-se duas delas, verifica-se que a internet levou apenas cinco anos para atingir o crescimento da televisão.[358]

O ritmo de lançamento de novos produtos é estonteante[359]. Veja-se o ritmo de vendas do Iphone e do Ipad.[360] Mais recentemente ainda — num intervalo de poucos meses — do Kinect da Microsoft.[361]

Cada uma dessas invenções atingiu o mesmo número de usuários em um tempo cada vez menor em relação à tecnologia anterior. O tempo agora se conta em meses ou até em semanas!

Tome-se o exemplo da Lei de Moore[362] para perceber que a cada

---

[358] CARVALHO, Oswaldo Sérgio de. **Educação na sociedade de informação**. Disponível em: <www.serprofessor universitario.pro.br>. Acesso em: 14 fev. 2009.

[359] Disponível em: <http://www.ncbi.nlm.nih.gov/books/NBK2271/>. Acesso em: 27 dez. 2011.

[360] **Indústria multiplica por 20 ritmo de novidades**. Disponível em: <http://www.anpei.org.br/imprensa/noticias/industria-multiplica-por-20-ritmo-de-novidades/>. Acesso em: 21 dez. 2010. "As fabricantes aceleraram o ritmo de lançamentos: a Samsung passou de 10 para 200 novos produtos ao ano, chegando à renovação completa do portfólio a cada 365 dias. A LG, também com 10 lançamentos no início da década passada, hoje apresenta 120 novos modelos ao ano. A Sony, por sua vez, entre produtos e acessórios, praticamente dobrou o volume anual de novidades, para 2,1 mil itens."

[361] **Revista Info Exame**. N. 299, p. 48, Editora Abril, jan. 2011.

[362] Gordon Moore, que inventou o circuito integrado e é um dos fundadores da Intel, expôs em 1965 que a área de superfície de um transistor embutida em um circuito integrado estava sendo reduzida em 30% a cada 12 meses, desde 1958.

dois anos, a capacidade de processamento dobra para um chip de mesmo preço.

Embora se cogite que a Lei de Moore esteja fadada a ser violada em poucos anos[363], dado o limite físico para a criação de transistores componentes dos chips, que não podem, em tese, ser inferiores ao tamanho de um átomo, alternativas já estão sendo buscadas e mesmo criadas e usadas para fugir do padrão do silício, tais como estudos com arsenieto de gálio e a construção e venda de processadores feitos de háfnio (Hf). Ademais, já estão em curso pesquisas com biochips, que se valem das capacidades orgânicas para computação.[364]

Em 1975 ele revisou essa análise ampliando o prazo para 24 meses. Em face disso, a cada dois anos, inseria-se duas vezes mais transistores num circuito integrado, duplicando-se, assim, tanto o número de componentes em um chip como sua velocidade, mantendo-se constante o custo de produção. Hoje estima--se em 18 meses esse prazo.

[363] GALVÃO, Ernesto F., op. cit., p. 114.

[364] WELBORN, Stanley. **Race to create a "living computer"**. Disponível, quando do acesso, em: <http://74.125.47.132/search?q=cache:GkVsrFC5jvIJ:m embers.fortunecity.com/y2kprepare/livecomp.htm+%E2%80%9CRace+to+Cre-ate+A+%E2%80%98Living+Computer%E2%80%99%E2%80%9D&cd=1 &hl=pt-BR&ct=clnk&gl=br&client=firefox-a>. Acesso em: 09 de fevereiro de 2009, p.1-3. "Já se iniciou a corrida para criar micro supercomputadores utilizando "biochips" orgânicos. Os cientistas estão tentando criar circuitos de computador em laboratórios de biologia a partir de bactérias vivas, produzindo microprocessadores com 10 milhões de vezes a memória das máquinas mais poderosas atualmente.
Os futuros circuitos do "computador orgânico" irão conter grupos de proteínas orgânicas, do tamanho de moléculas, que servem como memória eletrônica e interruptor nos chips. James McLear, presidente dos laboratórios Gentronics explica que, "devido à habilidade das proteínas de se auto-organizar, o computador meio que faria a mesma coisa". Espera-se que o biochip irá facilitar o desenvolvimento da capacidade do computador para aplicação na vida diária. O biochip permitirá a conexão do computador ao sistema nervoso humano para criar olhos, ouvidos e sistemas de voz artificiais. Implantado na corrente sanguínea, o biochip poderá monitorar o funcionamento do corpo e corrigir desequilíbrios.
Para Forrest Carter do laboratório de Pesquisa Naval, "em algum momento no futuro, o silício pode não ser mais a opção de material a ser utilizado nos chips semicondutores [...]". (tradução livre do autor)

> *Mas em algum tempo por volta de 2020, tudo irá atingir o fundo do poço. Na proporção do progresso atual, os fios terão a largura de um átomo, as células de memória terão um elétron e a planta da fábrica irá custar o PIB do planeta de modo que ninguém consiga arcar com o custo de sua construção de qualquer forma. Mais melhoramentos não podem vir do atual encolhimento dos circuitos de silício.*[365], [366]

Mesmo no silício se pode buscar ganhos computacionais da ordem de cinquenta vezes se for utilizada, como já se começou a fazer, *GPUs* para colaborar com as *CPUs*, e também, com uso, dos processadores multinucleados.

Por isso a busca por novas tecnologias e novos materiais permitirá superar o limite térmico do silício, de modo que, em uma mesma área, se adensem mais transistores, sem que com isso ocorra superaquecimento em virtude da proximidade entre eles e dos elétrons ao passarem entre os componentes e trilhas para atender aos ciclos do processador e seus componentes internos.

Pois bem. Partindo da Lei de Moore, Kurzweil[367] notou que as evoluções biológica e tecnológica se desenvolvem a um ritmo crescente. Ademais, a computação na visão de Kurzweil abarca tanto a evolução tecnológica como a darwiniana. Ele conectou a Lei de Moore à Lei do Tempo e do Caos resultando na Lei dos Retornos Acelerados.

A Lei do Caos explica que o caos aumenta exponencialmente à medida que o tempo diminui, também exponencialmente.

A Lei dos Retornos Acelerados postula que o tempo acelera exponencialmente à medida que a ordem aumenta, também exponencialmente. Seu desenvolvimento leva à compreensão que essa lei é uma continuidade da evolução das espécies, independentemente da vontade humana, sendo, nesse particular, uma lei natural. Disso resulta que por volta de 2020, uma outra tecnologia computacio-

---

[365] GERSCHENFELD, Neil, *op. cit.*, p. 156 (tradução livre do autor).
[366] Nada disso ocorreu ainda em 2019 (Nota do Autor).
[367] KURZWEIL, Ray. **The Singularity is near: when humans transcend biology**. Nova York: Penguim Books, p. 56.

nal, não mais humana se imporá.[368] Nesse momento, ocorrerá a singularidade.[369, 370]

Assim se expressa Kurzweil:

> *A introdução da tecnologia na Terra não é meramente uma questão particular de uma das inumeráveis espécies da Terra. É um evento fulcral na história do planeta. A maior criação da evolução, que é a tecnologia. A emergência da tecnologia é prevista pela Lei dos Retornos Acelerados. A subespécie Homo sapiens emergiu apenas dezenas de milhares de anos depois de seus antepassados humanos. De acordo com a Lei dos Retornos Acelerados, o próximo estágio da evolução deveria medir seus eventos relevantes em meros milhares de anos, rápido demais para a evolução com base no DNA. Esse próximo estágio da evolução foi necessariamente criado pela inteligência humana propriamente dita, outro exemplo do mecanismo exponencial da evolução usando suas inovações de um período (seres humanos) para criar o próximo (máquinas inteligentes).*[371]

Pela Lei, à medida que a ordem, cujo conceito foi referido acima, aumenta exponencialmente, o intervalo de tempo entre eventos relevantes diminui, acelerando os avanços, resultando em que os retornos, os produtos do processo, se acelerem a taxas não lineares. Sim, como a evolução resulta em uma resposta melhor, gera uma complexidade melhor, embora às vezes reduza a complexidade.

A medida da ordenação é o sucesso da solução engendrada. Assim, com a melhora da solução aumenta a ordem. Ora, uma vez configurada a melhor solução, é a partir dela que o processo segue, sem necessidade de testar todas as outras soluções anteriores, abandonadas ou superadas. Isso resulta em um *feedback* positivo que impulsiona o desenvolvimento. Isso ocorre sucessivamente, resultando em ganhos que reduzem o

[368] SANTOS, Laymert Garcia dos. **A inteligência das espécies**. Disponível, quando do acesso, em: <http://www.estado.com.br/editorias/2007/09/23/cad--1.93.2.20070923.30.1.xml>. Acesso em 04 de fev. de 2009.
[369] KURZWEIL, Ray, *op. cit.*, p.21.
[370] Em 2019 isso não parece estar acontecendo (Nota do Autor).
[371] SANTOS. *op. cit.*, p.3. (tradução livre do autor)

tempo entre os eventos importantes do processo, ocasionando uma crescente aceleração da evolução, seja ela tecnológica ou biológica.[372]

Note-se que os resultados anteriores não são desprezados. Sempre se constrói com base no que já se conquistou, assim, os tempos de desenvolvimento encurtam e se ganha velocidade.

Tome-se o exemplo do desenvolvimento humano na primeira infância. Desprezando-se, para fins de exemplificação as inúmeras variações existentes e considerando um padrão que julguei arbitrariamente ser frequente acontece o seguinte: o bebê inicialmente consegue mexer apenas a cabeça e os membros. Com o passar do tempo, o fortalecimento dos membros e melhor coordenação ele começa a se virar no berço. Depois consegue se apoiar e ficar de quatro. Em seguida começa a se balançar sustentado pelas mãos e joelhos até que começa a engatinhar. O passo seguinte é se equilibrar nos joelhos apenas e começar a procurar apoio para escalar e tentar ficar de pé. Em seguida consegue caminhar apoiado em qualquer coisa que o sustente. Depois fica de pé, parado autonomamente, sem qualquer apoio, para, em seguida, dar o primeiro passo, cair e insistentemente tentar até que consegue andar. Depois anda cada vez mais firme até que se transforme definitivamente no bípede que somos.

Veja-se que a cada etapa não é mais preciso retornar ao estágio inicial. Assim, por exemplo, não é preciso voltar a se virar no berço para passar ao do ficar em pé equilibrado para andar. Todas as fases se iniciam da fase anterior, aproveitando-se os ganhos já conquistados, sem necessidade de começar tudo de novo. É a lei dos retornos acelerados em ação.

Isso implicará que os humanos poderão não participar do desenvolvimento dos estágios seguintes da evolução, substituídos por um outro paradigma, robocêntrico.

Kurzweil[373] exemplifica:

---

[372] KURZWEIL, Ray. *op. cit.*, p. 43.
[373] KURZWEIL, Ray. In: BRESSANE, Renato. **Morrer datou**. Disponível em: <http://impostor.wordpress.com/2008/11/01/morrer-datou/>. Acesso em: 14

> *Se eu escandir seu cérebro e seu sistema nervoso com uma tecnologia não destrutiva — uma ressonância magnética de alta largura de banda e resolução muito alta —, me certificar de todos os processos relevantes de informação e, em seguida, efetuar um download dessa informação para meu computador neural, terei um pouco de vocês, bem aqui no meu computador pessoal. Se meu computador for uma rede de neurônios[374] simulados feitos de material eletrônico em vez de humano, a versão de você em meu computador rodará cerca de um milhão de vezes mais rápido. Então, uma hora para mim será cerca de um milhão de horas para você, cerca de um século.*

Da mesma forma, em 1990, dado o ritmo em que ocorria, os críticos previam que levaria milhares de anos para se decifrar o genoma, pois um percentual ínfimo do código havia sido conhecido. Mesmo pelos cálculos de 2003, o tempo efetivamente gasto foi insignificante. Por incrível que pareça, todo o resto foi decifrado no tempo restante. O custo de sequenciamento caiu de dez dólares por par decifrado para alguns centavos. Demorou 15 anos para sequenciar o DNA do vírus HIV e 31 dias para a mesma tarefa tendo como objeto o vírus da gripe aviária. A expectativa de vida do americano médio era de 37 anos em 1800, de 48 anos em 1900 e de 78 anos em 2002.[375]

Interessante notar que as previsões de Kurzweil têm se mostrado realistas, e mesmo seus detratores as respeitam. Um exemplo delas foi a previsão feita em 1990, de que um computador derrotaria o campeão mundial humano de xadrez em 1998.[376] Ele errou

---

fev. 2009.

[374] DAWKINS, Richard, *op. cit.*, p. 111. Entendeu o autor que o neurônio individual é uma unidade de processamento de dados muito mais sofisticada do que o transistor, embora mais lento, haja vista que em uma dessas células pode haver dezenas de milhares de conexões, enquanto que no semicondutor apenas algumas poucas unidades de conexões. Além disso, a célula tem um nível muito maior de miniaturização.

[375] KURZWEIL, Ray. **How technology's accelerating power will transform us**. Palestra em vídeo. Monterey, Califórnia: filmada em fev.2005, postada em nov.2006. Disponível em: <http://www.ted.com/index.php/talks/ray_kurzweil_on_how_technology_will_transform_us.html>. Acesso em: 22 fev. 2009.

[376] *Idem.*

por um ano a previsão, *para menos*, pois Deep Blue derrotou Gary Kasparov em 1997.[377]

Para que não se diga que apenas exemplos tecnológicos são trazidos. Os corpos humanos estão sofrendo aceleradas transformações. Há pouco mais de um século ou dois, os humanos tinham em média três molares, às vezes quatro.

Atualmente, o número de pessoas que têm os terceiros molares diminuiu e as que têm os quatro molares são raras. Outro exemplo mais gritante e visível é o da estatura média. Uma rápida lembrança basta para ver a estatura média dos homens do início do século XX para a diferença da estatura média dos adolescentes de hoje em dia, início do século XXI.

Sim, a evolução humana tem seguido a passos largos, de modo exponencial. Trata-se de assunto ainda polêmico e recentíssimo na doutrina científica, mas que já começa a ocupar lugar de destaque nas publicações especializadas.

Recentemente, a revista norte-americana Discovery[378] publicou matéria sob o título "Ainda estamos evoluindo? Nossa história está longe de terminar: humanos na verdade estão mudando mais rápido do que nunca. "

Na matéria, informa-se que um grupo de pesquisadores observou inúmeras mutações adaptativas, presentes no genoma humano; algumas delas têm ocorrido cada vez mais rápidas, como uma avalanche. Dados estatísticos demonstram que a evolução humana tem ocorrido numa velocidade cem vezes mais rápida nos últimos 10.000 (dez mil) anos do que em qualquer outro período da nossa história.

As novas adaptações genéticas, que somam cerca de 2.000 (duas mil), estão relacionadas com o cérebro, o sistema digestivo,

---

[377] **Game over: Kasparov and the machine**. The ultimate battle of man vs. machine. Vikram Javanti (dir.). Canadá: Gam*bit* Films Limited/ BBC/ UK Film Council/ National Film Board of Canada. 2003. 85 minutos. DVD.

[378] MCAULIFFE, Kathleen. Are we still evolving? Our history is far from over: humans are actually changing faster than ever. **Discover Magazine**. P. 50-59, edição mar. 2009 (tradução livre do autor).

a expectativa de vida, a imunidade a agentes patogênicos, à produção de espermatozoides e aos ossos — em suma, praticamente com todos os aspectos do funcionamento humano.

Muitas dessas variações do DNA são limitadas ao continente de origem, com certas implicações provocadoras. O antropólogo Henry Harpending da Universidade de Utah, coautor de uma importante obra sobre a evolução humana, analisa: "É possível que as raças humanas estejam evoluindo em caminhos distintos umas das outras". Aduz, ainda, que "Nós não somos iguais às pessoas que viviam há mil ou dois mil anos atrás"[379].

Até mesmo os céticos, hoje, admitem que, ao menos, alguns traços humanos estejam evoluindo rapidamente, desafiando crenças outrora cristalizadas, inclusive a de que a evolução humana teria estancado.

John Hawks,[380] da Universidade de Wisconsin, observa que: "Você não precisa se esforçar muito para ver que os dentes estão ficando menores, o tamanho do crânio está diminuindo, a estatura está sendo reduzida. " (Quanto a este último aspecto, como se viu acima, não se pode concordar, exceto, talvez, se a amostra de tempo for suficientemente longa).

A teoria da evolução humana acelerada de Hawks foi influenciada por dados genéticos recém-formulados. Graças aos avanços no sequenciamento e decodificação do DNA nos últimos anos, cientistas começaram a descobrir, um por um, genes que impulsionam a corrida evolutiva. Essas variantes surgiram na Idade da Pedra e parecem ajudar as populações a combaterem organismos contagiosos de forma mais eficiente, sobreviverem a temperaturas inóspitas ou, adaptarem-se às condições locais. E essas variantes têm surgido com uma frequência elevada.

Hawks e Gregory Cochran,[381] físico e professor adjunto da Universidade de Utah, discutiram a matéria pelo telefone. Hawks relembra: "Nós dois percebemos, ao mesmo tempo, que existem

---

[379] *Ibidem*, p. 51. (tradução livre do Autor).
[380] *Ibidem*, p.52. (tradução livre do Autor).
[381] *Ibidem*, p.52. (tradução livre do Autor).

muito mais pessoas no planeta recentemente". "Numa grande população, você não precisa esperar tanto pela mutação rara que impulsiona a função cerebral ou que faça qualquer outra coisa desejável".

Há dez mil anos atrás, havia menos que 10 milhões de pessoas na terra. Esse número subiu para 200 (duzentos) milhões ao tempo do Império romano. Desde 1500 que a população global tem aumentado exponencialmente, ultrapassando já, 7 bilhões. Cochran[382] observa: "O próprio Darwin ressaltou a importância de manter uma grande população para selecionar os traços mais favoráveis". Interessante é que há uma variação do DNA humano de menos de 0,5% (meio por cento) de um homem para qualquer outro na Terra.

Pesquisadores descobriram que 7% (sete por cento) dos genes humanos se encaixam no perfil de adaptação recente, com a maioria das mudanças tendo ocorrido entre os últimos 40.000 anos e os dias atuais. Essas aparentes adaptações ocorreram na mesma taxa exponencial que explosão demográfica. Para combater a visão clássica — que a nossa evolução tem ocorrido numa taxa estável — os cientistas fizerem um teste adicional. Eles simularam no computador para observar o que teria acontecido se os humanos tivessem evoluído nas taxas atuais desde que houve o distanciamento dos chimpanzés há 6 (seis) milhões de anos atrás. O teste levou a um resultado absurdo: a diferença entre as duas espécies hoje seria 160 (cento e sessenta) vezes maior do que realmente é. Os resultados confirmaram que a evolução humana somente recentemente tem alcançado tamanha aceleração. Basta ler a afirmação de Hawks de que ninguém na terra tinha olhos azuis há 10.000 (dez mil) anos atrás.

Ademais, uma mutação que surgiu há 8.000 (oito mil) anos atrás no norte da Europa permitiu a digestão de lactose (o principal açúcar no leite) por adultos e isso se propagou rapidamente, permitindo a ascensão da indústria láctea. Hoje, o gene da digestão

---

[382] MCAULIFFE, Kathleen, *op. cit.*, p. 53 (tradução livre do autor).

de lactose está presente em 80% (oitenta por cento) dos europeus, mas somente em 20% (vinte por cento) dos asiáticos e africanos.

A malária tem sido endêmica na África Subsaariana e em outras regiões. As pessoas dessa região já desenvolveram 25 (vinte e cinco) novos genes que os protegem da malária, incluindo o tipo sanguíneo Duffy[383], um grupo sanguíneo inteiramente novo. Mais recentemente, a resistência ao HIV tem surgido devido a uma mutação genética presente em 10% (dez por cento) dos europeus. Cientistas acreditam que a variante pode ter evoluído originalmente como uma proteção contra a varíola.

O sêmen humano também pode estar evoluindo em alta velocidade, devido à competição para se alcançar o óvulo antes que um outro espermatozoide o faça. Já que o espermatozoide pode fertilizar um óvulo dentro de 24 (vinte e quatro) horas depois de ter sido ejaculado na vagina, uma mulher que pratica sexo com dois ou mais parceiros num curto espaço de tempo pode estar criando um campo de competição entre espermas. O espermatozoide de hoje é muito diferente do espermatozoide de 5.000 (cinco mil) mil anos atrás.

Os exemplos são variados e impressionantes.

O cérebro pode estar evoluindo tão rápido quanto o resto do corpo. Outros genes que estão se modificando rapidamente — aproximadamente cem — estão relacionados, entre outros, com a dopamina e a serotonina. Estima-se que 40% (quarenta por cento) dos genes de neurotransmissores parecem ter sido selecionados nos últimos 50.000 (cinquenta mil) anos, com a maioria tendo surgido nos últimos 10.000 (dez mil) anos.

Assim, pode-se afirmar que a Lei dos Retornos Acelerados tem imprimido seus efeitos na evolução biológica e tecnológica e concorrido para o surgimento da singularidade.

Ainda no que toca ao Homem, mas no campo da sociologia e da cibercultura, Lemos[384] já havia notado que,

---

[383] **The Duffy Blood group**. Disponível em: <http://www.ncbi.nlm.nih.gov/books/NBK2271/>. Acesso em 29 dez. 2010.

[384] LEMOS, André, *op. cit.*, p. 17.

> *Da mecânica à eletricidade, da microeletrônica às nano-tecnologias, a tecnologia propaga-se a uma enorme velocidade, infiltrando-se tanto em objetos do quotidiano como no corpo humano, em um movimento incessante de miniaturização, de estetização, de automação e auto regulação.*

Portanto, não apenas as ciências experimentais, mas também as ciências humanas têm respaldado a ideia de uma aceleração no curso evolutivo.

Vê-se, desse modo, que, como enunciado pela Lei dos Retornos Acelerados, tanto a evolução biológica, em particular a humana, como a tecnológica têm sofrido crescimento exponencial.

Sendo assim, poder-se-ia cogitar que, estando atualmente o Homem na dianteira da inteligência, antropologicamente concebida, essa disparidade Homem-máquina ficaria assegurada. Tal fato efetivamente pode ocorrer, desde que a potência pela qual se multiplicam as duas evoluções seja a mesma.

Por outro lado, se é verdade, como dito alhures repercutindo Moravec,[385] que a velocidade evolutiva das máquinas é dez milhões de vezes mais rápida que a humana, será preciso levar em conta a velocidade evolutiva humana recentemente descoberta para se verificar se ainda se configura esse descompasso, ou se ele ficou menor ou maior, mas permanece e, portanto, apenas alterando-se o prazo para a singularidade tecnológica, ou, se não há mais descompasso e as duas evoluções ocorrem sincronizadamente, mantendo-se permanente ou temporariamente o *status quo*.

Por tudo quanto se vê e se tem visto nas últimas décadas, não parece haver um perfeito sincronismo evolutivo humano e tecnológico, mas um descompasso, em favor da tecnologia, que garantirá, mais cedo ou mais tarde, mesmo com as recentes descobertas sobre a evolução humana, que a singularidade tecnológica se efetive.

---

[385] MORAVEC, Hans. **Entrevista concedida a Robot Books.com**. Disponível em: <http://www.robotbooks.com/Moravec.htm>. Acesso em: 27 fev. 2009.

4.6.5 Machine Learning

Atualmente o que tem mais obtido sucesso no desenvolvimento de sistemas de inteligência artificial é o que se denomina de *machine learnig* ou aprendizado de máquina.

Ao invés do Homem cuidar de todos os aspectos de programação visando obter um sistema especialista, se possibilita que o próprio computador reconheça padrões através de algoritmos que reconhecerão seus próprios erros e produzirão versões melhores de si mesmos, evoluindo.

Os sistemas de inteligência artificial atualmente têm conseguido avanços maiores que os obtidos por Seres Humanos.

Aqui não cabe discorrer delongadamente sobre *machine learning* nem sobre *deep learning*. O que pretendo realçar é que no próprio campo de desenvolvimento de sistemas de inteligência artificial eles próprios estão se desenvolvido em velocidade exponencial e produzido resultados melhores que os Homens.

4.6.6 Big Data

Outro importante avanço que colaborará para o atingimento da singularidade tecnológica é o Big Data que, resumidamente é a capacidade de alguns algoritmos de tratar quantidades gigantescas de dados, nunca antes passiveis de serem apreciados pelo Homem ou por sistemas informáticos anteriores.

Com isso, um volume colossal de situações, variáveis, etc. pode ser analisado e produzir resultados coerentes que servem para tomadas de decisões com muito mais propriedade que a capacidade humana, abrindo as portas para sistemas de inteligência artificial que nos superem em diversas áreas, como já ocorre hoje em dia.

4.7 Outros fatores que podem contribuir para o advento da singularidade tecnológica

Acrescentem-se os desenvolvimentos das pesquisas com redes

neurais, computação paralela, virtualização de computadores e *clusters* de computadores e de servidores.

Negroponte cita os estudos de Mitchel Resnick em seu livro: Turtles, termites and traffic jams, de 1994, no qual faz referência à possibilidade de formação ordenada, como sendo "o resultado de uma série de processadores de alta resposta que se comportam de forma individualizada e seguem regras harmoniosas, sem que haja um comandante."[386] O exemplo citado é o de uma plateia à qual se pede que bata palmas unissonamente e que, sem um organizador geral, sem que haja alguém em particular a definir o ritmo dos aplausos, o coletivo em poucos segundos sincroniza o ritmo. Essa conduta é cibernética.

Tudo isso concorrerá para que a inteligência artificial se desenvolva ainda mais, atingindo patamares compatíveis com os da inteligência humana e mesmo superando-a.

O atingimento da **singularidade tecnológica** com a junção desses desenvolvimentos se aproxima em ritmo crescente. Considerando a **Lei dos retornos acelerados**, que prevê a potencialização do caráter exponencial desses desenvolvimentos, cogita-se que até o ano 2030 ou 2040, ela deverá ser atingida. Confira-se, a propósito, os cálculos elaborados por Clinton W. Kelly.[387]

4.8 A singularidade tecnológica

A bem da verdade, diga-se que existe um sentimento, senão geral, pelo menos bastante recorrente entre as pessoas habitantes de grandes cidades e com acesso aos modernos meios de comunicação, de que o tempo está marchando mais rápido.

Esse sentimento não tem sido notado apenas recentemente. A doutrina já vem cuidando dele há um tempo considerável, na contemporaneidade. O autor russo Volkov assim se manifestou em 1967:

---

[386] RESNICK, Mitchel *apud* NEGROPONTE, Nicholas, *op. cit.*, p. 157.
[387] KELLY, Clinton W. **Can a machine Think?** Disponível em: <http://www.kurzweilai.net/articles/art0214.html?printable=1>. Acesso em: 26 jan. 2009.

> *Man's history may be compared to a train which for the greater part of its long run has been moving at the speed of a tortoise, until towards the end it generated successively the speed of a pedestrian, a race horse, a Racing car, a supersonic aircraft and, eventually, a spaceship.*[388]

Mas o que vem a ser a singularidade tecnológica? Trata-se de fenômeno teórico antevisto por Vernor Vinge[389] em artigo apresentado originalmente no Simpósio VISION-21, patrocinado pela NASA, em 30 de março de 1993. A primeira vez que o autor usou a palavra singularidade com o sentido atual, foi em uma palestra na conferência anual da Associação para o Avanço da Inteligência Artificial em 1982.

Assim como a singularidade da astronomia, aqui teoriza-se sobre um evento ímpar, sem precedentes e que produz efeitos únicos, daí, porque o nome.

A ocorrência da singularidade tecnológica se dará em virtude do desenvolvimento exponencial da tecnologia em geral, que resultará no surgimento de uma entidade mais inteligente que o ser humano, iniciando a era da pós-humanidade.

Ela é fundamental para a tese defendida nesse trabalho, pois não se pode cogitar de perquirir sobre direitos de robôs se estes não atingirem um estado de desenvolvimento tal que lhes permita ter, ao menos, níveis de inteligência, consciência e compreensão de sua situação e dimensão e do mundo também, ao menos iguais aos dos seres humanos.

---

[388] VOLKOV, G. **Era of man or robot?** The sociological problems of the technical revolution. Moscou: Progress Publishers, 1967, p. 181. "A história do Homem pode ser comparada a um trem que em grande parte de seu longo percurso tem se movido à velocidade de uma tartaruga, quase até o final, quando gera, sucessivamente, a velocidade de um pedestre, de um cavalo de corrida, de um carro de corrida, de um avião supersônico e, finalmente, a de uma espaçonave" (tradução livre do autor).

[389] VINGE, Vernor. **What is The Singularity?** Disponível em: <http://web-cache.googleusercontent.com/search?q=cache:2UA--AmSFT0J:mindstalk.net/vinge/vinge-sing.html+singularity+vernor+vinge&hl=pt-BR&ct=clnk&cd=1&gl=br&client=firefox-a> . Acesso em: 13 fev. 2009.

Eis alguns excertos elucidativos do referido artigo[390]:

> *Within thirty years, we will have the technological means to create superhuman intelligence. Shortly after, the human era will be ended.*[391]

> *What is The <u>Singularity?</u>*

> *The acceleration of technological progress has been the central feature of this century. [...] The precise cause of this change is the imminent creation by technology of entities with greater than human intelligence. There are several means by which science may achieve this breakthrough (and this is another reason for having confidence that the event will occur):*

> *There may be developed computers that are "awake" and superhumanly intelligent. (To date, there has been much controversy as to whether we can create human equivalence in a machine. But if the answer is "yes, we can", then there is little doubt that beings more intelligent can be constructed shortly thereafter.)*

> *Large computer networks (and their associated users) may "wake up" as a superhumanly intelligent entity.*

> *Computer/human interfaces may become so intimate that users may reasonably be considered superhumanly intelligent.*

> *Biological science may provide means to improve natural human intellect.*

> *The first three possibilities depend in large part on improvements in computer hardware [...] I believe that the creation of greater than human intelligence will occur during the next thirty years. [...]. I'll be surprised if this event occurs*

---

[390] *Idem.*

[391] *Idem.* "Dentro de trinta anos, teremos os meios tecnológicos de criar uma inteligência super-humana. Pouco tempo depois, a era humana terá chegado ao fim." (tradução livre do autor).

before 2005 or after 2030.) [392]

When greater-than-human intelligence drives progress, that progress will be much more rapid. [...] The best analogy that I see is with the evolutionary past: Animals can adapt to problems and make inventions, but often no faster than natural selection can do its work -- the world acts as its own simulator in the case of natural selection. We humans have the ability to internalize the world and conduct "what if's" in our heads; we can solve many problems thousands of times faster than natural selection. Now, by creating the means to execute those simulations at much higher speeds, we are entering a regime as radically different from our human past as we humans are from the lower animals. [393]

---

[392] *Idem.* "O que é A Singularidade? A aceleração do progresso tecnológico tem sido a questão central desse século. A causa exata dessa mudança é a criação eminente de entidades mais inteligentes que os humanos, criados pela tecnologia. Existem diversos meios pelos quais a ciência pode alcançar esse avanço (e essa é mais uma das razões que nos leva a crer que esse acontecimento irá ocorrer.):
- Podem existir computadores criados conscientes e sobre-humanamente inteligentes. (Existe muita controvérsia acerca da possibilidade de criar a equivalência humana na máquina. Mas, se a resposta for positiva, então há pouca dúvida que seres mais inteligentes poderão ser criados).
- Grandes redes de computadores (e seus usuários associados) podem surgir como entidades sobre-humanamente inteligentes.
- Interfaces computador/humano podem se tornar tão íntimos que os usuários poderão ser considerados sobre-humanamente inteligentes.
- A biologia pode fornecer meios para melhorar o intelecto humano natural.
As três primeiras possibilidades dependem, em grande parte, de avanços no hardware computacional. [...] eu acredito que a criação de uma inteligência humana maior irá ocorrer nos próximos trinta anos [...] Eu ficaria surpreso se esse evento ocorresse antes de 2005 ou depois de 2030". (tradução livre do autor)
[393] *Idem.* "Quando a inteligência super-humana direcionar o progresso, esse será muito mais veloz. A melhor analogia que vejo é com o passado evolucionário: Animais podem se adaptar a problemas e serem criativos, mas, na velocidade da seleção natural – o mundo atua como o seu próprio simulador no caso de seleção natural. Nós, humanos, temos a habilidade de internalizar o mundo e imaginar as inúmeras possibilidades em nossas mentes ("e se?"); podemos solucionar problemas milhares de vezes mais rápidos que a seleção natural. Ao criarmos meios para realizar essas simulações em alta velocidade, estamos adentrando em um regime radicalmente diferente que do nosso passado". (tradução livre do autor)

I think it's fair to call this event a singularity.[394]

Von Neumann even uses the term singularity, though it appears he is thinking of normal progress, not the creation of superhuman intellect. (For me, the superhumanity is the essence of the Singularity. Without that we would get a glut of technical riches, never properly absorbed.[395]

Another symptom of progress toward the Singularity: ideas themselves should spread ever faster, and even the most radical will quickly become commonplace. When I began writing science fiction in the middle '60s, it seemed very easy to find ideas that took decades to percolate into the cultural consciousness; now the lead time seems more like eighteen months. (Of course, this could just be me losing my imagination as I get old, but I see the effect in others too.) Like the shock in a compressible flow, the Singularity moves closer as we accelerate through the critical speed.[396]

Since it involves an intellectual runaway, it will probably occur faster than any technical revolution seen so far. The precipitating event will likely be unexpected.[397]

---

[394] *Idem.* "Eu acho justo chamar esse evento de uma singularidade". (tradução livre do autor)

[395] *Idem.* "Von Neumann também utiliza-se do termo singularidade, embora, aparentemente, ele esteja pensando no progresso normal e não na criação de intelecto super-humano. (Para mim, a super-humanidade é a essência da Singularidade. Sem isso, teríamos apenas um aglutinado de riquezas tecnológicas, jamais sendo devidamente absorvidas)". (tradução livre do autor)

[396] *Idem.* "Um outro sintoma do progresso em direção a Singularidade: as ideias em sim se espalharão mais rápido, e até mesmo as ideias mais radicais logo se tornarão banais. Quando comecei a escrever sobre ficção científica em meados da década de 60, parecia muito fácil encontrar ideias que levavam décadas para se infiltrarem na consciência cultural, agora esse prazo é de cerca de 18 meses(É claro que isso pode apenas significar que eu esteja perdendo minha imaginação à medida em que envelheço, mas vejo o efeito em outros também). Assim como um choque no fluxo comprimível, a Singularidade se aproxima na medida em que aceleramos em velocidade crítica". (tradução livre do autor)

[397] *Idem.* "Já que envolve uma mudança intelectual, provavelmente irá ocorrer mais rápido que qualquer revolução técnica já ocorrida. O acontecimento precipitado provavelmente virá de forma inesperada." (tradução livre do autor)

And what happens a month or two (or a day or two) after that? I have only analogies to point to: The rise of human-kind. We will be in the Post-Human era. And for all my rampant technological optimism, sometimes I think I'd be more comfortable if I were regarding these transcendental events from one thousand years remove ... instead of twenty.

Can the Singularity be Avoided?

Well, maybe it won't happen at all: Sometimes I try to imagine the symptoms that we should expect to see if the Singularity is not to develop. There are the widely respected arguments of Penrose and Searle against the practicality of machine sapience. In August of 1992, Thinking Machines Corporation held a workshop to investigate the question "How We Will Build a Machine that Thinks" (...) A minority felt that the largest 1992 computers were within three orders of magnitude of the power of the human brain. The majority of the participants agreed with Moravec's estimate that we are ten to forty years away from hardware parity. And yet there was another minority who pointed to, and conjectured that the computational competence of single neurons may be far higher than generally believed. If so, our present computer hardware might be as much as ten orders of magnitude short of the equipment we carry around in our heads. If this is true (or for that matter, if the Penrose or Searle critique is valid), we might never see a Singularity. Instead, in the early '00s we would find our hardware performance curves beginning to level off — this because of our inability to automate the design work needed to support further hardware improvements. We'd end up with some very powerful hardware, but without the ability to push it further. [...] and there would never be the intellectual runaway which is the essence of the Singularity. It would likely be seen as a golden age ... and it would also be an end of progress.[398]

---

[398] *Idem.* "E o que aconteceria um mês ou dois (ou um dia ou dois) depois disso? Eu só posso fazer uma analogia: A ascensão da humanidade. Estaremos na era Pós-Humana. E com todo o meu otimismo tecnológico, às vezes penso que estaria em situação mais confortável se vislumbrasse esse acontecimentos num futuro de mil anos e não de vinte.
Pode a Singularidade ser evitada?
Bem, talvez ela nem ocorra. Às vezes tento imaginar os sintomas insurgentes no caso de a Singularidade não se desenvolver. Existem os argumentos alta-

But if the technological Singularity can happen, it will. Even if all the governments of the world were to understand the "threat" and be in deadly fear of it, progress toward the goal would continue.[399]

I have argued above that we cannot prevent the Singularity, that its coming is an inevitable consequence of the humans' natural competitiveness and the possibilities inherent in technology. And yet ... we are the initiators. Even the largest avalanche is triggered by small things. We have the freedom to establish initial conditions, make things happen in ways that are less inimical than others. Of course (as with starting avalanches), it may not be clear what the right guiding nudge really is:

Other Paths to the Singularity: Intelligence Amplification[400]

---

mente respeitados de Penrose and Searle contra a praticidade da sagacidade da máquina. Em agosto de 1992, Thinking Machines Corporation promoveu um *workshop* para solucionar a seguinte questão: "Como Iremos Construir um Máquina que Pensa". [...] Uma minoria achou que os maiores computadores de 1992 tivessem uma potencia três vezes maior que o poder do cérebro humano. A maioria dos participantes concordou com a previsão de Moravec de que estamos de dez a quarenta anos distantes da paridade com o *hardware*. No entanto, uma outra minoria apontou que a competência computacional de neurônios individuais deva ser muito maior do que se acreditava. Se assim for, nosso *hardware* computacional atual talvez possua uma potência dez vezes menor que o equipamento que carregamos em nossas cabeças. Se isso for verdade, talvez nunca venhamos a ver uma Singularidade. Ao invés disso, no início do século XXI, observaremos que a curva de performance do *hardware* começará a se nivelar – isso devido a nossa inabilidade de automatizar o plano de trabalho necessário para auxiliar outras melhorias no hardware. Terminaríamos com o hardware bastante potente, mas sem a habilidade de ir mais adiante. [...] e nunca haverá a disparada intelectual, que é a essência da Singularidade. Provavelmente, será vista como a idade de ouro...e também será o fim do progresso". (tradução livre do autor)

[399] *Idem.* "Mas se a Singularidade tecnológica puder ocorrer, ela irá. Mesmo que todos os governos do mundo entendam como uma "ameaça" e a temam, o progresso em direção a tal finalidade continuará". (tradução livre do autor)

[400] *Idem.* "Tenho arguído que não temos como evitar a Singularidade e que a sua chegada é uma consequência da competitividade natural dos humanos e das possibilidades inerentes da tecnologia. E no entanto...nós somos os iniciadores disso. Até mesmo as maiores das avalanches são causadas por pequenas coisas. Temos a liberdade de estabelecer as condições iniciais, fazer as coisas acon-

And it's very likely that IA is a much easier road to the achievement of superhumanity than pure AI. In humans, the hardest development problems have already been solved. Building up from within ourselves ought to be easier than figuring out first what we really are and then building machines that are all of that.[401]

The problem is not simply that the Singularity represents the passing of humankind from center stage, but that it contradicts our most deeply held notions of being. I think a closer look at the notion of strong superhumanity can show why that is.[402]

Para o autor, o cenário não mudou desde então, conforme se lê no artigo publicado na edição especial da revista da IEEE de junho de 2008.[403]

---

tecerem de um modo menos prejudicial que outros. Logicamente, às vezes, o caminho correto pode não ser tão claro. (tradução livre do autor)

[401] *Idem.* Outros atalhos para a singularidade: Amplificação da inteligência. "É muito provável que a IA (Inteligência Amplificada) seja um caminho muito mais fácil para atingir a super-humanidade do que a simples AI (Inteligência Artificial). Nos humanos, os problemas de desenvolvimento mais difíceis já foram solucionados. Criarmos a partir de nós mesmos deve ser uma tarefa mais fácil do que descobrirmos primeiro o que realmente somos e depois construirmos máquinas que sejam tudo isso". (tradução livre do autor)

[402] *Idem.* "O problema que a Singularidade representa não é somente a saída da humanidade do palco principal, mas sim, que ela contraria as noções profundas e enraizadas do ser" Eu acho que um olhar mais próximo da noção da superumanidade forte pode mostrar por que é assim. (tradução livre do autor)

[403] *Idem.*

5 POSSIBILIDADE DE RECONHECIMENTO DA PERSONALIDADE JURÍDICA DO ROBÔ

5.1 Disciplina jurídica dos robôs

5.1.1 Introdução

Tem sido crescente a necessidade de disciplinar juridicamente a atuação dos robôs ou sua interação com os homens[404], haja vista que eles estão se tornando cada vez mais presentes e começam a causar danos e, inclusive, mortes. Dessa forma, alguns países mais industrializados têm procurado disciplinar a atividade de robôs.

Em face da vertiginosa velocidade com que as mudanças tecnológicas se espalham pelo globo, os países em desenvolvimento, como o Brasil, muita vez, pulam etapas de desenvolvimento, recebendo tecnologia a passo igual com países mais desenvolvidos. Aqui não cabe discutir quais as razões para a introdução da tecnologia com essa velocidade nos países em desenvolvimento, quais tecnologias são popularizadas, nem em benefício de quem elas se inserem.

Há um fato, e esse fato demanda intervenção jurídica para regular as relações que se travam ao seu derredor, sejam preliminares, sejam no seu curso, sejam posteriores.

É lícito supor que da introdução de uma nova tecnologia consequências nas esferas trabalhista, comercial, societária, cível, concorrencial, consumerista, dentre outras, aflorem.

---

[404] NOGUEIRA, Salvador. *Legislação robótica: cientistas querem código de conduta para aqueles que, acreditam, estarão cada vez mais entre nós.* Galileu. Bebês Geneticamente selecionados. N. 211, p. 18-19, Editora Globo, edição fev. 2009.

No caso dos robôs efetivamente inteligentes, consequências de maior monta poderão advir, inclusive, e isso motiva o presente trabalho, se houver novos atores no universo jurídico a titularizar direitos.

5.1.2 Legislação

A legislação internacional ainda é incipiente. No Brasil não se tem notícia de norma jurídica regulando a atividade de robôs. O que há é uma norma potencialmente contrária aos interesses nacionais existente no art. 7º, XXVII, que estabelece uma proteção para o trabalhador em face da automação. Ora, a automação virá com essa norma ou sem ela. Parece mesmo que a Carta Grande reconhece a sua inevitabilidade e tenta proteger o trabalhador. O problema não é a promoção da proteção, mas qual proteção se pretende, pois, nenhum país poderá ser competitivo se não automatizar suas fábricas.

O empregado não é páreo para o robô numa mesma função. Somente se justifica, em inúmeros casos, a manutenção do empregado em lugar de um robô se ele for muito menos remunerado que sua contraparte em outro local.

Essa norma constitucional causa preocupação pois pode estancar o desenvolvimento nacional se não for cuidadosamente regulamentada.

Beuchamp[405] traz exemplo de norma voltada para os robôs:

> *To increase operator safety in robotic work cells, a capacitive sensor for detection of humans has been developed. The capacitive sensor has an antenna above the robot. The antenna covers the entire area of the robot cell. The floor of the robot cell is covered with an electrically insulated, conducting sheet. The sensor detects objects roughly in the*

---

[405] SMITH, J. R. *Electric field imaging*. Ph.D. dissertation, MIT, Cambridge, MA, 1999; KARLSSON, N; JARRHED, J. O. *A capacitive sensor for the detection of humans in a robot cell*. In: Proc. IEEE IMTC Rec., May 18-20, 1993, p. 164-166. Disponível em: <http://ieeexplore.ieee.org/xpl/freeabs_all.jsp?tp=&arnumber=1703894>. Último acesso em 22 mai. 2011.

shape of humans, placed between the antenna and the floor, and with an electrical conductivity similar to that of seawater. A person entering the cell causes a change of capacitance between the sheet and the antenna. This change is measured with a capacitance-voltage converter. The output voltage is used as a signal for human presence. The floor can be sectioned into several sheets separated from each other by guards. If the area is sectioned the sensor is not only able to give information about the presence of a person in the cell but also about the location of that person.

A ideia é tornar obrigatória a utilização de sensores como esses visando evitar acidentes de trabalho, disciplinando a coexistência de robôs e homens nas fábricas, pois os estudos demonstram que os maiores riscos de acidentes com robôs ocorrem durante a programação e/ou manutenção desses. Normalmente, esses acidentes envolvem um movimento imprevisto do robô, causado por falha no equipamento ou erro humano.

Mas os robôs também vêm matando[406], como antes afirmado. São vários os exemplos, dos quais se registra o primeiro caso em 1971, quando um operário da Kawasaki, Kenji Urada[407], foi morto no trabalho. O segundo caso resultou em uma condenação de dez milhões de dólares.[408] Em 18 de março de 2018, Elaine Herzberg foi morta por um carro autônomo da Uber em Tempe, Arizona. No momento do acidente, havia um motorista atrás do volante, mas o carro estava no modo Autônomo[409].

---

[406] Confira-se, a propósito, as referências em **The Economist**. Trust me, I'm a robot. Disponível em: <http://www.economist.com/displaystory.cfm?story_id=7001829>. Acesso em: 01 ago. 2006.

[407] **The first human killed by a robot**. Disponível em: <http://www.thinkartificial.org/aesthetics/the-first-human-killed-by-a-robot/>. Acesso em: 26 fev. 2009.

[408] "A jury has ordered the manufacturer of a one-ton robot that killed a worker at a Ford Motor Co. plant to pay the man's family $10 million. The Wayne County Circuit Court jury deliberated for 2 1/2 hours Tuesday before announcing the decision against Unit Handling Systems, a division of Litton Industries. The suit was brought by the family of Robert Williams, who was killed Jan. 25, 1979, at a casting plant in Flat Rock, Mich. It is believed to be the largest personal-injury [...]".

[409] Mais informações podem ser encontradas em: https://www.nytimes.com/in-

Aliás, o Direito do Trabalho, ou equivalente, é que tem tomado a dianteira na disciplina dos robôs, havendo notícia de normas no Japão, Suécia e Estados Unidos.

5.1.3 As (três) Leis da Robótica de Asimov

Embora não se possa atribuir-lhes o caráter de Lei em sentido jurídico, nem como lei formal, nem como lei material, é certo que não se pode pretender esboçar um trabalho sobre robótica e temas relacionados sem tratar das Leis da Robótica de Isaac Asimov e, por conseguinte, das Leis da Humânica, também referidas por ele.

Todavia, no presente trabalho, além de fazer-se a ressalva de que não se trata de normas jurídicas, convém fazer uma crítica sobre elas.

Isaac Asimov, criador da palavra robótica, se referiu, a "Três regras fundamentais da robótica", que mais tarde passariam a ser conhecidas como as Três Leis da Robótica de Asimov, que podem ser enunciadas assim:

> *1ª lei: Um robô não pode fazer mal a um ser humano ou, por omissão, permitir que um ser humano sofra algum tipo de mal.*

> *2ª lei: Um robô deve obedecer às ordens dos seres humanos, a não ser que entrem em conflito com a Primeira Lei.*

> *3ª lei: Um robô deve proteger sua própria existência, a não ser que essa proteção entre em conflito com a Primeira e Segunda Leis.*[410]

É interessante notar que as leis da robótica são, na verdade quatro, pois, em 1985, ASIMOV criou a Lei Zero da Robótica, considerando que "Um robô não pode fazer mal à humanidade e nem, por inação, permitir que ela sofra algum mal. Desse modo, o

---

teractive/2018/03/20/us/self-driving-uber- pedestrian-killed.html.
[410] ASIMOV, Isaac. ASIMOV, Isaac. As três leis da robótica. In: **Histórias de Robôs**. Vol.2. Trad. de Milton Persson. V.418. Porto Alegre: L&PM, 2007 (Coleção L&PM Pocket), p. 100.

bem da humanidade prevalece sobre o dos indivíduos. "

Renato Cristofoleti[411] adverte que

> *A chamada lei zero, porém, tem o sério problema de trans-ferir ao robô o poder (possibilidade) de avaliar, diante das situações concretas, se o interesse da humanidade se sobrepõe ao interesse individual. Tal possibilidade abre uma perigosa brecha para a ditadura das máquinas, que elegeriam por si qual é o bem maior, sendo-lhe permiti-do, inclusive, fazer o mal a um ser humano (indivíduo), caso entendam que isso é melhor para a humanidade. Por essa razão, a chamada lei zero da robótica é ques-tionada e sua existência não é um consenso.*

Evidentemente que as Leis da robótica não são, gize-se, na visão atual e antropocêntrica do direito, verdadeiramente leis de caráter jurídico, notadamente, porque não se dirigem a seres humanos e, bem sabemos, o paradigma atual se funda na premissa de que as leis são feitas por Homens e para Homens, enquanto que as Leis da Robótica são feitas por Homens para robôs.

Todavia, ainda que essas Leis sejam carregadas de nosso antro-pocentrismo, elas são para os robôs bastante semelhantes às leis para os Homens pela sua imperatividade. No entanto, destas diver-gem pela ausência de caráter deontológico.

Se é certo que as Leis jurídicas, em que o Direito se vincula a uma lógica deôntica e, assim, de caráter cultural e social, as Leis da robó-tica são semelhantes às leis naturais, físicas, matemáticas, descritivas da natureza e não prescritivas de comportamentos, sendo sua lógica a ôntica.

Se as Leis da Robótica devem ser aplicadas aos robôs — apli-cadas aqui tem o sentido de impostas, programadas, previamen-te disciplinadoras — descritivas de algo inevitável, fatal, porque estes seguiriam os programas e deles não poderiam arredar, duas conclusões podem ser alcançadas:

---

[411] CRISTOFOLETI, Renato. *As três leis da robótica.* Disponível, quando do acesso, em: <http://74.125.47.132/search?q=cache:B5Ulxx_xRTwJ:cea.eti.br/tec-nologia.blog/%3Fp%3D6+lei+zero+da+rob%C3%B3tica&hl=pt-BR&ct=clnk&cd=2&gl=br&client=firefox-a>. Acesso em: 03 fev. 2009, p. 2.

a) ou os robôs não são inteligentes, ou não têm programas de inteligência artificial, que, por definição, não podem ter seus fins previamente determinados e, portanto, não *agem* no sentido jurídico ou

b) essas leis são de aplicação impossível, pois, sendo os robôs inteligentes, neles não se pode embutir regras de conduta infalíveis, naturais, como são as leis da gravidade ou qualquer outra, da física, embora as sigam por limitações objetivas como as que nos afetam também.

As leis naturais são obedecidas porque não podem ser transpostas, superadas. Quando, por engenho humano o são, imediatamente podem ser superadas. As leis culturais são inculcadas no senso médio e podem ser violadas, submetendo o infrator às sanções nelas previstas, sejam de ordem religiosa, moral, de etiqueta ou jurídicas, embora as sigam por limitações objetivas como as que nos afetam também.

Essas regras antropocentricamente pensadas, como deixou claro o seu criador — não se pode deixar de ter em mente que Asimov concebeu seus robôs como inteligentes, mas subservientes aos humanos, alguns em condição análoga à de escravos — não podem ser implantadas infalivelmente em uma máquina inteligente, pois ela deve se submeter não apenas às leis naturais (físicas), mas também à lógica deontológica, ou seja, devem ser programadas ou "educadas" com regras de conduta, mas a elas não podem estar limitadas, haja vista que estas regras traçam perfis ideais de agir e, por que não são impostas a ferro e fogo, mas pensadas em virtude da multicidade comportamental humana, que admite a possibilidade de falhas e desobediência, trazem regras acessórias de controle, de punição.

O atingimento de uma conduta "inteligente" há de ser programado com base na lógica paraconsistente, não excluídora do terceiro, como é a conduta humana e como, deseja-se, deve ser a robótica, se for possível.

Assim, embora o Homem, de per si, não possa voar, vinculando-se de modo pleno à lei da gravidade, da qual não se desgarra, submete-se a outras ordens de leis: morais, jurídicas, religiosas etc., cada uma com suas regras específicas para casos de descumprimento, justamente porque sabe o Homem que tais leis podem ser violadas, embora não devessem. Nisso se revela nossa inteligência — ou falta dela — e que deve estar presente também nos robôs, nos sistemas inteligentes, uma vez que estes não atrelariam seus efeitos aos programas, mas às circunstâncias que enfrentam, obedecido o paradigma antropocêntrico ou não.

Portanto, o sistema inteligente, a par de se vincular estritamente às leis físicas, como, por exemplo, às da dinâmica dos fluidos, deve se vincular, inteligentemente, ou seja, com possibilidade de desvios, a um sistema de normas deontologicamente formuladas. A menos que a possibilidade de burla revele nossa falta de inteligência.

É por isso que as críticas que o próprio Asimov anteviu são plenamente pertinentes, pois os conflitos e nuances sobre que ele discorre, além de inúmeros outros, casuísticos, não podem ser resolvidos com normas ontológicas, naturais, nas quais não se permite a liberdade decisional inerente à inteligência.

Basta tomar, exemplificativamente, qualquer das leis da robótica para ser ver que elas podem existir apenas na ficção: "1ª lei: Um robô não pode fazer mal a um ser humano ou, por omissão, permitir que um ser humano sofra algum tipo de mal."[412]

Isso leva a uma série de indagações, como, *v.g.*, se um humano estiver prestes a causar um mal a outro humano, como, por exemplo, um malfeitor adulto prestes a disparar uma arma de fogo na fronte de um bebê? Não fazer mal ao adulto é fazer mal ao outro humano, absolutamente indefeso e, mesmo insciente da situação.

Essa lei afasta a possibilidade de legítima defesa de outrem, excludente de criminalidade que permite até mesmo matar para defender alguém.

---

[412] ASIMOV, Isaac. **Visões de robô**. Trad. de Ronaldo Sergio de Biasi. Rio de Janeiro: Record, 1994, p. 18.

Somente um ser estúpido, rigidamente programado, trataria essa questão como um problema não computável e não encontraria solução, entrando em looping, pois um sistema inteligente faria uma avaliação qualitativa, como os humanos fazem e decidiria conforme considerasse ser melhor: esperar para ver o que aconteceria e aplicar a violência só depois; aplicar logo a violência contra o humano em posição de causar mal a outro que nenhum mal pode causar, nem pode se defender; obedecer à primeira Lei e não atuar e, assim fazendo, violar o segundo enunciado da mesma lei etc.

Poder-se-ia cogitar que, seria o caso de aplicação da Lei Zero, mas evidentemente não é, pois não se colocou em risco direto a humanidade, mas, apenas, um ser humano, apenas indiretamente sendo afetada a humanidade que perderia um membro em tenra idade e, com ele todo seu potencial, sem falar dos valores mais elevados que os jurídicos, que estariam sendo vilipendiados por essa monstruosa conduta do agressor. Ainda assim, não convence, pois, o conceito de humanidade — se é que se pode fixar um, universalmente válido, atrela-se à coletividade global dos seres humanos e não a um pequeno grupo ou a um indivíduo.

O que não se pode concordar é com a crítica feita por Cristofoleti[413], pois, se o robô for inteligente, deve ter, como o Homem, meios de avaliar o conceito de Humanidade, algo que o Homem médio sabe. Ora, ou se reconhece a inteligência das máquinas, ainda que a partir de um dado momento e para máquinas em particular ou não se a reconhece. Reconhecendo-a, tudo que o Homem pode, elas hão de poder, em tese, infirmando-a, permanecerão como objeto de direito, sem poder de decisão. A menos que inteligência esteja atrelada a uma conduta absoluta e permanentemente reta, nos tornando a todos seres não inteligentes.

Ademais, interessantes as críticas lançadas por Clarke, aplicáveis ao caso em tela, no qual é de suma importância poder definir lesão (levíssimas, leves, incapacitantes), dano, morte e perigo mortal. Muita vez, repelir *"um gesto amigável seria causar lesão. Um*

---

[413] CRISTOFOLETI, Renato, *op. cit.*, loc. cit.

robô que lê a mente interpreta a primeira lei como exigindo que ele dê às pessoas não a resposta correta as suas perguntas, mas sim, as respostas que ele sabe que elas querem ouvir".[414]

Outrossim, a própria definição de humano pode ser manipulada. Se o robô não tiver meios de ler instantaneamente o genoma humano e suas mutações, que não desnaturam a natureza humana, a simples armazenagem de diversos dados que representariam a figura humana (tons de pele e cabelos, bipedia, membros, características da voz, sotaques etc.) seria insuficiente e insegura, pois esses elementos podem ser alterados via programação ou, mesmo mantendo-se íntegra, fazendo com que o robô não reconheça um ser humano que não se encaixe nos padrões armazenados, como, por exemplo, os portadores de alterações físicas. Isso poderia fazer com que não merecessem tratamento humano advindo de um robô.

Clarke[415] traz um exemplo interessante:

> *Numa das primeiras estórias, Asimov concebeu um robô humanoide que se apresentava como humano que concorria para um cargo público. Ele deve evitar que o público reconheça-o como sendo robô já que a reação do povo não apenas resultaria na perda de sua eleição como também em constrangimentos para os demais robôs. Um opositor político, visando expor o robô, descobre que é impossível de provar que ele é um robô somente com base no seu comportamento, pois as Leis da Robótica obrigam um robô a agir da mesma forma que um bom ser humano.*

Ademais, a definição de humano somente pela aparência levaria aos robôs tratarem como humanos a robôs cuja aparência humana fosse perfeita. A dificuldade se agravaria com as criaturas pós-humanas como os ciborgues.

O próprio Clarke[416] traz uma versão atualizada das Leis de Asimov:

---

[414] CLARKE, Roger, *op. cit.*, p. 2 (tradução livre do autor).
[415] *Ibidem*, p.3 (tradução livre do autor).
[416] *Idem* (tradução livre do autor).

Leis Robóticas de Asimov Revisadas (1985)

Meta Lei

Um robô não deve agir senão quando seus atos estiverem sujeitos as Leis Robóticas.

Primeira Lei

Um robô não pode ferir um ser humano ou, por omissão, permitir que um ser humano sofra algum mal, a menos que isso viole uma Lei de ordem maior.

Segunda Lei

Um robô deve obedecer às ordens que lhe sejam dadas por seres humanos, exceto nos casos em que tais ordens contrariem uma Lei de ordem maior.

Um robô deve obedecer às ordens que lhe sejam dadas por robôs de autoridade superior, exceto nos casos em que tais ordens contrariem uma Lei de ordem maior.

Terceira Lei

Um robô deve proteger a existência de um robô de autoridade superior desde que tal proteção não entre em conflito com uma Lei de ordem maior. Um robô deve proteger sua própria existência desde que tal proteção não entre em conflito com uma Lei de ordem maior.

Assim, bem se vê que as leis da robótica não passam de ficção cientifica não podendo ser consideradas efetivamente leis, estrito senso, ou seja, não podem ser tratadas como normas jurídicas, servindo, contudo, de bom norte.

5.1.4 Jurisprudência

Há no tratamento jurídico do tema, notícias de decisões judiciais que se relacionam com os computadores, todas extraídas de Freitas Jr.[417]

Em 1972, em Ward v. Superior Court of California (3C.L.S.R.

---

[417] FREITAS JUNIOR, Robert A. **The legal rights of robots**. Disponível em: <http://www.rfreitas.com/Astro/LegalRightsOfRobots.htm>. Acesso em: 15 nov. 2000.

206), houve o primeiro caso em que um computador foi chamado a Juízo para ser interrogado, pois continha informações que foram obtidas ilicitamente por seu dono em máquina alheia. Hoje a atividade de *hackers* tem incrementado tremendamente casos semelhantes.

Há mesmo casos em que a decisão do computador prevalece sobre a humana, como na divergência entre o piloto automático de aviões e o piloto humano. Assim, por exemplo, em Klein v. U.S. (13 Av. Cas. 18137 [D. MD. 1975]), a Corte decidiu que evidencia a negligência do piloto humano quando este não se vale do equipamento, mesmo que este não seja de uso obrigatório nas aterrissagens. Em Wells v. U.S. (16 Av. Cas. 17914 [W.D. Wash, 1981], outra Corte decidiu pela negligência do piloto que tomou o comando do piloto automático em uma situação crítica. Nesses casos o Homem foi julgado negligente por não se submeter às decisões do computador ou, ao menos, por desprezar sua orientação.

Robôs já mereceram a mesma proteção jurídica de Humanos em, ao menos, uma decisão judicial, quando o juiz Albert Stevens considerou, em um caso levado a Juízo pelos escritores Ben Bova e Harlan Ellison contra a ABC/Paramount, a qual acusavam de ter violado a obra "Brillo". A sentença considerou que os robôs e os humanos devem ser tratados identicamente quando são personagens em obras literárias e, portanto, têm a mesma proteção legal do direito autoral (*copyright*).

Uma estória gerada por um *software* de criação de estórias (*code generator*) publicada em uma revista de abrangência nacional nos Estados Unidos recebeu proteção do *copyright*.

Ao relacionar personalidade jurídica com cidadania, foi necessário realizar um corte epistemológico desse tema tão rico, multifacetado e com diversos pontos de contato[418], daí, porque limitar o tema e lançar luzes sobre as questões pertinentes.

---

[418] NOGUEIRA, Salvador. Legislação robótica: cientistas querem código de conduta para aqueles que acreditam, estarão cada vez mais entre nós. **Revista Galileu**, n. 211, fev. 2009.

5.2 Por que Cidadania Robótica?

Parece evidente a relação entre personalidade jurídica e cidadania. Embora, valendo-se do conceito clássico de cidadania, com sua vertente política, possa separar-se uma da outra, permitindo-se divisar pessoas que não tenham cidadania, na visão moderna, os dois conceitos são indissociáveis.

O titular de direitos e obrigações, o dotado de personalidade jurídica individual é, concomitantemente, dotado de cidadania no seu espectro mais amplo. Assim, pensar em personalidade jurídica é pensar em cidadania. Todavia, a construção do conceito de cidadania não se deu na forma como de verifica hoje em dia, mas vem sendo construindo ao logo de gerações, com erros e acertos — se é que se pode falar em erros quando se faz referência a cultura.

O Homem teve de experimentar o seu percurso histórico, com suas flutuações e variações, no curso das quais a cidadania foi mais ou menos ampliada, assim como ocorreu com a personalidade jurídica. Vê-se, portanto, que os dois conceitos são fortemente influenciados pela cultura dominante em determinado local e época, firmemente atados ao direito e ao jogo político e econômico.

As conveniências e necessidades da vida política e econômica — modernamente do mercado — têm ditado o ritmo de desenvolvimento e conformação da cidadania e da personalidade jurídica.

Todavia, e talvez por isso mesmo, possa se cogitar de um processo de aquisição da cidadania robótica, desde que os robôs não passem ao controle da situação, dada sua projetada inteligência superior à humana.

Argumentar-se-ia, em favor dos robôs ou dos humanos com o princípio constitucional da isonomia, buscando-se, de lado a lado — se o Direito ou algum direito (humano, Robótico, híbrido) ainda puder intermediar essa relação Humano-Robô — buscando-se demonstrar que esse ou aquele elemento caracterizaria uma igualdade entre humanos e máquinas para efeito destas serem cidadãs.

Mas de que cidadania se cogitaria, então? De uma cidadania robótica apenas, com a existência de um direito estritamente robótico a regular-lhes a vida e atividades, feito por eles mesmos e para eles mesmos, reconhecendo-se, assim, a dualidade de ordenamentos jurídicos nos diversos países, um para os humanos e outro para os robôs?

Cogitar-se-ia de um direito hibrido no qual humanos, em todos os percentuais biológicos ou sintéticos, e máquinas partilhassem das decisões, mediante escolha de representantes parlamentares ou governamentais de cada categoria, com julgamentos paritários?

De todo modo esses dois panoramas levam em conta o paradigma existente de organização social formulado no curso da evolução histórica do Homem e que pode, eventualmente, ser considerado inadequado, ultrapassado ou desinteressante para uma sociedade na qual existam máquinas mais inteligentes que o Homem, mais fortes que o Homem, mais intimamente relacionadas que o Homem, enfim, na qual o Homem seja o coadjuvante ou mesmo venha deixar de existir.

Portanto, somente se pode cogitar de cidadania robótica e de personalidade jurídica robótica com base nos paradigmas sociais, políticos e jurídicos hoje existentes e que podem não mais encontrar eco no futuro.

Apenas nesse caso de permanência do modelo, ou da estrutura básica do modelo criado pelo Homem, é que tem sentido a personalidade jurídica do robô e sua cidadania.

Superado o modelo humano de sociedade, falar-se-á no fim do Direito e da sociedade como se conhece e não se pode antever como um paradigma futuro se configurará, pois qualquer prognóstico será maculado pelo paradigma em curso, além do que, um paradigma superveniente não precisa estar atado ao atual.

Assim, no presente estudo, no particular, embora possa se cogitar de novas conformações técnicas, políticas, jurídicas e sociais, trabalha-se com o conceito existente de cidadania para afirmar-se que, calcado no princípio da isonomia, qualquer máquina que possua características das quais o Direito se vale para examinar o fenômeno humano como sua preocupação, dignificando-o com a titularidade de direitos, merecerá, desde que não se vislumbre e justifique — e os robôs aceitem — diferenças que resultem em tratamento desigual, tratamento jurídico e político igual, inclusive a cidadania.

Assim, a consequência jurídica da singularidade tecnológica que é a personalidade jurídica singular dos robôs resultará automaticamente, na sua cidadania.

Evidentemente que não se desconhece que certas pessoas não possuem no Direito brasileiro cidadania, como é o caso das pessoas jurídicas, daí, podendo se concluir açodadamente que os robôs poderiam ser privados da cidadania.

Todavia, como resta claro no trabalho, optou-se, justificadamente, por entender que o robô pode ser considerado como pessoa individual e não jurídica, sempre cabendo a ressalva de que desde que reúna os caracteres próprios do Homem dos quais o Direito se apropriou ou se utilizou para neste reconhecer a personalidade jurídica.

É preciso ter em conta que esta obra, quando não expressamente aduz em sentido contrário, trabalha com a hipótese de uma mudança (não necessariamente substituição) do paradigma antropocêntrico e que, nestas condições, não haveria de se estranhar essa posição.

Daí porquê da importância de examinar o tema da personalidade imbricando com a cidadania, uma vez que, eventualmente, dever-se-á enfrentar a questão no âmbito do Direito os seus estudiosos devem estar aparelhados para o enfretamento da questão.

O Direito deve estar preparado para essas questões que estão por vir e nada melhor que o debate das ideias para que se formule soluções, defesas ou regras a serem seguidas e passíveis de imposição.

5.2.1 O Conceito jurídico de cidadania

O conceito de cidadania surgiu na Grécia antiga e se traduzia na qualidade daquele residente na *polis* (cidade). Ainda em seu berço, esteve associado aos privilégios concedidos a determinadas categorias de pessoas, assim consideradas cidadãs, estabelecendo-se um conceito restrito de cidadania.

Com o passar dos séculos, essa noção de cidadania foi evoluindo para, na Idade Moderna, por volta do século XVIII, congeminar-se com os direitos fundamentais e o conceito de nação, atrelando-se ainda, aos ideais de liberdade e igualdade consagrados pela Revolução Francesa, reflexo da Independência norte-americana e sua Carta Política. Contudo, de igual forma, permanecia ainda o caráter limitador da cidadania uma vez que, dependia dos direitos políticos, e estes eram concedidos a poucos, excluindo-se, por exemplo, as mulheres e os negros.

Tratava-se de uma cidadania censitária, concedida apenas àqueles que possuíam bens e rendas, traçando uma distinção de significado entre o Homem e o Cidadão.

O cidadão (pertencente à casta) estaria acima do homem comum (pertencente à massa) por ser titular de direitos políticos e dotado de riquezas, sendo habilitado para participar da vida política da sociedade em que vivia.

Em 1789, ratificando essa distinção entre Homem e cidadão e, sob a influência dos interesses da burguesia francesa, surgiu a Declaração dos Direitos do Homem e do Cidadão. O próprio título da Carta já demonstra a existência de uma separação entre Homem, ser humano, e cidadão. Ao primeiro, se concedia apenas os direitos individuais de primeira geração, baseada no servilismo, ao passo que, a esse último, era atribuído os direitos políticos de votar e ser votado.

Essa concepção foi sendo reformulada aos poucos e, somente em 1948 surgiu a Declaração Universal dos Direitos Humanos para considerar cidadãos "[...] todos aqueles que habitavam a soberania de um Estado e deste recebia uma carga de deveres e direitos dos mais variados."[419] Esse entendimento foi ratificado pela Conferência de Viena, datada de 1993.

Assim, apenas com o sufrágio universal foi que se alcançou o conceito pleno de cidadania, nos moldes atuais, sendo esta atribuída a todos aqueles pertencentes a uma dada Nação, indepen-

---

[419] ARAS, Augusto. **Fidelidade partidária**: a perda do mandato parlamentar. Rio de Janeiro: Lumen Juris, 2006, p.27.

dentemente da forma de aquisição de sua nacionalidade, mas que, em decorrência dela, tornam-se titulares de direitos e obrigações políticas, sociais e econômicas.

Conforme entendimento de José Meirelles Teixeira[420]: "A cidadania consiste na prerrogativa que se concede a brasileiros, mediante preenchimento de certos requisitos legais, de poderem exercer direitos políticos e cumprirem deveres cívicos".

Depreende-se dessa definição que a cidadania vincula juridicamente o indivíduo a um determinado Estado, seja por conta de seu nascimento, seja por conta de sua residência ou outros fatores. Em decorrência disso, concede a ele o direito de participar das tomadas de decisões políticas realizadas pelo Estado, implicando no reconhecimento do direito de votar e ser votado[421].

Diante do plexo de elementos envolvidos na conceituação de cidadania, esta ainda é, segundo Aras[422], muito imprecisa, lembrando que os constitucionalistas frequentemente vislumbram uma relação da nacionalidade e direitos políticos com a cidadania, conforme acima constatado.

Por isso afirma Aras[423]: "Percebe-se, pois, que a cidadania não apresenta um arcabouço próprio, estando relacionada com três elementos básicos e que geram sua indefinição: nacionalidade, direitos políticos e povo."

Todavia, caminha-se para uma cidadania ampliada, multimodal, global. Parece não ser possível relacionar-se mais o conceito de cidadania apenas com o de votar e ser votado, com uma cidadania formal, desapegada de participação efetiva nas questões humanas. Ser cidadão é, a um mesmo tempo "ser súdito e soberano"[424]. Nes-

---

[420] TEIXEIRA, José Horácio Meirelles. **Curso de Direitos Constitucional**. Rio de Janeiro: Forense, 1991, p. 565.
[421] TAVARES, André Ramos. **Curso de Direito Constitucional**. 2.ed. São Paulo: Saraiva, 2003, p. 567.
[422] ARAS, opus citatum, p.27.
[423] ARAS, Augusto. **Fidelidade partidária**: a perda do mandato parlamentar. Rio de Janeiro: Lumen Juris, 2006, p.26.
[424] COVRE, Maria de Lourdes Mazini, **O que é cidadania**. 3.ed. 16.reimp. São Paulo: Brasiliense, 2008, p.9.

se campo, Dalmo Abreu Dallari leciona[425]:

> A cidadania expressa um conjunto de direitos que dá a pessoa a possibilidade de participar ativamente da vida e do governo de seu povo. Quem não tem cidadania está marginalizado ou excluído da vida social e da tomada de decisões, ficando numa posição de inferioridade dentro do grupo social.

Basicamente todos os marcos históricos acima referidos têm em comum — observadas as ressalvas apontadas — a fixação da ideia de que todos os Homens são iguais perante a Lei, princípio da igualdade, e portanto, todos têm direito a uma vida digna e plena, com condições minimamente aceitáveis de saúde, educação, expressão, participação política, moradia, de liberdade, dentre outras.

Todavia, a expressão moderna de cidadania traz consigo, também, a ideia de obrigações sociais, de exigir-se de todos cidadãos a participação na condução dos negócios sociais.

Tanto assim que Aras[426] chama atenção para o fato de que os arts. 1º, II; 14 e 68, § 1º, II afastaram da cidadania as prerrogativas de direitos políticos ou de nacionalidade.

> O cidadão tornou-se aquele indivíduo a quem a Constituição Federal confere direitos e garantias, fornecendo-lhe as ferramentas necessárias ao seu efetivo exercício, além de meios processuais eficientes contra sua violação e gozo ou fruição. Firmou-se um núcleo mínimo de direitos e deveres fundamentais.

Para além disso, num mundo globalizado, cada vez mais interconectado e inter-relacionado, os efeitos das condutas e posturas locais podem ganhar contornos globais em pouco tempo. Uma manifestação pró ecologia em um dado lugar para preservação de animais ou ecossistemas do outro lado do mundo pode até mesmo ter efeitos mais importantes e rápidos do que se localmente articulada.

---

[425] DALLARI, Dalmo de Abreu. **Direitos humanos e cidadania.** São Paulo: Moderna, 1998, p.14.
[426] ARAS, opus citatum, p.27.

Nenhum país minimamente desenvolvido e integrado à comunidade das Nações quer ver sua imagem prejudicada por questões sensíveis como ambiente, direitos civis, proteção às minorias, proteção à criança, adolescente e idoso, dentre outras.

Assim, uma campanha fora do controle local pode amplificar os seus efeitos e, por conta da repercussão internacional, ou mesmo global, produzir mudanças locais.

O ativismo político ganha contornos globais e é cada vez mais frequente ver-se pessoas ilustres ou mesmo desconhecidas defendendo liberdades ou pontos de vista referentes a questões locais, não apenas presencialmente, mas em sites, blogs, vídeo blogs, etc., de um ponto remoto do planeta, que, em princípio nada afetaria diretamente suas vidas, a exemplo do que se faz com o Tibet ou com alguns povos indígenas.

Evidentemente que não se desconhece uma orquestração muita vez financiada por governos e entidades não muito conhecidas ou cujos objetivos reais não são muito claros, envolvidos em um pseudo ativismo, mas é fato que os efeitos globais de políticas locais e vice-versa se evidenciam.

É por isso que não se pode mais pensar pequeno em termos de cidadania. A Europa é um exemplo de cidadania continental formal. Embora os países reunidos mantenham suas características e identidades próprias, não é menos certo afirmar-se que há uma cidadania europeia em franca consolidação e expansão.

Discutiu-se uma Constituição europeia (não aprovada), padronizam-se normas laborais, técnicas, civis, criminais, etc. As normas europeias valem em quase todo o continente, onde vige uma moeda única e há livre trânsito de pessoas e bens.

Há pouco o mundo inteiro, embora não tenha votado — a despeito dos americanos em todo o globo poderem votar — participou e acompanhou o debate político norte-americano e adotou postura em favor do candidato Democrata ou Republicano.

Nunca antes houve uma campanha presidencial tão globalizada, com os candidatos fazendo discursos não apenas em diferentes rincões de seu país, mas do mundo.

Da mesma forma os efeitos econômicos, notadamente os negativos, são sentidos de modo global, como os da crise financeira e dos mercados. Os erros na condução dos investimentos promovidos localmente, notadamente nas grandes economias, afetam os investidores e poupadores de todo o mundo, embora em alguma medida, não se possa dizer o mesmo dos seus benefícios.

Essa cidadania ampliada e global somente tornou-se possível com o advento de novas tecnologias que permitem a desterritorialização e a desmaterialização do cidadão, permitindo-lhe tomar conhecimento de eventos realizados em quase qualquer lugar do mundo e interagir globalmente com as pessoas situadas localmente.

Tecnologias como telefonia, voos a jato, satélites de comunicação de massa, cabos submarinos, celulares e internet têm propiciado a rápida circulação de informações e pessoas em todo o globo.

Basta lembrar-se que a cadeia de televisão norte americana CNN ganhou notoriedade global com suas transmissões em tempo real, com uso de equipamentos portáteis, diretamente do *front* na primeira guerra do Iraque. Hoje vê-se a onipresença de câmeras de fotografia e vídeo em praticamente qualquer equipamento eletrônico, permitindo às pessoas não apenas participarem dos eventos marcantes, mas, também, transmiti-los ao vivo e repercuti-los em qualquer outro ponto do planeta.

Outrossim, os blogs e videologs têm permitido que qualquer pessoa com acesso a um computador e a internet expresse suas opiniões. Compartilhe textos, imagens, sons com, potencialmente, bilhões de outras pessoas da terra.

Isso, verdadeiramente, tem criado uma aldeia global, um mundo onde importa tanto o local como o geral, no qual não se sabe onde começam e terminam os muros, os limites — se é que ainda existem.

Nada disso seria possível sem o uso maciço de tecnologia, cada vez mais transparente para o usuário, que não precisa mais conhecer ferramentas de programação complicadas, mas apenas sofisticadas e simples — na verdade a sofisticação consiste na simplicidade da interface.

Patrocínio[427], ao se referir à cidadania digital leciona que:

> Tal configura uma maior responsabilização individual do cidadão da sociedade tecnológica digital globalizada (o e--cidadão, o netcidadão, o netizen) para a construção e exercício de uma cidadania cosmopolita do universo não totalitário.

Com o advento da singularidade tecnológica, para a qual contribuem essas novas tecnologias e manifestações de uma cibercultura[428] esse fenômeno se potencializará literalmente gerando uma consciência cidadã global e, eventualmente, um governo global.

Nessa nova civilização que desconhece fronteiras físicas, certamente novos personagens irão existir, muitos deles imateriais, deslocalizados, na nuvem. Outros tantos, fisicamente visíveis e na condução de uma miríade de atividades — muitas delas sem qualquer participação humana, dando margem, eventualmente, a uma cidadania robótica relacionada com a humana ou isolada, prevalecente.

5.2.2 Importância do conceito de personalidade para a cidadania

Ao lado da conexão global, resta clara a percepção de que a cidadania tem intima relação com a personalidade jurídica. Verdadeiramente não se pode cuidar de cidadania sem que se esteja a falar de Pessoas, ou seja, de titulares de direitos e obrigações e que, por isso mesmo, possam exercê-los, persegui-los, exigi-los, incrementá-los, assumindo os ônus deles decorrentes.

A bem da verdade o plexo de direitos que compõe a cidadania moderna se identifica com os direitos da personalidade — que não

---

[427] PATROCÍCIO, José Tomás Vargues. **Tornar-se pessoa e cidadão digital:** aprender e formar-se dentro e fora da escola na sociedade tecnológica globalizada. 2004. Dissertação (Doutorado em Ciências da Educação e Desenvolvimento) – Faculdade de Ciências, Universidade Nova de Lisboa, Lisboa, p.195.
[428] LEMOS, André. **Cibercultura:** tecnologia e vida social na cultura contemporânea. 4.ed. Porto Alegre: Sulina, 2008.

são objeto direto desse estudo — em suas diversas gerações.

É por essa indissociável relação entre personalidade jurídica, capacitadora de titularização de direitos da personalidade, e cidadania que se mostra pertinente discutir os temas aqui colacionados em relação à Pessoa, seja ela robótica, seja humana.

Ademais, nos países democráticos e nas sociedades que se pautam pelo Direito verifica-se uma crescente complexidade das relações sociais e jurídicas, com o desenvolvimento de direitos da personalidade de várias gerações, incidindo seus efeitos no conceito de cidadania e, mais precisamente, na efetividade da cidadania que somente se realiza com o exercício desses direitos.

Assim, não se pode falar de cidadania parcial, quase cidadania, ou diferentes graus de cidadania, pois isso não reflete a efetividade que esses direitos exigem. De nada basta configurar-se em uma Carta Política uma pauta de valores ou ideais se estes são inatingíveis ou são considerados como meras recomendações. Ainda que não se reúna, momentaneamente, todas as condições para o exercício desses direitos, não se pode cogitá-los como meros efeitos jurídicos ou retóricos. Devem ser perseguidos para serem realizados, efetivados.

Cidadania se vivencia. É na dinâmica das interações sociais e jurídicas, no entrechoque das placas tectônicas das classes, das categoriais, dos privilégios, deveres, direitos, prerrogativas e obrigações que novas camadas exsurgem, que novos direitos afloram pelo próprio exercício, pela reunião de condições ideais para sua atuação, tornando-se efetivos e protagonizando novas relações sociais e jurídicas.

Portanto, a personalidade jurídica se manifesta, se efetiva plenamente na cidadania, quando ganha dignidade máxima de protagonizar o próprio destino do seu titular.

Bem se vê, portanto, que pelo exercício dos direitos da personalidade, somente acessíveis a quem tem personalidade jurídica é que a cidadania aflora em sua plenitude, sendo, portanto, aquela, importante para a efetividade desta.

Assim, é possível cogitar-se que no momento em que a singularidade tecnológica advenha (talvez um pouco antes) possa se cogitar de considerar cidadãos não apenas os humanos, mas os cibernéticos que, poderão ou não assumir posições políticas como nós humanos ou, mesmo, poderão formatar uma nova estrutura social, impensada por nós ou, ainda, indesejada.

O fato é que, considerando-se o robô da singularidade tecnológica como pessoa e como ser vivo (esta última qualidade não tão importante como a primeira) dificilmente se poderá cogitar de negar-lhe cidadania.

O âmbito deste trabalho não se volta para perquirir quais efeitos da cidadania se antevê para os robôs, nem se a relação cidadania com o território de uma nação prevalecerá para os Homens ou para os robôs, nem, ainda, qual critério definirá a cidadania de um robô, mas, apenas, estabelecer que o robô dotado de personalidade deverá vir a ser cidadão, ou seja, deverá ser possuidor de direitos políticos e, provavelmente, as correlatas obrigações.

Esse o alcance que se pretende dar nesta obra.

5.3 Personalidade jurídica do robô

Convém rememorar que existe um debate sobre o conceito de personalidade jurídica ser lógico jurídico ou jurídico positivo.

Diversos autores, a exemplo de Dray[429] e Vasconcelos[430], consideram que a personalidade jurídica singular é inerente à condição ou ao conceito de Homem, sendo o conceito de personalidade jurídica de pessoa coletiva jurídico positivo.

Para autores como esses, a Lei não tem o poder de conceder ou recusar personalidade às pessoas singulares, humanas, mas é justamente o Direito e a Lei que podem conferir, ou não, o mesmo direito às pessoas jurídicas.

Assim, considerando-se o robô como pessoa, ele se qualifica com o mesmo *status* de pessoa física. Consequentemente não se

---

[429] DRAY, Guilherme Machado. Direitos de personalidade: anotações ao Código Civil e ao Código do Trabalho. Coimbra: Almedina, 2006, p. 17.
[430] VASCONCELOS, Pedro Pais de, *op. cit.*, p. 5.

pode cogitar de desconsideração de sua personalidade jurídica para alcançar quem quer que seja, programadores, fabricantes, distribuidores etc.

A uma, porque não se trata de produto, que, por defeito ou dano dele decorrente permita responsabilização do fornecedor; a duas, porque a personalidade jurídica da pessoa é direito da personalidade, absoluto, indelegável, intransmissível.

Qualifico o robô como pessoa singular, sintética ou cibernética, resultando em que as pessoas singulares sejam subdivididas em humanas e cibernéticas ou humanas, sintéticas (em oposição às biológicas, naturais) e cibernéticas (com percentual robótico em um ser humano ou um percentual humano em um robô).

O que poderia ocorrer é um tratamento de sua responsabilidade civil e penal diverso do observado para o ser humano absolutamente capaz, para tratá-lo como relativamente capaz, o que resultará em complicações adicionais, pois, a esta altura, eles já estarão a cargo de inúmeras atividades, inclusive potencialmente arriscadas para terceiros, como já ocorre hoje em dia, com o controle de tráfego, seja aéreo, ferroviário ou terrestre, dosagem de medicamentos, definição de penas etc.

Ora, quem está nessa situação somente pode ser considerado absolutamente capaz. O que se propõe é que se criem parâmetros ou patamares para que se tenha, sob a ótica jurídica, robôs não inteligentes que continuem sendo objeto de direito, outros, relativamente capazes, monitorados e tutelados, cujas decisões mais críticas careçam de intervenção humana, e outros, plenos, como os humanos adultos, sem restrições jurídicas, além de classificação para pós-humanos, parcialmente humanos, parcialmente robóticos.

Essas ideias podem e devem valer tanto para robôs com existência física como para os imateriais.[431] Haverá, certamente, quem

---

[431] GANASCIA, Jean-Gabriel, *op. cit.*, p. 13. Leciona o autor que um computador permite que um cálculo como, por exemplo 45+38 passe a outra sequência de caracteres, nesse caso 83, sem que seja necessário preocupar-se com o modo pelo qual esses encadeamentos e essas operações se vinculam fisicamente com a máquina, sendo, nesse sentido, imateriais as máquinas modernas, em oposição

objete considerar-se pessoa **física** quem não tem existência material. Todavia, quando se fala no estágio tecnológico de que aqui se cogita, a materialização não tem tanta importância, pois o sistema que roda em um computador estático, pode rodar em outro, móvel ou mesmo hominiforme. Isso perde qualquer sentido quando se cogita de computação quântica, como se vê nesse trabalho.

Outrossim, desde o uso da escrita para envio de mensagens do telégrafo, telefonia, fax, *e-mail*, *chat*, mensagem instantânea etc., já se experimenta alguma dose de extra corporeidade ou inexistência de presencialidade física, sem — atualmente e há algumas décadas — maior estranheza ou ausência de efeitos jurídicos.

Importa mais, via de regra, o conteúdo do que a forma na manifestação autônoma de vontade capaz.

Daí, não se poder estranhar que futuramente exista uma pessoa individual — atualmente, ainda, dada as circunstâncias atuais, chamada de **física** — imaterial.

Remarque-se: já experimentamos certa dose de desmaterialização com o e-mail, telefonia e computação móveis, redes sem fio, computação em nuvem, sistemas descentralizados, computação virtual etc.

Talvez, por isso, Rover[432] tenha expressado que "A invisibilidade das máquinas e aparelhos já ocorre em múltiplas dimensões."

Onde o indivíduo está, cada vez importa menos, pois ele pode estar em qualquer lugar para fazer quase tudo. Nas palavras de Negroponte:

> *No mundo digital, as distâncias significam cada vez menos. Na verdade, um usuário da Internet nem sequer se lembra que elas existem. Nela, as distâncias frequentemente parecem funcionar ao contrário. Eu quase sempre*

às antigas.

[432] GANASCIA, Jean-Gabriel, *op. cit.*, p. 13. Leciona o autor que um computador permite que um cálculo como, por exemplo 45+38 passe a outra sequência de caracteres, nesse caso 83, sem que seja necessário preocupar-se com o modo pelo qual esses encadeamentos e essas operações se vinculam fisicamente com a máquina, sendo, nesse sentido, imateriais as máquinas modernas, em oposição às antigas.

> *recebo respostas mais rápidas de lugares distantes do que daqueles que estão próximos de mim, pois o fuso horário diferente permite às pessoas responder enquanto estou dormindo, dando a impressão de que elas estão mais próximas.*[433]

Outrossim, não se exige nem existência física para a ocorrência de direitos da personalidade, uma vez que o *de cujus* também possui alguns desses direitos e não se pode mais falar em existência física do morto, mas, apenas de seu corpo, se não houver sido cremado ou decomposto pela ação do tempo. De todo modo, pessoa no sentido jurídico não mais será.

No direito consuetudinário a abordagem tem sido um pouco diversa. Embora o número de autores que se dedicam ao tema seja muito reduzido e a doutrina ainda insipiente, já se consegue antever uma abordagem própria daquele sistema jurídico.

Há entendimento de que é necessária uma aproximação gradual ao tema. Explica-se: contrariamente ao que aqui foi desenvolvido, afirmando-se que o direito positivo brasileiro permitiria já, não fossem os preconceitos e o paradigma antropocêntrico, considerar um robô realmente inteligente como sujeito de direitos e como pessoa, nos países de *common law*, nos quais, também, há preconceito e o mesmo paradigma, vislumbra-se uma gradação da aptidão para ter direitos civis (*civil rights*) dos robôs.

Não se trata de gradação semelhante à do direito continental europeu, como ocorre no Brasil, com absolutamente incapazes, relativamente capazes e capazes. A hierarquia é de outra ordem.

O entendimento é esposado por Inayatullah[434] que, citando Neal Milner, assim considera existirem os seguintes patamares:

---

[433] NEGROPONTE, Nicholas, *op. cit.*, p. 171.

[434] MILNER, Neal apud INAYATULLAH, Sohail. **The rights of robots: technology, culture and law in the 21st century**. Disponível em: <http://74.125.95.132/search?q=cache:Fv0dYY_djEgJ:www.metafuture.org/Articles/TheRightsofRobots.htm+MCNALLY,+Phil%3B+INAYATULLAH,+Sohail.+The+rights+of+robots:&cd=1&hl=pt-BR&ct=clnk&gl=br&client=firefox-a>. Acesso em: 25 fev 2009 (tradução livre do autor).

I) Primeiro é a imagem. É necessário criar-se uma imagem positiva, demonstrado a racionalidade dos robôs terem direitos;

II) Em seguida é preciso ter uma ideologia justificadora dessa ideia;

III) O passo seguinte é a mudança nos padrões de autoridade, referindo-se aos padrões institucionais de governo, que começam a se modificar;

IV) Adiante vem o desenvolvimento de redes sociais de reforço da nova ideologia, formando com isso laços com clientes em potencial, advogados e intermediários;

V) O próximo passo é o acesso à representação legal, seguida de uma banalização da representação legal, no sentido de que ela deve estar rotineiramente disponível. Finalmente, o governo usa seu poder para atender aos interesses emergentes.

Um dos artigos mais completos sobre o assunto traz as seguintes ponderações:[435]

> *Enquanto a sociedade atual se volta para os crimes relacionados à informática, inspirados por humanos, uma questão muito mais profunda pode estar por vir — a máquina criada pelos humanos ser considerada como marginal ou criminosa.*

Atualmente, a geração dos robôs vem evoluindo de forma acelerada, produzindo equipamentos semelhantes aos humanos e capazes de ver, ler, falar, aprender e até expressar emoções.

Questão polêmica abrange as capacidades das máquinas de IA, as quais são comprovadamente capazes de imitar o comportamento de outras máquinas; aprender com os próprios erros; demonstrar curiosidade, uma vez que possuem alto poder de investigação ao redor do seu ambiente, além de serem tão criativos e determinados quanto os humanos na busca seus propósitos.

---

[435] LEHMAN-WILZIG, Sam N, *op. cit.*, p.424 (tradução livre do autor).

Em suma, "uma geração de robôs está evoluindo rapidamente. Uma raça que pode ver, ler, falar, aprender e até mesmo sentir emoções. "[436]

A evolução alcançada pelas máquinas de Inteligência Artificial não possui equivalência, porquanto os mecanismos de autorreparo lhes asseguram um tempo ilimitado de durabilidade, e a sua reprodução pode ocorrer de cinco modos diferentes. Dentre estes, o quinto modo — "probabilístico de auto reprodução" — se assemelha à evolução biológica através de mutações, de maneira que o autômato celular altamente eficiente, complexo e poderoso possa evoluir a partir de um autômato celular ineficiente, simples e fraco.

Os ciberneticistas já perceberam que a equivalência de autômato/humano está rapidamente se tornando uma realidade devido às limitações estruturais do cérebro humano em comparação com a potencialidade das máquinas.

Clarke[437] observa que as células que compõem o nosso cérebro são lentas, volumosas e desperdiçam muita energia — em comparação com os elementos informáticos que, teoricamente, podem ser do tamanho de um átomo, ou seja, a célula eletrônica possui uma eficiência 10 bilhões de vezes maior que as células protoplasmáticas.

Assim, o terreno já foi preparado para a chegada num futuro não muito distante de máquinas de inteligência artificial — "humanoides" — que irão exibir todas as características e traços importantes de um Homem. Ele estará pronto para nos "servir" (?). Se estamos prontos para ele, isso já é outra questão.

Lehman-Wilzig[438] ainda discorre delongadamente sobre a criminalidade robótica, lembrando que a liberdade dos robôs irá levar a algum comportamento nocivo, mesmo que bem-intencionado. Isso ocorreria em parte por conta do espírito literal do robô, que é lógico,

---

[436] RORVIK, D. *As man becomes machine*. New York: Pocket Books, 1971, p. 35 apud LEHMAN-WILZIG, Sam N., *op. cit.*, p. 443 (tradução livre do autor).
[437] CLARKE, A. C. **Profiles of the future**. London: Pan Books, 1964, p. 28 *apud* LEHMAN-WILZIG, Sam N., *op. cit.*, p. 444.
[438] LEHMAN-WILZIG, Sam N., *op. cit.*, p.445.

mas não é sensato ou razoável e, por isso, poderá cumprir ordens de modo absurdo.

É preciso que se esclareça, todavia, que tal percepção leva em conta modelos de máquinas computadorizadas como as existentes atualmente, não considerando o advento de avançada (verdadeira?) inteligência artificial que poderá ponderar essas ordens, à vista de uma tábua de valores, ou de interesses próprios ou egoístas das máquinas.

Conforme observa Kemeny[439] "O problema dos computadores modernos é que eles, de fato, fazem exatamente o que mandamos que façam e não o que realmente queremos que façam."

Ciberneticistas já começaram a discutir a possibilidade da psicopatologia da inteligência artificial. Minsky[440] acredita que as primeiras máquinas inteligentes autodesenvolvidas se tornem 'psicóticas' em vários aspectos resultando em longo tempo de desenvolvimento para estabilizá-las. Isso sem falar que já se programa comportamento paranoico em computadores.

Sob tais circunstâncias, pondera Lehman-Wilzig,[441] não se pode esperar que as máquinas irão sempre labutar em prol dos humanos. Se o seu critério moral de hierarquização da vida for a inteligência, então o robô inteligente se relacionará conosco da mesma forma que nos relacionamos com as formigas, uma vez que, dotados de inteligência que, cremos, seja superior, provavelmente terão propósitos e objetivos que não coincidem com os dos humanos.

Expressa esse autor o entendimento de que do ponto de vista jurídico atual, os computadores, os robôs e os humanoides mais avançados não poderiam ser considerados nada mais além de objetos inanimados, sujeitos às leis atuais, à semelhança, guardadas

---

[439] KEMENY, J. G. **Man and Computer.** New York, Charles Scribner's Sons, 1972, p. 10 apud LEHMAN-WILZIG, Sam N. *op. cit.*, p. 445 (tradução livre do autor).

[440] MISKY, M. **Computer science and the representation of knowledge.** *In*: DERTOUZOS, M. L.; MOSES, J. (eds). The computer age: a twenty-year view. Cambridge: MIT Press, 1979, p. 394 apud LEHMAN-WILZIG, Sam N., *op. cit.*, p. 446.

[441] LEHMAN-WILZIG, Sam N. *op. cit.*, p. 446.

as devidas proporções, do que representavam os escravos para as antigas civilizações. Em ambos os casos, a ausência de humanidade seria baseada nas concepções de mente, inteligência e compreensão moral — supostamente, renegados tanto aos escravos quanto às máquinas/robôs.

Tais características conduzem a um paralelo entre as duas realidades, fazendo-nos crer, diz Lehman-Wilzig,[442] que, da mesma forma que ao escravo lhe foi concedido progressivamente um caráter mais humano, outorgando-lhe direitos e obrigações atribuídos ao homem livre, os humanoides da inteligência artificial também poderiam progressivamente ser tratados como quase-humanos, relativamente à esfera moral, estética, criativa e lógica. De todo modo, como visto, há quem entenda que, em Roma, os escravos não eram desprovidos de direitos, como visto.

No mundo jurídico, a verossimilhança da tese esposada acima classificaria os robôs através de uma escala progressiva desde sua concepção enquanto propriedade até o conceito de ente dotado de direitos e juridicamente responsável. Cumpre ressaltar que a relevância jurídica de tal classificação repousaria na necessidade de pacificação social e definição dos papéis representados por cada personagem. Como acima asseverado, Lehman-Wilzig[443] entende que os robôs trilharão um percurso jurídico evolutivo até o atingimento da qualidade de pessoa, na forma como adiante se sumariza.

Assim, o primeiro estágio é o da responsabilidade pelo produto, que prevê que os danos decorrentes das ações dos robôs acarretariam a responsabilidade civil pelo vício do produto. Essa responsabilidade recairia no fabricante, podendo ainda responsabilizar subsidiariamente os importadores, distribuidores, revendedores (e seus funcionários, se atuaram com negligência), equipe de manutenção, instaladores, fiscais e certificadores e até mesmo o usuário final, nos danos a terceiros que não ao proprietário do robô.

Embora juridicamente bem formulada, a ideia de responsabilidade pelo produto encontra problemas de diversas ordens. Inicial-

---

[442] *Ibidem*, p 447.
[443] *Idem et seq.*

mente no campo da legitimidade processual, haja vista a identificação do fabricante ser complexa e existirem fabricantes distintos na elaboração de um robô — um, para o *hardware* (a estrutura física da máquina) e um para o *software* (o programa institucional). Convém esclarecer também que, no Brasil, o *software* é protegido pelo direito autoral, afastando-lhe a natureza de produto e de serviço.

Em segundo lugar, pode-se identificar o problema decorrente do princípio do 'risco inerente'. Se há um risco inerente na própria natureza do produto, então a responsabilidade somente será atribuída se o fabricante não advertir o usuário dos possíveis riscos ou se o produto tiver um defeito que ultrapasse os limites da normalidade do risco inerente ao produto. Nesse sentido, o risco inerente de um computador com grande diversidade de funções não é tão evidente quanto o de um cortador de grama, e o problema se agravará quando os computadores de quarta geração tiverem o poder de autoprogramação.

O segundo estágio relaciona-se aos *Animais perigosos*, uma vez que a independência e a evolução dessas máquinas podem ocasionar riscos e danos à sociedade. Desse modo o ônus da responsabilidade poderá ser transferido dos fabricantes/distribuidores aos usuários/proprietários finais, seguindo os princípios jurídicos que regulamentam os "animais perigosos". Logo, a corrente doutrinária a ser seguida poderia estar relacionada à responsabilidade subjetiva (advinda de culpa em razão de negligência) em relação a animais ou, como defende a maioria da doutrina, relacionando-se com a responsabilidade objetiva.[444]

O terceiro estágio seria a *Escravidão*. O termo 'robô', como visto, advém da palavra checa *robota*, que significa servo ou trabalhador forçado. Desde o início dos robôs, o seu propósito foi de servir como escravo moderno da humanidade. A dificuldade real

---

[444] CASTRO JÚNIOR, Marco Aurélio de. **Responsabilidade Civil do Hacker**. 2001. Dissertação (Mestrado em Direito) – Fac. de Direito, Universidade Federal da Bahia, Salvador, 2001. Nessa dissertação advogo a tese de um tratamento específico da responsabilidade civil no meio digital gradativa, em virtude de características específicas de cada pessoa.

do paralelismo jurídico robô-escravo não está na questão da responsabilidade do proprietário, mas sim na sanção a ser aplicada ao robô nos casos em que não se atribua responsabilidade ao seu *dominus* (*v.g.* conduta criminosa do robô que não derivou de comando do proprietário).

Mas, como se poderia 'castigar' um robô? Não poderia ser tão simples quanto 'puxar a tomada'. As ações conscientes não precisam estar vinculadas a *intenção* para causar lesão. Assim, abrem-se duas saídas mais viáveis: reabilitação e indenização. A primeira, envolveria a reprogramação do robô culpado. A segunda, seria obrigar o mesmo a compensar a vítima pelo dano causado.

O quarto estágio leva em consideração a *Capacidade reduzida*, na medida em que a lei desenvolveu uma abordagem diferenciada para os indivíduos que possuam reduzida capacidade de discernimento, inclusive acerca das consequências da prática de certos atos. Aqui, a lei se preocupa com a *mens rea* ("mente criminosa"), bem como com o *animus* de cometer crime. Dentro da categoria, existem dois diferentes tipos de incapacidade mental: a permanente e a temporária. Ao humanoide, o mais comum seria a incapacidade mental temporária, decorrente de uma avaria transitória ou, ainda, de humanoides programados com as Três Leis de Asimov, que poderiam ficar temporariamente desorientados ao verem um humano se lesionar, podendo agravar a lesão ou lesionar outros.

O quinto estágio remonta às crianças e adolescentes. A questão aborda a legislação concernente a menores ou incapazes ou relativamente capazes, que seria aplicável aos humanoides na medida em que lida com uma entidade inteligente, mas de pouca responsabilidade moral. Os exemplos destacam-se no campo da autoaprendizagem e autoprogramação, que conferiria aos computadores métodos de tentativas e erros. Em outros termos: as consequências físicas de uma ação específica poderiam ser compreendidas, sem imputar-lhes a consequência jurídica devida. Aqui um problema pode ser a velocidade de aprendizado e evolução individual do robô, que poderia ou poderá ser de tal magnitude que inviabilize um processo educativo tradicional.

Contudo, conforme observa Prosser, referido por Lehman--Wilzig[445] em relação ao *status* legal do menor, os países que adotam a *"common law"* não atribuem aos pais a irrestrita responsabilidade pelos atos de seus filhos, somente reconhecem a mencionada responsabilidade ante certas condições (educação inadequada ou negligência), diferentemente do que ocorre nos países de tradição civilista. No futuro, a sociedade teria que estabelecer um equilíbrio entre a responsabilidade atribuída aos 'pais' do robô e a necessidade de proteger os direitos da vítima.

O sexto estágio está atrelado à visão do robô como *Mandatário*, posto que, em quase todas as circunstâncias, o robô/humanoide age a serviço de algum mandante humano. Nesses casos, o mandatário é mero instrumento do mandante. O único requisito essencial para a relação entre mandante e mandatário é que este último aja em nome do mandante e sob sua ordem, não havendo que se falar em qualquer responsabilidade entre mandante e mandatário diante de qualquer dano causado. Essa relação difere da relação empregado/empregador, na qual o empregado ocupa uma posição de sujeição ao controle e direção do empregador. Nesta última hipótese, o empregador é solidariamente responsável por qualquer dano praticado pelo empregado durante o serviço ou que tenha por propósito favorecer os negócios com os quais labuta.[446]

Finalmente, poder-se-ia alcançar o estágio de *Pessoa*. Essa sétima categoria representa um marco emocional-filosófico de uma perspectiva humana. Poderá existir algo como 'livre-arbítrio' para a inteligência artificial? Segundo Lehman-Wilzig, Hofstadter comenta que, acerca da origem do senso de livre-arbítrio, talvez se diga que ele advém do cérebro – um pedaço de hardware que não se criou nem se escolheu. O ser humano não é um 'objeto auto programado', mas continua a ter um senso de desejos, que advém do substrato físico de sua mente. Da mesma forma, máquinas poderão um dia possuir desejos, malgrado nenhum programa surja repen-

---

[445] LEHMAN-WILZIG, Sam N., *op. cit.*, p. 446.
[446] Note- se que tratamos aqui de obra que aborda a *common law*.

tinamente em sua memória (auto programado). Com efeito, num último nível de singularidade, as máquinas teriam desejos em virtude da organização das estruturas nos diversos níveis de *hardware* e *software*, tal como ocorre com os seres humanos.

Não existem respostas definitivas, diz Lehman-Wilzig. O futuro poderá passar por cima de filósofos, teólogos, biólogo, psicólogos, com uma realidade difícil de ser explicada.

Afinal, arremata Lehman-Wilzig:[447] "O que significa ser uma pessoa? Como visto, certamente não se pode arguir que ser pessoa é ser humano. Poderia um artefato ser humano? Para mim, a resposta é clara: sim. Um robô poderá fazer muitas coisas das quais discutimos: locomover e reproduzir; predizer e escolher; aprender; compreender e interpretar; analisar, decidir; sentir. "

Portanto, nesse passo, pode-se afirmar que a singularidade tecnológica poderá resultar em robôs que sejam pessoas de direito.

5.4 Perspectivas

Em palestra promovida pelos produtores do filme: Inteligência Artificial, Kurzweil afirmou:

> *Em 2030 não haverá distinção clara entre humanos e Robôs. Por volta do primeiro quarto do século XXI saberemos tudo sobre o cérebro humano e seremos capazes de reproduzi-lo com perfeição em máquinas. Elas poderão fazer todas as coisas que nós fazemos, inclusive amar. [...] Em 2029 um computador com o preço de um PC atual terá a capacidade de computação do cérebro humano.*[448]

E provavelmente passará no Teste de Turing, há de se acrescentar.

Antes, afirmou que por volta de 2020, vamos acoplar computadores aos nossos cérebros e construir máquinas tão inteligentes quanto nós mesmos.

---

[447] *Idem* (tradução livre do autor).
[448] KURZWEIL, Ray. Inteligência artificial. **Superinteressante**. P. 48-54, ano 15, n. 7, jul. 2001.

Por volta de 2050, entende Kurzweil[449] que será possível optar por substituir partes de nosso corpo orgânico por peças robóticas, cibernéticas. Pulmões, corações, rins etc., poderão ser substituídos.

> *Em 2060, uma máquina de 1000 dólares será mais capaz que todos os cérebros humanos somados. Por volta de 2100, poderemos ver surgir uma nova espécie, parcialmente robótica, parcialmente humana, na proporção que desejarmos. Nessa época, "um chip de um centavo de dólar vai ter uma capacidade de computação de um bilhão de vezes maior que a de todos os cérebros humanos da Terra somados".*

Convém aqui relembrar que entre o primeiro voo do primeiro avião e a chegada do Homem à Lua, passaram-se apenas 66 anos, sendo certo que muitas pessoas vivenciaram ambos os eventos! Se a Lei dos retornos acelerados proposta por Kurzweil estiver correta — e ele faz uma boa demonstração de sua validade — esses prognósticos poderão se concretizar[450]. Suas projeções estão de acordo com as de Moravec e de outros *experts* em robótica e inteligência artificial, muito embora — é bom que fique claro — muitos autores de escol discordem disso.

Acerca de previsões, convém também relembrar algumas, feitas por John Kemeny,[451] reitor da Universidade Dartmouth.

---

[449] *Idem.*

[450] KURZWEIL, Ray. **The age of intelligent machines**. 3ª reimp., MIT Press, Cambridge, 1999.

[451] **A Bola de cristal de Kemeny**. Disponível, quando do acesso, em: <http://www.
dartmouth.edu/comp/about/history/unplugged/crystalball.html>. Acesso em: 17 fev. 2009.
Lee Michaelides: Em seu livro "Man and The Computer", de 1972, o antigo presidente da Dartmouth incluiu as suas previsões para o futuro da computação. Vejamos o quanto ele acertou em suas previsões:
Previsão: "Espero plenamente que dentro da próxima geração iremos ver memórias de computador capazes de abarcar o conteúdo da maior biblioteca do mundo."
Resultado: Acertou. Chegada das bibliotecas online.
Previsão: "A próxima década provavelmente irá observar o desenvolvimento de

Ele previu, dentre outras coisas, que:

I) Haveria memória digital suficiente para armazenar as maiores bibliotecas do mundo.[452]

II) Surgimento de imensas redes de informação e a possibilidade de milhões de pessoas fazerem pesquisas a partir de suas casas, em terminais de baixo custo.

III) Fornecimento de conteúdo personalizado para cada pessoa.

IV) As empresas manteriam listas de estoques em seus computadores para acesso por qualquer cliente.

V) Um sistema de computador poderia controlar todas as sinaleiras de Manhattan.

VI) Ampla utilização de videofones.

Verifica-se, pois, que os estudiosos dos temas aqui relacionados desde há algum tempo têm acertado em grande medida os prognósticos formulados. Certamente não se pode aceitar um determinismo do futuro do Homem. Trata-se de um ser de múltiplas facetas e características, impossível de ser apreendido em sua inteireza, como, de resto, tudo o mais.

O Homem sempre criou, ousou, inovou, tentou tudo que era possível e mesmo o que parecia impossível. Tudo que lhe foi possível realizou. Nada do que era impossível se concretizou. Esse plexo de realizações e impossibilidades não levou nem leva em

---

imensas redes de informática."
Resultado: Acertou. As redes estavam dando os seus primeiros passos em 1972, mas dentro de uma década, o estabelecimento de redes virou a onda do futuro.

[452] Na verdade, existe espaço nos diversos tipos de meios de armazenamento digital, suficiente para armazenar todo conhecimento humano já produzido. Consultar KELLY, Kevin. **Scan this book!** Disponível em: <http://www.nytimes.com /2006/05/14/magazine/14publishing.html?_r=1&scp=1&sq=Kevin%20Kelly%050%20petabytes&st=cse>. Acesso em: 22 jan. 2009. A matéria informa que todo conhecimento humano, até então, cabe em 50 peta*bytes*. Ou seja, um único pequeno prédio consegue armazenar essa quantidade de dados que correspondia a 32 milhões de livros, 750 milhões de artigos, 25 milhões de músicas, 500 milhões de imagens, 500 mil filmes, 3 milhões de vídeos e 100 bilhões de páginas da *web*.

conta completamente critérios éticos, morais, religiosos ou legais. A inteligência humana é algo que supera a própria compreensão humana sobre ela, demonstrando sua limitação e sua amplitude.

O que acontecerá no futuro, seja próximo ou remoto, é consequência de algo que se faz agora, que se fez no passado ou que se fará adiante. Poderemos diante das evidências que apontam um ritmo crescente e exponencial da evolução, assim como ocorre com a evolução tecnológica, como descreve a Lei dos Retornos Acelerados, manter a dianteira na capacidade de moldar o mundo? Ou seremos tragados pelas nossas próprias realizações, trilhando e colhendo uma rotina neurótica, do gozo neurótico da repetição que nos causa mal? Há saídas dessa situação? Compete ao Direito, ou mesmo tem o Direito o poder de direcionar, de controlar, de moldar o futuro ou deve permanecer atado ao seu paradigma de regular no só-depois?

Essas questões desbordam desse trabalho e aguçam ou devem aguçar as mentes atentas ao significado de se ter máquinas tão ou mais inteligentes que o Homem. O trabalho limitou-se a demonstrar, ou ao menos, tentar demonstrar, que os meios para tanto existem ou estão em vias de existir concretamente, aperfeiçoando sua virtualidade, bem como, que o direito pátrio é suficientemente elástico para comportar robôs com personalidade jurídica.

"Não cantarei o mundo futuro."[453] O futuro, que afetará a espécie humana, já começou a ser traçado no passado e continua sendo no presente. No atual estágio das coisas, ficar inerte é a única condição inaceitável. Assim, com esse trabalho, além de se apontar uma posição doutrinária, pode-se propiciar que outros avancem com os problemas postos pelo direito robótico, permitindo encontrar as melhores soluções possíveis.

---

[453] ANDRADE, Carlos Drummond de, *op. cit.*, p.78.

CONCLUSÕES

1. O paradigma fundamental do Direito atual é o antropocentrismo.

2. O antropocentrismo vem perdendo espaço desde a descoberta de que o Sol, e não a Terra, é o centro do Sistema Solar, bem assim, desde a elaboração da teoria darwiniana da evolução.

3. A racionalidade humana foi posta em questão pela psicanálise com sua noção de inconsciente.

4. O crescente avanço tecnológico abre as portas para a criação de máquinas potencialmente mais inteligentes que os humanos, o que poderá ser determinante para a decadência do antropocentrismo.

5. O conceito de Pessoa está em constante evolução. Desta maneira, haverá momento em que, deparando-se com tal realidade, poderão ter de se transformar para englobar robôs e ciborgues.

6. Há certo grau de identidade biológica registrada no DNA entre todos os seres vivos, a exemplo dos genes para a visão e para organização do corpo.

7. A evolução experimentada na Terra pode ter se iniciado em formas cristalinas, passado para o atual estágio, biológico, e poderá prosseguir através de seres cibernéticos. Assim, completar-se-ia o ciclo mineral-animal-mineral.

8. A inteligência é um conceito com conteúdo variado, cuja dimensão não pode ser aferida com precisão. Assim, não se pode rejeitar categoricamente que outras espécies tenham esse atributo. Inteligência é um efeito e não algo intrínseco.

9. A consciência também não pode ser tomada como um atributo

exclusivo da humanidade, como pode ser observado, por exemplo, no processo de comunicação das abelhas, por meio de danças e movimentos corporais, ou nos primatas.

10. O que acontece no interior de um computador, quando em funcionamento, muita vez é um mistério insondável, como ainda é o mistério do que ocorre no cérebro quando pensamos.

11. Cérebro e computador não se equivalem, o que pouco importa, pois, se a sua manifestação for um efeito ou ato inteligente, o que o causar haverá de ser inteligente, pois o que permanece no pensamento não pode ser de forma alguma avaliado, apenas seu resultado.

12. O conceito jurídico de pessoa é mutável e está em constante evolução, como pode ser observado, por exemplo, a partir da análise de que os afrodescendentes já foram dele excluídos, na época da escravatura. Portanto, não se pode relacionar o conceito jurídico de pessoa com o *Homo sapiens*.

13. Etimologicamente, a palavra "robô" significa trabalhador forçado. O conceito tradicional de trabalhador está atrelado ao Ser Humano. Por esta razão, considerando-se que o atual conceito de pessoa é "ente titular de direitos e obrigações", nada obsta que robôs passem a ser englobados por ele.

14. A pós-humanidade será a continuidade do processo evolutivo humano, não mais em bases totalmente biológicas, ou mesmo, em determinado momento, parcialmente biológica, mas numa base cibernética, sintética.

15. Descobertos os elementos que, reunidos, ou isoladamente resultam na personalidade do indivíduo juridiscizada, é lícito afirmar que, se outro ente for encontrado dotado desses mesmos elementos, a conclusão lógica é a de se lhe atribuir o mesmo *status* jurídico de pessoa.

16. Hoje as legislações vigentes em Portugal e no Brasil aboliram adjetivos dos seus conceitos de pessoa, abrindo a porta para que se

compreenda como pessoa, como dotado de personalidade jurídica, não apenas o Homem, mas à moda da visão oriental sobre a equiparação da dignidade de todos os seres com o Homem, dando chances à teoria do direito animal e, assim, também a do direito robótico para que um robô seja juridicamente qualificado como pessoa.

17. Nos países de direito consuetudinário, em princípio, segundo doutrina, especializada não há óbices para, gradativamente, reconhecer-se personalidade jurídica aos robôs.

18. O nascimento de um robô é a sua colocação em marcha. O nascituro é o Homem virtual, em potência, assim como os projetos são o robô virtual. Se nascer, será pessoa e Homem, se não nascer não será, mas já reúne, assim como a semente, todos os elementos necessários para sê-lo. *Idem* aos projetos factíveis e exequíveis de robôs.

19. Pode-se entender um sistema vivo como máquina autopoiética, em razão do que se pode concluir que um robô — conceito sob o qual englobam-se, computadores, *cyborgs, andoides* etc. — pode ser tratado como um sistema vivo.

20. Um robô, sob a ótica clássica, é caracterizado pela programabilidade, capacidade mecânica e flexibilidade.

21. A experiência demonstra que é comum seres humanos terem sentimentos, especialmente raiva, em relação a computadores e outras máquinas, tratando-os como se fossem sujeitos dotados de vontade própria.

22. As crianças, quando pequenas, reconhecem que os computadores estão de certo modo vivos porque têm inteligência, mas os distinguem das pessoas porque somente estas têm sentimentos. É crescente a atribuição de caracteres humanos aos robôs.

23. A nanotecnologia e o uso de materiais supercondutores eliminarão as barreiras térmicas, relacionadas com a física, dos compo-

nentes de silício, feitos bidimensionalmente, possibilitando-se, já na sua primeira geração, construída naquela escala, um ganho superlativo sobre a geração anterior de silício, superando os ganhos, os retornos da Lei de Moore.

24. Esse ganho possibilitará o surgimento de máquinas muito mais inteligentes que nós e que toda humanidade juntas, com todas as nossas capacidades e muito mais.

25. A Lei dos retornos acelerados informa que as tecnologias aplicadas à inteligência artificial crescem e se desenvolvem de modo exponencial. Assim, a curva de desenvolvimento que hoje importa no dobro da velocidade de processamento com mesmo custo a cada 2 anos (Lei de Moore), em breve será multiplicada por n, e a curva do gráfico em relação à vertical atribuída ao tempo, se tornará paralela a esse eixo, quando se alcançar a singularidade que decorre, dentre outros fatores, da aplicação conjunta da nanotecnologia, redes neurais, materiais supercondutores e computação quântica, com potencial explosivo quando se conseguir alcançar a teoria unificadora.

26. A Lei dos Retornos Acelerados aplica-se também à evolução biológica.

27. Alguns autores apontam que o momento em que as máquinas superarão as capacidades humanas ocorrerá por volta de 2030 ou 2040, em razão do que muitos seres humanos que hoje estão vivos poderão ver isso acontecer.

28. No momento em que um computador tiver a mesma inteligência de um Homem, este já estará superado, pois computadores estão conectados em rede e, por isto, podem apreender muito mais rapidamente que os seres humanos.

29. Tem sido crescente a necessidade de disciplinar juridicamente a atuação dos robôs ou sua interação com os homens, haja vista que eles estão se tornando cada vez mais presentes e começam a causar danos e, inclusive, mortes. A legislação internacional sobre

o assunto é incipiente, e muitas leis nacionais são inexistentes.

30. As leis da robótica não são leis jurídicas.

31. O direito positivo brasileiro, bem como o português, especificamente os Códigos Civis, já permitem, aos robôs, dotados das características que fazem com que o Homem seja juridicamente reconhecido como pessoa, ter semelhante tratamento jurídico.

32. O direito que regulará a vida dos robôs poderá ser um direito humano, híbrido ou robótico, se algum direito puder intermediar essas relações, em face da projetada inteligência robótica superior à humana, que poderá propiciar mudanças indesejadas pela espécie humana.

33. Desaparecido o paradigma jurídico atual, poder-se-ia falar no fim do Direito, como se o conhece, mas não se pode antever completamente um novo paradigma.

34. Diante do quadro tecnológico que se apresenta, não existem respostas definitivas, eis que o futuro poderá apresentar uma situação que contrarie filósofos, teólogos, biólogos, psicólogos, juristas etc. com uma realidade difícil de ser explicada.

35. O paradigma antropocêntrico seguramente será abandonado em pouco tempo. Aliás, já está sendo, na medida em que se começa a reconhecer direitos dos animais, a que poderá se seguir ao reconhecimento dos direitos das florestas, depois dos oceanos, robôs etc., não necessariamente nesta ordem.

36. A pós-humanidade, por levar em conta o referencial humano, ao tempo em que poderá resultar no fim do *Homo sapiens*, talvez antecedido de um período de seres híbridos, o prosseguirá na medida em que deverá prevalecer o robô, criatura, até certo ponto, do Homem, transformando o Homem de criatura em criador, resultando em que o perecimento da espécie seja uma forma de perpetuá--la, nos moldes da teoria da evolução e do equilíbrio autopoiético.

37. Se for configurada a exponencial evolução humana mais recente, em mesmo patamar da evolução tecnológica, com base na Lei dos Retornos Acelerados, poderá ocorrer de a distância existente entre a inteligência humana e artificial se manter e o Homem não ser superado pela máquina.

38. Conhecer o conhecimento nos obriga a estarmos constantemente alertas contra a tentação da certeza, a aceitarmos que nossas certezas não comprovam a verdade, como se o mundo que cada indivíduo enxerga fosse o mundo, e não **um** mundo coletivamente construído. O conhecimento nos obriga, pois não podemos negar o fato de saber que sabemos.

39. Nosso ponto de vista é o produto de um acoplamento estrutural no domínio experiencial, tão válido quanto o do oponente, mesmo que o dele nos pareça indesejável. Compete-nos procurar a perspectiva mais ampla de um domínio experiencial no qual o outro possa igualmente participar, e todos juntos possamos erigir um mundo.

40. Sobre a natureza jurídica dos direitos da personalidade, argumenta-se que são formados por certos atributos, qualidades físicas ou morais da pessoa, individualizadas pelo ordenamento jurídico. São representações "espirituais e físicas" da pessoa, um conjunto especial de direitos subjetivos, que se revelam através de características fundamentais da pessoa.

REFERÊNCIAS

2001 – Uma Odisseia no Espaço. Stanley Kubrick (dir. e prod.). Filme-vídeo. DVD. Estados Unidos, Reino Unido: MGM, 1968. Cinemateca VEJA, vol. 46. São Paulo: Editora Abril, 56p. Il. 1 disco abr. 2008.

A Bola de cristal de Kemeny. Disponível, quando do acesso, em: <http://www.dartmouth.edu/comp/about/history/unplugged/crystalball.html>. Acesso em: 17 fev. 2009.

ADEE, Sally. **Reverse Engineering the brain**. *IEEE Spectrum Magazine.* Jun. 2008. Disponível em: http://www.spectrum.ieee.org/jun08/6268. Acesso em: 20 fev. 2009.

ADEODATO, João Maurício. **The thetorical syllogism (en-thymeme) in judicial argumentation**. International Journal for the Semiotics of Law 12. 1999.

ADULT Robot Toy. Vídeo. 1.4GB. Disponível em: <http://www.youtube.com/watch?v=Spu2zoMHo9U>. Acesso em: 12 jan. 2009.

ADVANCE Female Android Aiko AI robot fembot. Vídeo. Disponível em: <http://www.youtube.com/watch?v=iCR2PFrLkwA>. Acesso em: 10 mar. 2008.

AKIBA ISOBT. Vídeo. HDTV – 720P. Akihabaranews.com, 35MB.

ALEKSANDER, Igor. **How to build a mind**. Steven Rose, General Editor, New York, 2001.

ALEKSANDER, Igor; BURNETT, Piers. **Reinventar o homem: o robot torna-se uma realidade**. Trad. de Eduardo Nogueira. Lisboa: Editorial Presença, 1985.

_____. **Thinking machines: the search for artificial intelligence**. Londres: Oxford, 1987.

AMABIS, José M.; BITNER-MATHÉ, B. C. **Darwin e a teoria da evolução**. *Ciência Hoje*. **Darwin e a teria da evolução: uma teoria que mudou o mundo**. p. 34-39, vol. 44, jul. 2009.

AMOROSO, Francisco Di Biase Richard. **A revolução da consciência: novas descobertas sobre a mente no século XX**. 2. ed., Petrópolis: Editoras vozes, 2005.

ANCIENT discoveries: robot. William Grutfydd (prod). Ben Mole (dir). Stuart Clarke (prod. e dir.). Produzido por Wild Dream Films para The History Channel. 2007. 395MB. Arquivo AVI.

ANDRADE, Carlos Drummond de. **Nova reunião: 19 livros de poesia**. Vol. 1. Rio de Janeiro: Livraria José Olympio Editora S.A., 1983.

ANDROID Human Beings. Arquivo tipo fluxo de vídeo matroska. Tamanho 25,3 MB. Disponível em: <www.Broadbandtv.com>. Acesso em: 12 jan. 2009.

ANGELICA, Amara D. **Humans and machines converge at ACM1**. Disponível em: <http://www.kurzweilai.net/meme/frame.html?main=/articles/art0175.html?m%3D4>. Acesso em: 02 dez. 2008.

ARISTÓTELES. **Da Alma**. Tradução integral direta do grego, ensaio introdutório, sumário analítico, léxico, bibliografia e notas de Maria Cecília Gomes dos Reis. 1. ed. São Paulo: Editora 34, 2006.

ARAS, Augusto. **Fidelidade partidária: a perda do mandato parlamentar**. Rio de Janeiro: Lumen Juris, 2006.

ARENDT, Hannah. **A condição humana**. Trad. de Roberto Raposo. 10. ed., 7. reimp. São Paulo: Forense Universitária, 2008.

A REVOLUÇÃO dos robôs. Kurt Sayenga (dir). Martha Ostertag Adams e Kurt Sayenga (prods). Discovery Channel. Duração: 100

minutos. DVD.

ARMESTRO, Felipe Fernández. **Então você pensa que é humano?** Uma breve história da humanidade. Trad. de Rosaura Eichemberg. São Paulo: Companhia das letras, 2004.

ASIMOV, Isaac. As três leis da robótica. *In:* **Histórias de Robôs.** Vol.2. Trad. de Milton Persson. V.418. Porto Alegre: L&PM, 2007 (Coleção L&PM Pocket).

_____. As três leis da robótica. *In:* **Histórias de Robôs.** Vol.3. Trad. de Milton Persson. V.418. Porto Alegre: L&PM, 2007 (Coleção L&PM Pocket).

_____. **O homem bicentenário.** Trad. de Ronaldo Sergio de Biasi. Rio de Janeiro: Record, 1994.

_____. O homem bicentenário. *In:* **Histórias de Robôs.** Vol.2. Trad. de Milton Persson. V.418. Porto Alegre: L&PM, 2007 (Coleção L&PM Pocket).

_____. Os Robôs, os computadores e o medo. *In:* **Histórias de Robôs.** Vol.1. Trad. de Milton Persson. V.417. Porto Alegre: L&PM, 2007 (Coleção L&PM Pocket).

_____. *Visões de robô.* Trad. de Ronaldo Sergio de Biasi. Rio de Janeiro: Record, 1994.

ASIMOV, Isaac; WARRICK, Patricia S.; GREENBERG, Martin H. **War with the robots.** New York: Wings Books, 1992.

A WORLD OF CONNECTIONS: A special report on telecoms. A 14-page special report o the coming wireless revolution. **The Economist.** Vol. 383, n. 8.526. 28. abr./ 04 maio 2007.

AYLETT, Ruth. **Robots:** Bringing intelligent machines to life. New York: Barrons Educational Books, 2002.

AZEVEDO, Antonio Junqueira de. **Caracterização jurídica da dignidade da pessoa humana.** 797, São Paulo: Revista dos Tribunais, mar. 2002.

BAARD, Erik. **Cyborg liberation front inside the movement for posthuman rights**. Originalmente publicado em "The Village Voice", 30 jul. /5 ago. 2003. Publicado em KurzweilAi.net, 2 jan. 2004. Disponível, quando do acesso, em: <http://www.kurzweilai.net/meme/frame.html?main=/articles/art0611.html>. Acesso em: 15 mar. 2008.

BALKIN, J.M. **Deconstructive Practice and Legal Theory**. Disponível em: <http://www.yale.edu/lawweb/jbalkin/articles/decprac1.htm>. Acesso em 30 mar. 2008.

BANFI, Antonio. *Galileu*. Trad. de Antonio Pinto Ribeiro. Lisboa: Edições 70, 1986.

BARR, Avron et FEIGENBAUM, Edward. **The handbook of artificial intelligence**. Vol. 1. Califórnia: William Kaufmann Inc., 1981.

BATES, Harry. Os mitos da criação. *In:* **Histórias de Robôs**. Vol.1. Trad. de Milton Persson. V.417. Porto Alegre: L&PM, 2007 (Coleção L&PM Pocket).

BEER, Stafford, **What is cybernetics**? Palestra proferida na Universidade de Valladolid no final de 2001. Disponível em: <http://www.nickgreen.pwp.blueyonder.co.uk/beerWhatisCybernetics.pdf>. Acesso em: 13 fev. 2009.

BELTRÃO, Sílvio Romero. **Direitos da personalidade: de acordo com o Novo Código Civil**. São Paulo: Atlas, 2005.

BENCH-CAPON. **Argument in artificial intelligence and law**. Vol.5. Netherlands: Kluwer Academic Publishers, 1997.

BENFORD, Gregory e MALARTRE, Elisabeth. **Beyond Human, living with robots and cyborgs**. New York: Forge Book, 2007.

BENNUM, Mervyn E. **Computers, artificial intelligence and the law**. New York: Ellis Horwood Limited, 1991.

BERGREN, Charles M. **Anatomy of a robot**. New York: TAB Robotic, 2003.

BERNSTEIN, Jeremy. **A máquina de pensar**: o cérebro eletrônico, passado, presente e futuro. Trad. de Robichez Sánchez. Rio de Janeiro: Distribuidora Record, 1964.

BERTALANFFY, Ludwig Von. **Robots men and minds**. New York: George Braziller, 1967.

_____. **Teoria Geral dos Sistemas**. Trad. de Francisco M. Guimarães. 2. ed. Rio de Janeiro: Editora Vozes, 2006.

BEST **Future Technology of 2007**. Vídeo. Disponível em: <http://www.youtube.com/watch?v=pFsJY00yNOQ>. Acesso em: 21 jan. 2008.

BEYOND human: **Can a Robot be a person?** Arquivo tipo fluxo de vídeo matroska. 51,5MB. Disponível em: <http://www.youtube.com/watch?v=DSLVo6XaXW4>. Acesso em: 07 out. 2008.

_____*:* **Evolution of the cyborgs mind**. Arquivo tipo fluxo de vídeo matroska. 93,8MB. Disponível em: <http://www.youtube.com/watch?v=4AMNNtXdxSI>. Acesso em 12 fev. 2009.

_____*:* **How to Design a Humanoid**. Arquivo tipo fluxo de vídeo matroska. Disponível em: <http://www.youtube.com/watch?v=fwzYWjaKSDA>. Acesso em: 12 fev. 2009.

_____*:* **The age of androids**. Arquivo tipo fluxo de vídeo matroska. 96,3MB. Disponível em: <http://www.youtube.com/watch?v=06zz9kHNv1g>. Acesso em: 12 fev. 2009.

_____*:* **The cyborg revolution**. Arquivo tipo fluxo de vídeo matroska. 96,2MB. Disponível em: <http://www.youtube.com/watch?v=urVXWUD8Q3Y>. Acesso em: 21 fev. 2009.

BITTENCOURT, Guilherme. **Inteligência artificial**: ferramentas e teorias. Florianopolis: Editora da UFSC, 1998.

BOYLE, James. **Shamans, software & spleens**: law and the construction of the information society. Cambridge: Harvard University Press, 1996.

BODEN, Margaret. **Artificial intelligence and natural man**. 2. ed. expandida. New York: Basic Books Inc., 1987.
BRADY, M.; GERHARDT, L.A e DAVIDSON, H.F. (eds.). **Robotics and Artificial intelligence**. Berlin-Heidelberg-New York-Tokyo: Springer-Verlag, 1984.

BRAND, Stewart. **O relógio do longo agora, tempo e responsabilidade**. Trad. de Cláudio Figueiredo. Rio de Janeiro: Rocco, 2000.

BRASIL. **Código Civil, Código de Processo Civil e Constituição Federal**. 6. ed., RT, São Paulo, 2004.
BRESSANE, Renato. **Morrer datou**. Disponível em: <http://impostor.wordpress.com/2008/11/01/morrer-datou/>. Acesso em: 14 fev. 2009.

BRETON, Philippe. **História da informática**. Trad. de Elcio Fernandes. São Paulo: Unesp, 1991.

BROCKMAN, John. **The next fifty years: science in the first half of the twenty-first century**. New York: Vintage, 2002.

BRODERICK, Damien. **The spike**. New York: Forge, 2001.

BRONCANO, Fernando. **La mente humana**. 1. ed. Madrid: Editorial Trotta, 1995.

BROOKS, Rodney A. **Flesh and machines: how robots will change us**. Nova York: Pantheon Books, 2002.

_____. **I am a robot**. IEEE Spectrum Magazine. Jun.2008. Disponível em: <http://www.spectrum.ieee.org/jun08/6307>. Acesso em: 20 fev. 2009.

_____. **Intelligence without representation**. Disponível em: <http://people.csail.mit.edu/brooks/papers/representation.pdf>. Acesso em: 26 out. 2008.

BROWN, Joe. **Drivers not wanted**. Wired. New & Improved, p. 94-97, jan 2011.

BROWN, Julian. **The quest for the quantum computer**. New York: Simon & Schuster, 2001.

BUDNIK, Paul. **Surviving singularity**. Arquivo tipo fluxo de vídeo matroska. 187 MB. 2006. Disponível em: <http://www.youtube.com/watch?v=YDqaMFHGEZ8>. Acesso em: 12 fev. 2009.

BURGIERMAN, Denis R. **Inteligência artificial**. Superinteressante. Ano 15, 7, p. 48-54, Abril, jul. 2001.

CADOZ, Claude. **Realidade virtual**. Trad. de Paulo Goya. São Paulo: Ática, 1997.

CAILLOIS, Roger *et al.* **Le robot, la bête et l`homme**: Neuchâtel: La Baconnière, 1966.

CAMPBELLL-KELLY, Martin. **Origin of computing**. Scientific American. Special Issue: understanding origins. Vol. 301, n.3, p. 62-69, Duetto, set. 2009.

CANARIS, Claus Wilhelm. **Pensamento sistemático e conceito de sistema na ciência do direito**. 3. ed. Lisboa: Gulbenkian, 2002.

CAPEK, Karel. *R.U.R.* **(Rossum´s Universal Robots)**: A play in introductory scene and three act. London: Penguin Classics, 2004.

CAPELO DE SOUSA, Rabindranath Valentino Aleixo. **O direito geral de personalidade**. Coimbra: Coimbra Editora, 1995.

CAPPS, Robert. **The humanoid race**. Wired. New & Improved, p. 123-129, jul. 2004.

CARNELLI, LORENZO SÁNCHEZ. **Las situaciones jurídicas subjetivas: derecho subjetivo e interés legítimo**. 1. ed. Montevidéu: Fundación de Cultura universitária.

CARTA, Gianni. **Sem carne, sem osso**. Carta Capital. Vol. 15, n. 570. P. 74-79, Editora Confiança, nov. 2009.

CARVALHO, Oswaldo Sérgio de. **Educação na sociedade de informação**. Disponível em: <www.serprofessor universitario.pro.br>. Acesso em: 14 fev. 2009.

CASTORIADIS, Cornelius. **Sujeito e verdade no mundo social--histórico**. Trad. de Eliana Aguiar. São Paulo: Civilização Brasileira, 2007.

CASTRO JÚNIOR, Marco Aurélio de. **Direito robótico?** Jornal Correio da Bahia. Salvador, 29 dez. 2000.

_____. **Responsabilidade Civil do Hacker**. 2001. Dissertação (Mestrado em Direito) – Fac. de Direito, Universidade Federal da Bahia, Salvador, 2001.

CAVE, Peter. **Can a robot be human**. England: Oneworld, 2007.

CHELLA, Antonio e MANZOTTI. **Artificial Consciousness**. Imprint-academic, 2007.

CHURCHLAND, Paul. **Matéria e consciência**. Trad. de Maria Clara Cescato. São Paulo: Editora Unesp, 2004.

CIÊNCIA & VIDA: **Filosofia especial**. Ano I, n. 3, São Paulo: Editora Escala.

CINQUEPALMI, João Vito. **Você pode ser imortal**. Superinteressante. Vol. 275, p. 42-51, Editora Abril, edição fev. 2010.

CLARKE, Roger. **Asimov's Laws of Robotics**: Implications for Information Technology. Disponível em:
<www.anu.edu.au/people/Roger.   Clarke/SOS/Asimov.html>.

Acesso em: 12 fev. 2009.

COELHO, Fábio Ulhoa. **Curso de direito comercial**. Direito de empresa. Vol.3, 8. ed., versão edit. e atual. São Paulo: Saraiva, 2008.

COLAN, Roberta (ed. série). **Robotics**: understanding computers. Ed. revisada. Virginia, USA: Time Life Medical Books, 1991.

COLLINS, Graham P. **Nós quânticos na computação**. Scientific American Brasil. Computação Quântica: nós e tranças anunciam revolução na informática. Ano 4, n. 48, Editora Duetto, maio 2006.

CORDEIRO, Antonio Menezes. **Tratado de Direito Civil Português:** parte geral. Pessoas. Vol. I, tomo III. Coimbra: Almedina, 2004.

COSTA, Newton C. A. da. **Lógica paraconsistente aplicada.** São Paulo: Atlas, 1999.

COUFFIGNAL, L. **A cibernética**. Trad. de Raimundo Rodrigues Pereira. São Paulo: Difusão Europeia do Livro, 1966.

COVRE, Maria de Lourdes Manzini. **O que é cidadania**. São Paulo: Brasiliense, 2006. (Coleção primeiros passos: 250).

CRICK, Francis e KOCH, Christof. **O problema da consciência**. Scientific American Brasil. Os segredos da mente. Edição Especial 4, p. 12-19, Editora Duetto.

CRISTOFOLETI, Renato. **As três leis da robótica**. Disponível, quando do acesso, em: <http://74.125.47.132/search?q=cache:B5Ulxx_xRTwJ:cea.eti.br/tecnologia.blog/%3Fp%3D6+lei+zero+da+rob%C3%B3tica&hl=pt-BR&ct=clnk&cd=2&gl=br&client=firefox-a>. Acesso em: 03 fev. 2009.

CULBERTSON, James. **The minds of robots**. Urbana: University of Illinois Press, 1963.

CUNY, Hilaire. **A espécie humana**. Trad. de Else G. Kalmus e

Trude Von L. Solsteins. São Paulo: Hemus, 1973.

DALLARI, Dalmo de Abreu. **Direitos Humanos e Cidadania**. São Paulo: Moderna, 1998.

DAMASIO, Antonio. **Como o cérebro cria a mente**. Scientific American Brasil. Os segredos da mente. Edição Especial n° 4, p. 06-11, Editora Duetto.

DARTNELL, Louis. **O computador é você**. Info Exame. Vol. 22, 275, p. 52-56, Editora Abril, jan. 2009.

DARWIN, Charles Robert. **A origem das espécies por meio da seleção natural**. Trad. de André Campos Mesquita. Tomo I., 2. ed. São Paulo: Escala, 2008.

DAVID, Aurel. **A Cibernética e o humano**. Trad. de E. Jacy Monteiro. São Paulo: Hemus, 1971.

DAWKINS, Richard. **O gene egoísta**. Trad. de Rejane Rubino. São Paulo: Companhia das Letras, 2008.

_____. **The genius of Charles Darwin**. Arquivo MP4. Disponível, quando do acesso, em: <channel4.com/Darwin>. Acesso em: 11 fev. 2009.
DEBATE REALIZADO NO MIT EM COMEMORAÇÃO AOS 70 ANOS DA PUBLICAÇÃO SOBRE NÚMEROS COMPUTÁVEIS DE ALAN TURING. Disponível, quando do acesso em: <http://www.kurzweilai.net/meme/frame.html?main=memelist.html?m=4%23688>. Acesso em: 13 fev. 2009.

DERTOUZOS, Michael. **La revolución incompleta**. Trad. de Cristina Sardoy. Buenos Aires: Fondo de Cultura Económica, 2003.

DESMOND, Adrian e MOORE, James. **Darwin**: a vida de um evolucionista atormentado. Trad. de Gustavo Pereira *et ali*. São Paulo: Geração editorial, 1995.

DIEGUEZ, Flávio. **Este robô é um bebê**. Superinteressante. Ano 09, n. 2, p. 24-29, Editora Abril, fev. 1995.

DISALVO, June. **Beyond revolutions**. New York: Vintage Press, 1989.

DISCOVER: Science, technology. Discover Magazine. Mar. 2009.

DOCTOROW, Cory. **Rise of the machines**. Wired. P. 114-129, New & Improved, jul. 2004.

DOD 100014888. Arquivo tipo fluxo de vídeo matroska. 9,98MB. Air Force Report, Air Force News. Estados Unidos: Departamento de Defesa.

DOD 100020544. Arquivo tipo fluxo de vídeo matroska. 8,78MB. Air Force Report, Air Force News. Estados Unidos: Departamento de Defesa.

DRAY, Guilherme Machado. **Direitos de personalidade: anotações ao Código Civil e ao Código do Trabalho**. Coimbra: Almedina, 2006.

DRUMMOND, John J. **The case(s) of (self)awareness**. *In:* KRIEGEL, Uriah; WILLIFORD, Kenneth et al. *Self-representational approaches to consciousness*. Cambridge: MIT Press, 2006.

DURÁN, Garcia Raúl. **Mercancías androides o personas, elementos para la comprensión de la sociedad actual**. Madrid: Tecnos, 2002.

DYTZ, Edison. **A informática no Brasil:** 2. fase. São Paulo: Nobel, 1987.

EPSTEIN, Richard G. **Silicon Valley programmer indicted for manslaughter: program error caused death by robot**. Disponível em: <http://faculty.berea.edu/pearcej/CSC126/bottasks/KillerRobot-1.pdf>. Acesso em: 26 fev. 2009.

ÉRDI, Péter. **John von Neumann**: the computer and the brain. Center for Complex Systems Studies Kalamazoo College, Michigan and Dept. Biophysics KFKI Research Institute for Particle and Nuclear Physics of the Hungarian Academy of Sciences,

Budapest. Disponível em: <kzoo.edu.cneuro.rmki.kfki.hu/materials/neumann.pdf>. Acessado em: 20 nov. 2008.

ESSENTIAL ROBOTS COLLECTION. Meike Hemschmeier (dir.). DVD. Discovery Communications, LLC, 2009. DVD.

ETHERTON, John R. **Safe maintenance guidelines for robotic workstation**. U.S. department of health and human services. Mar.1988.

EU, robô. Alex Proyas (dir.). Estados Unidos: Entertainment Company/ Laurence Mark/ Overbrook Films (prod.). 2008. 114 minutos. DVD.

EXPLORANDO O MUNDO DOS ROBÔS. Rio de Janeiro: Civilização Brasileira, 1979.

FELDMANN, Paulo Roberto. **Robô ruim com ele, pior com ele**. São Paulo: Trajetória Cultural, 1988.

FEMALE robot like a real human being. Vídeo. Disponível, quando do acesso, em: http://www.youtube.com/watch?v=lj7K-o8N-JEY. Acesso em: 11 mar. 2008.

FERNANDES, Anita Maria da Rocha. **Inteligência artificial**: noções gerais. Florianópolis: Visualbooks, 2005.

FERNANDEZ, Atahualpa; FERNANDEZ, Marly. **Neuroética, direito e neurociência: conduta humana, liberdade e racionalidade jurídica**. Curitiba: Juruá, 2008.

FIAMENGHI, Célia Maria. **Imperativo superegóico e culpa na clínica**. *In*: GERBASE, Jairo (org.). Avatares do Supereu. Salvador: Associação Científica Campo Psicanalítico, 2008.

FJERMEDAL, Grant. **The tomorrow makers**. New York: Macmillan, 1986.

FLYNN, James R. **What is intelligence?**: *Beyond the Flynn effect*. Cambridge: University Press, 2007.

FOERSTER, Heinz von. **Cybernetics of cybernetics**. Urbana: University of Illinois Press, 1979.

FOUCAULT, Michel. **A hermenêutica do Sujeito**. Trad: Márcio Alves da Fonseca e Salma Tannus Muchai. São Paulo: Martins Fontes, 2006. (Coleção Tópicos).

_____. **A ordem do discurso**. Disponível em: <http://vsites.unb.br/fe/tef/filoesco/foucault/ordem.pdf>. Acesso em: 31 mar. 2009.

FRANCO, Marcelo Araujo. **Ensaio sobre as tecnologias digitais da inteligência**. Campinas: Papirus, 1997.

FRANK, Helmar G. **Cibernética e filosofia**. Trad. de Celeste Aída Galeão. Rio de Janeiro: Tempo Brasileiro,1977.

FREITAS JUNIOR, Robert A. **The birth of the cyborg**. *In:* MINSKY, Marvin (ed.). *Robotics*. Nova York: Press Book, 1985.

_____. **The legal rights of robots**. Disponível em: <http://www.rfreitas.com/Astro/LegalRightsOfRobots.htm>. Acesso em: 15 nov. 2000.

FREUD, Sigmund. **A Interpretação dos Sonhos**. *In:* Edição Standard das Obras Completas. Trad: Eni Orlandi. 2. Ed. vol. IV-V. Rio de Janeiro: Imago, 1996.

_____. **Além do princípio do prazer**. *In:* Edição Standard das Obras Completas. Trad. de Christiano Monteiro. 2. ed., vol. XVIII. Rio de Janeiro: Imago, 1996.

_____. **O estranho**. *In:* Edição Standard das Obras Completas. Trad. de Jayme Salomão. Vol. XVII. Rio de Janeiro: Imago, 1996.

GAGLIANO, Pablo Stolze; PAMPLONA FILHO, Rodolfo. **Novo curso de direito civil**: *parte geral*. 11. ed. São Paulo: Saraiva, 2009.

GALILEU. Máquinas que pensam. 238 I, Editora Globo, maio 2011.

GALVÃO, Ernesto F. **O que é computação quântica?** Rio de Janeiro: Vieira e Lent Casa Editorial Ltda., 2007.

Game over*:* Kasparov and the machine. The ultimate battle of man vs. Machine. Vikram Javanti (dir.). Canadá: Gambit Films Limited/ BBC/ UK Film Council/ National Film Board of Canada. 2003. 85 minutos. DVD.

GANASCIA, Jean Gabriel. **Inteligência artificial**. Trad. de Reginaldo Carmello Corrêa de Moraes. São Paulo: Editora Ática, 1997.

GARCIA, Dinio de Santis. **Introdução à informática jurídica**. Bushatsky. São Paulo: Ed. da Universidade de São Paulo, 1976.

GARCIA, Enéas Costa. **Direito geral da personalidade no sistema jurídico brasileiro**. São Paulo: Juarez de Oliveira, 2007.

GARDNER, Anne Von Der Lieth. **An artificial intelligence approach to legal reasoning**. Cambridge*:* MIT Press, 1987.

GATES, Bill. Um robô em cada casa. **Scientific American Brasil**. Seu futuro com robôs: as máquinas inteligentes que vão transformar o mundo. Edição Especial 25, p. 06-13, Editora Duetto, 2008.

GELERNTER, David et al. **Gelernter, Kurzweil debate machine consciousness**. Disponível em: <www.kurzweilai.net/meme/frame.html?main=memelist.html?m=4%23688>. Acesso em: 13 fev.2009.

GEO. Charles Darwin e a evolução desvendada. Os passos do cientista pelo Brasil e a descoberta da origem das espécies. N. 1, Editora Escala, mar. 2009.

GERSCHENFELD, Neil. **When things start to think**. New York: Henry Holt and Company, 1999.

GIBILISCO, Stan. **The McGraw-hill illustrated encyclopedia of** robotics & artificial intelligence. 1994.

GÖDEL, Kurt. **On formally undecidable of principia and related systems**. Trad. de Meltzer, B. Nova York: Dover publications Inc., 1992.

GOLDSTEIN, Rebecca. **Incompletude: a prova e o paradoxo de Kurt Gödel**. São Paulo: Companhia das Letras, 2008.

GOMES, Orlando. **Direito da personalidade**. Introdução ao dir. Civil. Revista Forense, 216.

_____. **O estado e o indivíduo**. Bahia: Gráfica popular Ltda, 1933.

GOMES, Orlando *et al*. **A proteção jurídica do Software**. Rio de Janeiro: Forense, 1985.

GOOSSENAERTS, JAN; LEWI, Johan; BENNUN, E. A stage-prop-acter-net approach to legal representation. *In:* BENNUN, Mervyn E. (Ed.). **Computers, artificial intelligence and the law**. Nova York: Ellis Horwood, 1991.

GORDILHO, Heron José de Santana. *Abolicionismo animal*. Salvador: Evolução, 2008.

_____. **Direito ambiental pós-moderno**. Curitiba: Juruá, 2009.

GRAND, Joe. **Prototype this**. Arquivo Flv, 16528KB.

GRINBERG, Keila. **Código Civil e cidadania**. 3. ed. São Paulo: Jorge Zahar, 2008.

GUIMARÃES, André Sathler. **O homem de seis milhões de dólares**. *Revista filosofia, ciência & vida*. Enigmas da consciência na filosofia da mente. Ano I, n° 3, p. 21-27, Editora Escala.

GUTKIND, Lee. **Almost human making robots think**. New York: WW.Norton, 2006.

HABERMAS, Jürgen. **O futuro da natureza humana**: a caminho de uma eugenia liberal? Trad. de Maria Benedita Bettencourt. Coimbra: Almedina, 2006.

HACKER, Peter M. S. **Natureza humana**: categorias fundamentais. São Paulo: Artimed, 2010.

HAGE, Jaap. **Introduction. Artificial Intelligence and Law**. N°4, vol.5, dez.1997.

HANI, Charbe Nino e VIDEIRA, Antonio Augusto Passos. **O que é vida: para entender a biologia do século XXI**. Rio de Janeiro: Relume Dumará, 2000.

HANSON, Robin. **Economics of the singularity**. *IEEE Spectrum Magazine*. Jun. 2008. Disponível em: <http://www.spectrum.ieee.org/jun08/6274>. Acesso em: 20 fev. 2009.

HARAWAY, Donna e KUNZRU, Hari e TADEU, Tomaz (org. e Trad. de). **Antropologia do ciborgue**: as vertigens do pós-humano. 2. ed. Belo Horizonte: Autenticas Editora, 2009.

HARAWAY, Donna J. **Simians, cyborgs, and women: the reinvention of nature**. Nova York: Routledge, 1991.

HASSLER, Susan. Un-assuming the singularity. *IEEE* **Spectrum Magazine**. Jun./2008. Disponível em: <http://www.spectrum.ieee.org/jun08/6244>. Acesso em: 20 fev. 2009.

HATT, Harold E. **Cibernética e imagen del hombre**. Barcelona: Ediciones Martinez Roca S.A., 1968.

HAYLES, N. Katherine. **How we became posthuman**: virtual bodies in cybernetics, literature and informatics. Chicago: The University of Chicago Press, 1999.

HERON JOSÉ DE SANTANA. <http://pt.wikipedia.org/wiki/Heron_Jos%C3%A9_de_Santana>. Acesso em: 09 abr. 2011.

HEYLIGHEN, Francis; JOSLYN, Cliff. Cybernetics and second-order cybernetics. *In:* R.A. Meyer (ed.). **Encyclopedia of Physical**

Science & Technology. 3. ed. New York: Academic Press, 2001.

HILLAR, Gastor. *@-sociedad: internet y la tecnologia us la sociedad humana?* Argentina: Hasa, 2001.

HILLIS, Daniel. **O padrão gravado na pedra:** as ideias simples que fazem os computadores funcionarem. Trad. de Laura Neves. Rio de Janeiro: Ciência Atual Rocco, 2000.

HOLLAND, Owen. **Machine consciousness**. UK: Imprint Academic, 2003.

HORGAN, John. **The consciousness conundrum**. IEEE Spectrum Magazine. Jun./2008. Disponível em: <http://www.spectrum.ieee.org/jun08/6280>. Acesso em: 20 fev. 2009.

HOFSTADTER, Douglas et al. **Tech luminaries address singularity**. IEEE Spectrum Magazine. Jun. 2008. Disponível em: <http://www.spectrum.ieee.org/jun08/6277>. Acesso em: 20 fev. 2009.

HOUAISS, Antonio *et al*. **Dicionário Houaiss de língua portuguesa.** Disponível em: <http://houaiss.uol.com.br/busca.jhtm?verbete=consciencia&stype=k. Acesso em: 09 fev. 2009.

HSU, Jeremy. **Teaching AI to be sociable**. IEEE Spectrum Magazine. Jun.2008 Disponível em: <http://www.spectrum.ieee.org/jun08/6388>. Acesso em: 20 fev. 2009.

HUMAN Like **Robot from Japan**. Vídeo. Disponível em: <http://www.youtube.com/watch?v=d8TkVqnlj3A&feature=PlayList&p=62B19892947E1E05&playnext=1&playnext_from=PL&index=11>. Acesso em: 03 abr. 2008.

HUMAN version 2.0: creating gods. BBC. Arquivo FLV. 124MB. Disponível em: <http://www.youtube.com/watch?v=BywCMkbG--Jg>. Acesso em: 09 jan. 2009.

HUNT, V. Daniel. **Smart Robots**. New York: Chapman and Hll,1985.

INVASION OF THE INHUMANS. Arquivo tipo fluxo de vídeo matroska. 90,9MB.

INTEL ANUNCIA TRANSISTORES 3D. Disponível em: <http://www.oficinadanet.com.br/noticias_web/3812/intel-anuncia-transistores-3d>. Acesso em: 05 maio 2011.

INTEL ANUNCIA TRANSÍSTORES TRIDIMENSIONAIS, E DEMONSTRA IVE BRIDGE. Disponível em: <http://www.hardware.com.br/noticias/2011-05/intel-transistores-tridimensionais.html>. Acesso em: 05 maio 2011.

IRWIN, William (coord.). *X-men e a filosofia – Visão Surpreendente e argumento fabuloso X-verso mutante*. Trad. de Marcos M. Leal. São Paulo: Madras, 2009.

JAGUARIBE, Helio. **O posto do homem no cosmo**. São Paulo: Paz e Terra, 2006.

JAPANESE Robot **Of The Year**. Vídeo. Disponível em: <http://www.youtube.com/watch?v=W3f6BOrD9Ek>. Acesso em: 07 set. 2008.

JÚNIOR, João Ribeiro. **Pessoas, estado & direito**. São Paulo: Capola Editora, 1994.

SMITH, J. R. **Electric field imaging**. Ph.D. dissertation, MIT, Cambridge, MA, 1999; KARLSSON, N;

JARRHED, J. O. A capacitive sensor for the detection of humans in a robot cell. *In*: Proc. IEEE IMTC Rec., May 18-20, 1993, pp. 164-166.

KATO, Gisele. **Eu Robô**. Disponível em: <http://bravonline.abril.com.br/conteudo/artesplasticas/artesplasticasmateria_292516.shtml>. Acesso em: 05 de jan. 2009.

KELLER, Alfred Joseph. **Dicionário escolar alemão**. Disponível em: <http://michaelis.uol.com.br/escolar/alemao/index.php?palavra=Dasein>. Acesso em: 25 fev. 2009.

KELLY, Clinton W. **Can a machine Think?** Disponível em: <http://www.kurzweilai.net/articles/art0214.html?printable=1>. Acesso em: 26 jan. 2009.

KELLY, Kevin. Scan this book! Disponível em:<http://www.nytimes.com/2006/05/14/magazine/14publishing.html?_r=1&scp=1&sq=Kevin%20Kelly%050%20petabytes&st=cse>. Acesso em: 22 jan. 2009

KOCH, Christof. **Do you need a quantum computer to achieve machine consciousness?** IEEE Spectrum Magazine. Jun. 2008 Disponível em: <http://www.spectrum.ieee.org/jun08/6314>. Acesso em: 20 fev. 2009.

KOCH, Christof; TONONI, Giulio. Can machines be conscious? *IEEE Spectrum Magazine.* Jun. 2008. Disponível em: <http://www.spectrum.ieee.org/jun08/6278>. Acesso em: 20 fev. 2009.

KOKO: o gorila falante. Barbet Shroeder (dir.) Paris: Wonder Multimídia. 1978. DVD.

KOLMAN, E.; FROLOV, I. P. **A Cibernética e o cérebro humano**. Trad. de Flávio Gikovate. Alba, [s.d].
_____. **La cibernética y el cérebro humano**. Montevidéu: Pueblos Unidos, 1958.

KORZENIESWSKI, Bernard. **Cybernetic formulation of the definition of life**. Institute of Molecular Biology, Jagiellonian University, al. Mickiewicza 3, 31-120 *Kraków, Poland. Disponível em:*
<holtz.org/Library/Natural%20Science/Biology/DefiningLife.doc>. Acesso em: 27 jan. 2009.

KURZWEIL, Ray. **A conversation with Ray Kurzweil**. Entrevista em vídeo. Milão, Itália: 2007. Arquivo MP4. Disponível em: <http://www.youtube.com/watch?v=XdYIciY9UeI>. Acesso em: 01 fev. 2009.

_____. **After the singularity**: a talk with Ray Kurzweil. Disponível em: <www.kurzweilai.net/meme/frame.html?main=/articles/ art0451.html?>. Acesso em: 05 jan. 2009.

_____. A proximidade da união mente e máquina. **Scientific American Brasil**. Edição especial n. 25, p. 22-27, Editora Duetto, 2008.

_____. **How technology's accelerating power will transform us**. Palestra em vídeo. Monterey, Califórnia: filmada em fev.2005, postada em nov.2006. Disponível em: <http://www.ted.com/index.php/talks/ray_kurzweil_on_how_technology_will_transform_us.html>. Acesso em: 22 fev. 2009.

_____. **Inteligência artificial**. Superinteressante. Ano 15, n. 7, p. 48-54, jul. 2001.

_____. **The singularity: a hard or soft takeoff?** At The singularity summit at Stanford. Palestra em vídeo. Standford University, Califórnia: maio 2006. Disponível em: <http://www.youtube.com/watch?v=9PWXrnsSrf0>. Acesso em: 23 dez. 2008.

_____. **The age of intelligent machines**. 3. reimp. Cambridge: MIT Press, 1999.

_____. **The age of spiritual machines**. Cambridge: MIT Press, 1999.

_____. **The Singularity is near**: when humans transcends biology. Nova York: Penguin Books, 2005.

KURZWEIL, Ray *et al*. **Gelernter, Kurzweil debate machine consciousness**. Transcrição do debate entre Ray Kurzweil, David Gelernter e Rodney Brooks (moderador), realizado no MIT em 30 nov.2006 e postado no *KurzweilAl.net* em 6 dez.2006. Disponível em:<http://www.kurzweilai.net/gelernter-kurzweil-debate-machine-consciousness-2>. Acesso em: 11 jan. 2008.

_____. **Two paths to the singularity**. IEEE Spectrum Magazine. Jun. 2008. Disponível em: <http://www.spectrum.ieee.org/jun08/6313>. Acesso em: 20 fev. 2009.

LACAN, Jacques. **A terceira conferência proferida no 7º Congresso da École Freudienne de Paris em 31 de outubro de 1974**. Disponível em: <http://www.freud-lacan.com/articles/article.php?url_article=jlacan031105_2>. Acesso em: 11 jan. 2009.

_____. *Seminário XVI*. **De um Outro ao outro**. Trad. de Vera Ribeiro. São Paulo: Zahar, 2008.

LAFONTAINE, Céline. **O império cibernético**: Das máquinas de pensar ao pensamento máquina. Trad. de Klauss Brandini Gerhard. Lisboa: Epistemologia e Sociedade, 2004.

LAPASTINA, Renata (org.). **Plano nacional de informática e automação**. São Paulo: Letras & Letras, 1992.

LASZLO, Ervin. **The systems view of the world**. New York: Braziller, 1972.

LATIL, Pierre. **O pensamento artificial**: introdução à cibernética. Trad. de Jerônimo Monteiro. 3. ed.. São Paulo: Instituição Brasileira de difusão cultural S.A., 1973.

LECOURT, Dominique. **Humano pós-humano**: a técnica e a vida. São Paulo: Edições Loyola, 2005

LEGRAND, Jacky. Some guidelines for fuzzy sets application in legal reasoning. *Artificial Intelligence and Law 7*, n. 2-3, vol. 7, set.1999.

LEHMAN-WILZIG, Sam N. *Frankenstein Unbound: towards a legal definition of artificial intelligence.* Disponível em: <profslw.com/wp-content/uploads/academic/40._Frankenstein_Unbound.Towards_a_legal_definition...pdf>. Acesso em: 22 fev. 2009.

LEMOS, André. **Cibercultura**: tecnologia e via social na cultura contemporânea. 4. ed. Porto Alegre: Sulina, 2008.

LESSIG, Lawrence. **Code**: version *2.0*. Nova York: Basic Books, 2006.

LEWIS, C.S. **A abolição do homem**. São Paulo: Martins Fontes, 2005.

LEVINE, Joseph. **Conscious awareness and (self-) representation**. *In:* KRIEGEL, Uriah; WILLIFORD, Kenneth et al. *Self-representational approaches to consciousness*. Cambridge: M.I.T. Press, 2006.

LEVINSON, Paul. **The soft edge: a natural history and future of the information revolution**. Nova York: Routledge, 1997.

LEVY, David. **Love and sex with robots**: the evolution of human-robot relationships. Harper Perennial, 2008.

LEVY, Pierre. **A máquina universo**: criação, cognição e cultura informática. Trad. de Bruno Charles Magne. Porto Alegre: Artmed, 1998.

_____. **A inteligência coletiva**. São Paulo: Edições Loyola, 1994.

_____. **As tecnologias da inteligência**: *o futuro do pensamento na era da informática*. Trad. de Carlos Irineu da Costa. Rio de Janeiro: Editora 34, 1993.

_____. **Cibercultura**. Trad. de Carlos Irineu da Costa. São Paulo: Editora 34, 1999.

_____. **O que é o virtual?** Trad. de Paulo Neves. São Paulo: Editora 34, 1996.

LEVY, Steven. Artificial intelligence is here. In fact, it's all around us. But nothing like we expected. *Wired*. New & Improved, p. 87-89, jan. 2011

LIMA, Homero Luís Alves de. **Do corpo-máquina ao corpo-informação**: o pós-humano como horizonte biotecnológico. 2004. Tese (Doutorado em Sociologia) – Faculdade de Direito, Universidade Federal de Pernambuco, Recife, 2004. Disponível em <http://boletimef.org/biblioteca/757/Do-corpo-maquina-ao-corpo-informacao-o-pos-humano-como-horizonte-biotecnologico>. Acesso em 28 abr. 2011.

LIPOVETSKY, Giles et CHARLES, Sébastien. **Os tempos hipermodernos**. 3. ed.. São Paulo: Barcarolla, 2004.

LLOYD, Seth; NG, Y. Jack. **Computador**: buraco negro. Scientific American Brasil. Ano 3, n. 31, p. 48-57, Editora Duetto, dez 2004.

LOUREIRO, João Carlos. Nota de apresentação *In*: HABERMAS, Jürgen. **O futuro da natureza humana**: a caminho de uma eugenia liberal? Trad. de Maria Benedita Bettencourt. Coimbra: Almedina, 2006.

MARTIAN Robots. Mark Davis (prod.) Nathan Hendrie (ed.). MDTV Productions para National Geographic Channel. 745 MB. 2008. Arquivo WMV. Disponível, quando do acesso, em: <http://www.youtube.com/watch?v=7KyNYKXDGQo&feature=PlayList&p=F239E2A645BD7671&index=0&playnext=1>. Acesso em: 19 fev. 2009.

MARTINI, Renato da Silveira. Tecnologia e cidadania digital: tecnologia, sociedade e segurança. Rio de Janeiro: Brasport, 2008.

MATTHEWS, Eric. **Mente conceitos, chave em filosofia**. Trad: Michelle Tse. São Paulo: Artmed, 2005.

MATURANA, Humberto R; VARELA, Francisco J. **A Árvore do Conhecimento - as bases biológicas da compreensão humana**. São Paulo: Palas Athena, 2007.

_____; **De máquinas y seres vivos**. *Autopoiesis: La organización de lo vivo*. 6. ed.. Buenos Aires: Coedição Editorial Universitaria e Editorial Lumen, 2004.

MAZINI-COVRE, Maria de Lourdes. **O que é cidadania**. 3. ed., 16. reimp.. São Paulo: Brasiliense, 2008.

MCAULIFFE, Kathleen. **Are we still evolving?** Our history is far from over: humans are actually changing faster than ever. Discover Magazine. P. 50-59, edição mar. 2009.

MCCORDUCK, Pamela. **Machines who think**. San Francisco: W. H. Freeman and Company, 1979.

MCNALLY, Phill; INAYATULLAH, Sohail. **The rights of ro-bots**: technology, culture and law in the 21ST century. Disponível em: <http://74.125.95.132/search?q=cache:Fv0dYY_djEgJ:www.metafuture.org/Articles/TheRightsofRobots.htm+MCNALLY,+P-hil%3B+INAYATULLAH,+Sohail.+The+rights+of+robots:&cd=1&hl=pt-BR&ct=clnk&gl=br&client=firefox-a>. Acesso em: 25 fev 2009.

MEGAWHAT.TV. MW_Ep40_TRIM_MW_MP4. Arquivo tipo fluxo de vídeo matroska. 68,5MB.

MEMÓRIA dos macacos vai muito além do que eles enxergam. Disponível em <http://ultimosegundo.ig.com.br/ciencia/memoria+dos+macacos+vai+muito+alem+do+que+ele+enxerga/n1596968655431.html>. Acesso: em 22 mai. 2011.

MENZEL, Peter; D'ALUISIO, Faith. *Robo Sapiens.: evolution of a new species*. Cambridge: MIT Press, 2000.

MESQUITA, Renata. Plantão INFO: **Robô da Sie-mens passa roupa**. Terça-feira, 06 jul. 2004. Dispo-nível em: <http://info.abril.com.br/aberto/infonews/072004/06072004-5.shl>. Acesso em: 05 dez. 2008.

MICROSOFT PRESS. **Dicionário de informática**. Trad. de Valé-ria Chamon. 3. ed.. Microsoft Press, São Paulo: Editora Campus, 1998.

MINSKY, Marvin. **A sociedade da mente**. Trad. de Wilma Ronald de Carvalho. Rio de Janeiro: Francisco Alves, 1989.

_____. **La societé de l'esprit**. Trad. de Jacqueline Henry. Paris: InterEditions, 1988.

_____ (ed.). **Robotics**. East Sussex: Omnipress, 1985.

_____.**The emotion machine**: commonsense thinking, artificial intelligence and the future of the human mind. Nova York: Simon & Schuster Paperbacks, 2006.

_____. **The society of mind**. Nova York: Simon & Schuster, 1988.

MORA, José Ferrater. **Dicionário de filosofia**. Trad. de Roberto Leal Ferreira e Álvaro Cabral. São Paulo: Martins Fontes, 1998.

MORAIS, Regis de. **Filosofia da ciência e da tecnologia**. 8. ed. São Paulo: Papirus, 1988.

MORAVEC, Hans. **A Ascensão dos Robôs**. Scientific American Brasil. Seu futuro com robôs: as máquinas inteligentes que vão transformar o mundo. Edição Especial n. 25, p. 14-21, Editora Duetto, 2008.

_____. **Entrevista concedida a Robot Books.com**. Disponível em: <http://www.robotbooks.com/Moravec.htm>. Acesso em: 27 fev. 2009.

_____. **Homens e robots**: o futuro da inteligência humana e robótica. Trad. de José Luis Malaquias F. Lima. Lisboa: Gradiva, 1992.

_____. **Mind Children**: *the future of robot and human intelligence*. Cambridge: Harvard University Press, 1988.

_____. **Robot**: Mere machine to transcendent mind. Nova York: Oxford university press, 1999.

MYTILINAIOS, Lipson Zykov. **Machine Self reproduction** – Malecuber, 4 unit modular robot self reproducing. Cornell University. 5.42 MB. 01:17. WMV.

NARAYANAN, Ajit. BENNUM, Mervyn. (eds). *Law computer science, and artificial intelligence*. New Jersey: ABLEX Publishing, 1991.

NEAL*apud*INAYATULLAH,Sohail.**TheRightsofyourrobots:exclusionandinclusioninhistoryandfuture**. Disponível em: <http://www.kurzweilai.net/the-rights-of-your-robots-exclusion-and-inclusion-in-history-and-future>. Acesso em: 29 jan. 2009.

NEGROPONTE, Nicholas. **A vida digital**. Trad. de Sérgio Tellaroli. 2. ed., 2. reimp. São Paulo: Companhia das Letras, 1997.

_____. **Being digital**. New York: Vintage, 1995.

NERO, Henrique Schützer Del. **O sitio da mente: pensamento, emoção e vontade no cérebro humano**. São Paulo: Collegium Cognitio, 1997.

NEW androids. Vídeo. Disponível em: <http://www.youtube.com/watch?v=lzUF7wLEGss>. Acesso em: 11 fev. 2009.

NEWQUIST, Harvey. **The brain makers**. Indianapolis: Sams publishing, 1994.

NEW YORK TIMES. Disponível em: WWW. G1.globo.com/Noticias/Ciência. Acesso em: 14 fev. 2009.

NOGUEIRA, Salvador. **Legislação robótica**: cientistas querem código de conduta para aqueles que, acreditam, estarão cada vez mais entre nós. Galileu. Bebês geneticamente selecionados. N. 211, p. 18-19, Editora Globo, edição fev. 2009.

NORDMANN, Alfred. **Singular simplicity**. IEEE Spectrum Magazine. Jun.2008. Disponível em: < http://www.spectrum.ieee.org/jun08/6273>. Acesso em: 20 fev. 2009.

NOVA UNIVERSIDADE FUTURISTA ESTUDARÁ AVANÇOS DA TECNOLOGIA. *Estadão online*. 04 fev. 2009. Disponível em: <http://www.estadao.com.br/vidae/not_vid317678,0.htm>. Acesso em: 14 fev. 2009

NOVAES, Adauto (org.). **A condição humana**: as aventuras do homem em tempos de mutações. São Paulo: Edições SESCSP, 2008

NUSSELDER, André. **Interface fantasy a lacanian cyborg ontology**. Massachusetts: MIT Press, 2009 (Short Circuit Series – editado por Slavoj Žižek).

NUVO, the humanoid robot. **Vídeo.** Disponível em: <http://www.youtube.com/watch?v=ODxGUaEzhb8&NR=1>. Acesso em: 20 jan. 2009.

OLIVEIRA, Ivan S. e VIEIRA, Cácio Leite. **A revolução dos q--bits**: o admirável mundo da computação quântica. 1. ed.. São Paulo: Jorge Zahar, 2009.

OLIVEIRA, Odete Maria. **O conceito de homem**: mais humanista, mais transpessoal. Ijuí: Unijuí, 2006.
PEEK, Niels. **Representantig Law in partial information structures. Artificial Intelligence and Law**. N. 4, vol.5, dez.1997.

PHILIPPS, Lothar; SARTOR, Giovanni. **Introduction: from legal theories to neural networks and fuzzy reasoning**. Artificial Intelligence and Law. N. 2-3, vol.7, set. 1999.

PIMENTEL, Alexandre Freire. **O direito cibernético**: um enfoque teórico e lógico-aplicativo. Rio de Janeiro: Renovar, 2000.

PINKER, Steven. ***Como a mente funciona***. Trad. de Laura Teixeira Motta. 2. ed., São Paulo: Companhia das Letras, 1998.

_____. De que é feito o pensamento: a língua como janela para a natureza humana. Trad. de Fernanda Ravagnani. São Paulo: Companhia das Letras, 2007.

PINSKY, Jaime; PINSKY, Carla Bassanezi (orgs). **História da cidadania**. 4. ed. São Paulo: Contexto, 2008.
PINTO, Álvaro Vieira. **O Conceito de tecnologia**. 1. reimp., vols. I e II, São Paulo: Contraponto Editora Ltda., 2008.

PLANETA. A mente expandida. Ano 37, edição 444, Editora Três, set. 2009.

POST HUMAN WORLD. Arquivo áudio Flash. Tamanho 58,1MB.

REEM-A, humanoid robot. Face recognition. **Vídeo. Disponível em:** http://www.youtube.com/watch?v=B_jllEvrOZQ. Acesso em: 30 mar. 2008.

REINALDO FILHO, Demócrito et al. **Direito da informática**: temas polêmicos. Bauru, São Paulo: Edipro, 2002.

ROBÔ-CIENTISTA consegue raciocinar e criar teorias. Jornal A Tarde. Caderno 4, p. 7, Salvador, 5 abril 2008.

ROBÔS e computadores. Bear Mckey (dir). David Jay (rot. e prod.). Encyclopaedia Britannica Educational Corporation. Versão Brasileira Álamo, n. 3791. Barsa Vídeo. VHS.

ROBOT FACE. Arquivo tipo fluxo de vídeo matroska. 21,7 MB. Disponível em: <http://www.youtube.com/watch?v=BLXGS0J52co>. Acesso em: 08 set. 2008.

ROBOT fish. Arquivo tipo fluxo de vídeo matroska. Disponível em: <http://www.youtube.com/watch?v=eO9oseiCTdk>. Acesso: 04 jan. 2009.

ROBOT I Will crush you. Arquivo tipo fluxo de vídeo matroska. 18,1 MB. Disponível em: <http://www.youtube.com/watch?v=GCS6e51zlPc>. Acesso em: 11 jan. 2009.

ROBOT violinist. Arquivo tipo fluxo de vídeo matroska. Disponível em: <http://www.youtube.com/watch?v=EzjkBwZtxp4>. Acesso em: 10 dez. 2008.

ROBOTS with a mind of their own. Arquivo tipo fluxo de vídeo matroska. Disponível em: <http://www.youtube.com/watch?v=SkvpEfAPXn4>. Acesso em: 11 nov. 2008.

RODRIGUES Filho, Walter. **O Direito como campo de gozo e o laço social: Direito, psicanálise e o discurso psicanalítico**: uma crítica na razão jurídica. 2007. Tese (Doutorado em Direito) – Faculdade de Direito, Pontifícia Universidade Católica – São Paulo. Orientador: Tércio Sampaio Ferraz Junior. 2007 (não publicada).

RORVIK, David M. **Quand L'homme devient machine**. Trad. de Cesar Maelzel. Paris: Albin Michel, 1973.

ROSENBERG, Jerry M. **Dictionary of artificial intelligence and robotics**. Toronto: John Wiley & Sons, 1986.

ROVER, Aires José. **Dados e informações na internet**: É legítimo o uso de robôs para formação de base de dados de clientes? Disponível em: <http://www.infojur.ufsc.br/aires/arquivos/manole2aires.pdf>. Acesso em: 13 fev. 2009.

_____. **Direito, sociedade e informática: limites e perspectivas da vida digital**. Florianópolis: Boiteux, 2000.

_____. **Informática no direito**: Inteligência artificial. Curitiba: Juruá, 2001.

_____. **O Uso de técnicas computacionais inteligentes no domínio do direito**: *uma introdução*. Disponível em: <http://www.infojur.ufsc.br/aires/arquivos/porto%20IA%20introducao.pdf>. Acesso em: 13 fev. 2009.

_____. **Para um direito invisível**: superando as artificialidades da inteligência. Disponível em: <http://www.infojur.ufsc.br/aires/arquivos/direito%20invisivel%202005.pdf>. Acesso em: 25 fev. 2009.

RUBOT II The Rubik's cube solving robot. Vídeo. Disponível em: <http://www.youtube.com/watch?v=jkft2qaKv_o>. Acesso em: 02 maio 2008.

RUDIGER, Francisco. **Cibercultura e pós-humanismo**. 1.ed. Porto Alegre: Edipucrs, 2008.

RUIZ, Enric Trillas. **La inteligencia artificial**: máquinas y personas. Madrid: Editorial Debate, 1998.

RUSSELL, Stuart e NORVING, Peter. **Inteligência artificial**. Trad: Vandenberg D. De Souza. 2. ed. Rio de Janeiro: Editora Campus, 1991.

RUSSO, Cláudia A. M.; VOLOCH, Carolina M. Nosso lugar na diversidade biológica. *Ciência Hoje*. Darwin e a teoria da evolução: uma teoria que mudou o mundo. P. 44-49, vol. 44, jul. 2009

RUYER, Raymond. **A cibernética e a origem da informação**. Trad: Maria Helena Kühner. Rio de Janeiro: Paz e Terra, 1972.

SALMON, Felix et STOKES, Jon. Bull vs. bear vs. bot. *Wired*. New & Improved, p. 90-93, edição jan. 2011.

SANTA MARIA, José Serpa de. **Direitos da personalidade e a sistemática civil geral**. Campinas, SP: Julex Livros, 1987.

SANT'ANNA, Rubens et al. **Curso de cibernética jurídica**. Porto Alegre: Instituto dos Advogados do Rio Grande do Sul, 1974.

SANTOS, José; DURO, Richard J. **Evolución artificial y robótica autónoma**. México: Alfaomega Grupo Editor S.A., 2008.

SANTOS, Laymert Garcia dos. **A inteligência das espécies**. Disponível, quando do acesso, em: <http://www.estado.com.br/editorias/2007/09/23/cad-1.93.2.20 070923.30.1.xml>. Acesso em 04 de fev. de 2009.

SANTAELLA, Lucia. **Linguagens líquidas na era da mobilidade**. São Paulo: Paulus, 2007.

SAPARINA, Yelena. **A Cibernética está entre nós**. Trad. de Fernando Gouveia. Rio de Janeiro: Editora Saga, 1967.

SCHARFF, Robert. **Robôs e cérebros eletrônicos**. Trad: João Bosco Pitombeira de Carvalho. São Paulo: Flamboyant, 1967.

SCHELER, Max. **A situação do homem no cosmos**. Trad: Marco A. Casanova. 1. ed. Lisboa: Edições Texto & Gráfica, 2008.

SCIENTIFIC AMERICAN. **Como o cérebro cria a mente**. Em busca da consciência. 2. ed., n° 23, Portugal. Duetto.

SCIENCE & VIE. **Le siecle dês robots**. Hors Série. N. 247, Mondadori France, jun. 2009.

SEARLE, John. **A redescoberta da mente**. Trad: Eduardo Pereira Ferreira. 2. ed. São Paulo: Martins Fontes, 2006.

_____. **Mente, cérebro e ciência**. Trad: Artur Moura. Lisboa: Edições 70, 1984.

SETH LLOYD; NG, Y. Jack. **Computador buraco negro**. Scientific American Brasil, ano 3, n. 31, Editora Duetto, 2008.

SGARBI, Luciana. **Meu amigo, o robô**. *Istoé*. N. 2028, ano 31, Editora Três, set. 2008.

SHIMIZU, Heitor. **Robô, o filho pródigo**. São Paulo: Editora Terceiro Nome; Mostarda Editora, 2006.

SIBILIA, Paula. **O homem pós-orgânico corpo, subjetividade e tecnologias digitais**. Rio de Janeiro: Relume Dumará, 2002.

SILBERMAN, Randi. **Of two minds**. IEEE Spectrum Magazine. Jun. 2008. Disponível em: <http://www.spectrum.ieee.org/jun08/6246>. Acesso em: 20 fev. 2009.

SILVA, Carlos Ferreira da. **Humanos versus androides**. Guarulhos: Editora Parma, 2002.

SILVERMAN, Alexander. **Mind machine, e metaphor: an essay on artificial intelligence and legal reasoning**. São Francisco: Westview, 1993.

SIMHA, André. **A consciência, do corpo ao sujeito: análise da noção**: estudo de textos: Descartes, Locke, Nietzsche, Husserl. Trad: Ephraim Ferreira Alves. Petrópolis, RJ: Vozes, 2009.

SINGULARITY. Arquivo de vídeo tipo FLV. 14,2MB.

SINGULARITY institute for artificial intelligence. Arquivo tipo FLV. 24,1 MB. Disponível em: <www.singinst.org>. Acesso em: 12 fev. 2009.

SLUCKIN, W. **Cérebros electrônicos, princípios e funcionamento das máquinas de pensar**. Trad. de Alexandre Pinheiro Torres. Lisboa: Livro do Brasil, 1965.

SMITH, J. R. **Electric field imaging**. Ph.D. dissertation, MIT, Cambridge, MA, 1999; KARLSSON, N; JARRHED, J. O. **A capacitive sensor for the detection of humans in a robot cell**. *In:* Proc. IEEE IMTC Rec., p. 164-166, May 18-20, 1993. Disponível em: <http://ieeexplore.ieee.org/xpl/freeabs_all.jsp?tp=&arnumber=1703894>. Último acesso em: 22 mai. 2011.

SMITH, Will. Jennifer Hillner entrevista Will Smith. Entrevista.

Wired. New & Improved, p. 120,-122, jul. 2004.

SOUSA, Rabindranath V. A. Campelo. **O direito geral de perso-nalidade**. Lisboa: Coimbra Editora, 1995.

SOUZA, Valdemir Silva. **Redes neurais artificiais paracon-sistentes aplicadas no estudo de fraude à conta de clien-tes acessadas via "internet"**. Disponível em: <http://www.sbmac.org.br/eventos/cnmac/cd_xxviii_cnmac/resumos%20estendidos/valdemir_souza_ST1.pdf>. Acesso em: 02 fev. 2009.

STANOVICH, Keith E. **The robot's rebellion**: Finding meaning in the age of Darwin. Chicago: The University of Chicago Press, 2004.

STERLING, Bruce. **Tomorrow now**. *O Estadão online*. Disponí-vel, quando do acesso, em: <http://www.oesquema.com.br/traba-lhosujo/2010/12/06/bruce-sterling-julio-verne.htm>. Acesso em: 14 fev. 2009.

SUPIOT, Alain. *Homo juridicus:* ensaio sobre a função antropoló-gica do Direito. Trad. de Maria Ermantina de Almeida Prado Gal-vão. São Paulo: Martins Fontes, 2007.

SUSSKIND, Richard. **The future of law: facing the challenges of information technology**. *Nova York:* Oxford University Press, 1998.

SZANIAWSKI, Elimar. **Direitos de personalidade e sua tutela**. 2. ed.. São Paulo: Editora revista dos Tribunais, 2005.

TAPIA, Jorge R. Biton. **A trajetória da política de informática brasileira**. Campinas: UNICAMP, 1995.

TARSKI, A.; LUKASIEWICZ, J. **On the Concept of Following Logically**. Tradução de Tarski, 1936, por Stroińska e D. Hitch-cock. *History and Philosophy of Logic*. Editora 23, 2002.

TAUBE, Mortimer. **Os computadores**: o mito das máquinas pen-santes. Trad. de Ronaldo Sérgio de Biasi. Rio de Janeiro: O Cru-zeiro, 1967.

TAVARES, André Ramos. **Curso de Direito Constitucional**. 2. ed. São Paulo: Saraiva, 2003.

TECHNOLOGICAL Singularity. Arquivo tipo FLV. 3,07MB. Disponível, quando do acesso, em: <http://www.youtube.com/watch?v=ORreN1t7khQ>. Acesso em: 21 fev. 2009.

TEIXEIRA, José Horácio Meirelles. **Curso de Direito Constitucional**. Rio de Janeiro: Forense, 1991.

TEIXEIRA, João de Fernandes. **A mente pós-evolutiva**: a filosofia da mente no universo do silício. Petrópolis, RJ: Vozes, 2010.

_____. **Mente cérebro cognição**. 3. ed. Petrópolis, RJ: Vozes, 2008.

TELLES JÚNIOR, Goffredo. **Direito quântico**: ensaios sobre o fundamento da ordem jurídica. 7. ed.. São Paulo: Juarez de Oliveira, 2003.

TENÓRIO, Igor. **Direito e cibernética**. 2. ed. Brasília: Editora de Brasília S.Á., 1972.

TENÓRIO, Robinson Moreira. **Cérebros e computadores: a complementaridade analógico-digital na informática e na educação**. 4. ed. São Paulo: Escrituras, 2003.

TIERNEY, John. **Futurologista aposta que máquina inteligente e consciente surgirá em 2029**. *New York Times*. Disponível em: <http://g1.globo.com/Noticias/Ciencia/0,,MUL599290-5603,00.html>. Acesso em: 14 fev. 2009.

TISCORNIA, Daniela. **La rappresentazione della conoscenza**. *In:* ANGELI, Franco. (coord.). *Sistemi esperti giuridici: I' intelligenza artificiale applicata al diritto*. Milão: Franco Angeli Libri, 1989.

THE AUTOMATION OF SCIENCE. Disponível em: <http://www.sciencemag.org/cgi/content/abstract/sci;324/5923/85?maxtoshow=&HITS=10&hits=10&RESULTFORMAT=&fulltext=robot++ross+king&searchid=1&FIRSTINDEX=0&resourcetype=HWCIT> Acesso em: 06 abr. 2008.

Church- Turing Thesis. Disponível em: <http://plato.stanford.edu/entries/church-turing/>. Acesso em: 17 fev. 2008.

THE ECONOMIST. **Trust me, I`m a robot**. Disponível em: <http://www.economist.com/displaystory.cfm?story_id=7001829>. Acesso em: 01 ago. 2006.

_____. **When everything connects***: a 14-page special report on the coming wireless revolution. April 28 /May 4th 2007.

THE FIRST HUMAN KILLED BY A ROBOT. Disponível em: <http://www.thinkartificial.org/aesthetics/the-first-human-killed--by-a-robot/>. Acesso em: 26 fev. 2009.

THE PHILADELPHIA INQUIRER. Death on the job jury awards $10 million to heirs of man killed by robot at auto plant. 11 ago. 1983. Disponível em: <http://nl.newsbank.com/nl-search/we/Archives?p_product=PI&s_site=philly&p_multi=PI&p_theme=realcities&p_action=search&p_maxdocs=200&p_topdoc=1&p_text_direct-0=0EB295F7D995F801&p_field_direct--0=document_id&p_perpage=10&p_sort=YMD_date:D&s_trackval=GooglePM>. Acesso em: 26 fev. 2009.

TECH....IS IT THE FUTURE YET....ROBOT CARS. Arquivo Flv. Disponível em: <http://www.youtube.com/watch?v=3PWGzzcQNzM>. Acesso em: 12 fev. 2009.

TONONI, Giulio. A bit of theory: consciousness as integrated information. *IEEE Spectrum Magazine.* Jun. 2008. Disponível em: <http://www.spectrum.ieee.org/jun08/6315>. Acesso em: 20 fev. 2009.

TRANSHUMANIST QUOT IMMORTALITY. Arquivo FLV, 2,37MB.

TRIBE, Laurence. **Ten Lessons our constitutional experience can teach us about the puzzle of animal right**: the work of Steven M. Rise. Disponível, quando do acesso, em: <http://nabrlaw.org/Portals/10/PDF%20Files/Tribe_10ConstitutionalLessons.pdf>. Acesso em: 29 de março 2008.

TRILLAS, Enric. **La inteligencia artificial**: máquinas y personas. 1.ed. Madrid: Editorial Debate, 1998.

TURING, A. M. **Computing machinery and intelligence**. Disponível em: <http://www.loebner.net/Prizef/TuringArticle.html >. Acesso em: 20 abril 2004.

TURKLE, Sherry. **A vida no ecrã**: a identidade na era da internet. Trad. de Paulo Faria. Lisboa: Relógio D'Água Editores, 1997.

_____. **Whither psychoanalysis in a computer culture?** Originalmente apresentado no Sigmund Freud Society, Viena, em 6 maio 2002 e publicado no *KurzweilAl.net* em 23 oct. 2002. Disponível em: <http://www.kurzweilai.net/meme/frame.html?main=/articles/art0529.html>. Acesso em: 15 mar. 2008.

VANDEL, Jean-Gaston. **Atenção aos robots!.** Trad: Mário Henrique Leiria. Lisboa: Livros do Brasil. (Argonauta).

VASCONCELOS, Pedro Pais de. **Direito de personalidade**. Coimbra: Almedina, 2006.

VAZ, Rafael de Oliveira. **Sentimentos fabricados**. Revista filosofia, ciência & vida. Enigmas da consciência na filosofia da mente. Ano I, n°3, p. 39-45, Editora Escala.

VÁZQUEZ-SALCEDA, Javier et al. **From human regulations to regulated software agents' behavior**. Artificial Intelligence and Law, n.1, vol.16, mar. 2008.

VIDEIRA, Antonio Augusto Passos. **As descobertas astronômicas de Galileu**. *Revista Ciência Hoje*. Vol. 43, jan./fev. 2009.

VIDOSSICH, F. *et* FURLAN, O. **Dicionário de novos termos de ciências e tecnologias**: locuções, siglas, cruzamentos, empréstimos e acrônimos. São Paulo: Pioneira, 1995.

VINGE, Vernor. **Derradeira esperança**. *In:* Histórias de Robôs. Trad. de Milton Persson. V. 2, V.418, Porto Alegre: L&PM, Porto Alegre, 2007.(Coleção L&PM Pocket).

_____. **On the singularity**. San Diego, Califórnia: mar. 2008. Disponível em: <www.davidorban.com>. Acesso em: 12 fev. 2009.

_____. **What is The Singularity?** Disponível em: <http://webcache.googleusercontent.com/search?q=cache:2UA--AmSFT0J:mindstalk.net/vinge/vinge-sing.html+singularity+vernor+vinge&hl=pt-BR&ct=clnk&cd=1&gl=br&client=firefox-a>. Acesso em: 13 fev. 2009.

VOLKOV, G. **Era of man or robot?** The sociological problems of the technical revolution. Moscou: Progress Publishers, 1967.

WALDMAN, Harry. **Dictionary of robotics**. Nova York: Macmillan Publishing Company, 1985.

WALLACH, Wendell e ALLEN, Colin. **Moral Machines**: Teaching robots right from wrong. Oxford: University Press, 2009.

WARD, Peter. Que futuro espera pelo **Homo sapiens?** Scientific America Brasil. Evolução dirigida. Ano 7, n. 81, p. 59-60, Editora Duetto, fev. 2009.

WELBORN, Stanley. **Race to create a "living computer"**. Disponível, quando do acesso, em: <http://74.125.47.132/search?q=cache:GkVsrFC5jvIJ: members.fortunecity.com/y2kprepare/livecomp.htm+%E2%80%9CRace+to+Create+A+%E2%80%98Living+Computer%E2%80%99%E2%80%9D&cd=1&hl=pt-BR&ct=clnk&gl=br&client=firefox-a>. Acesso em: 09 de fevereiro de 2009.

WHAT Darwin didn't know. Armand Marie Leroi (dir). Tima Lambit (dir. E prod.). Richard Wilkinson (ed.). BBC. Londres: 2009. CD-ROM.

WHITBY, Blay. **Inteligência artificial**: um guia para iniciantes. Trad. de Cláudio Blane. São Paulo: Madras, 2004.

WICHT, Helmut. **O manto da consciência**. Mente e cérebro. Desvendando o cérebro. Edição especial n. 19, p. 36-41, Editora Duetto.

WIDER, Kathleen. **Emotion and self-consciousness**. *In:* KRIEGEL, Uriah; WILLIFORD, Kenneth et al. Self-representational approaches to consciousness. Cambridge: M.I.T. Press, 2006.

WIENER, Norbert e SCHADÉ, J.P. **Progress in biocybernetics**. New York: Elsevier publishing company, 1964.

WIENER, Norbert. **Cibernética e sociedade**: o uso humano de seres humanos. Trad. de José Paulo Paes. 9. ed. São Paulo: Cultrix, 1993.

_____. **Deus, Golem e Cia**: um comentário sobre certos pontos de contato entre cibernética e religião. Trad. de Leônidas Hegenberg e Octanny Silveira da Mota. São Paulo: Cultrix, 1971.

_____. **Cybernetics or control and communication in the animal and the machine**. La Vergne: Kessinger Publishing, 2010.

_____. **Ex-Prodigy: my childhood and youth**. Cambridge: The M.I.T. Press, 1953.

WILDMAN, Paul. **Blood sweat and gears: some present implications of cloning and other life futures**. Australian Rationalist. p. 33-37, n. 49, outono 1999.

WILLIAMS, Sam. **Arguing A.I.: The Battler for twenty – first – Century Science**. New York: Atrandomcom, 2002.

WILKS, Yorik. **Responsible computers?** Disponível em: <http://dli.iiit.ac.in/ijcai/IJCAI-85-VOL2/PDF/117.pdf.> Acesso em: 13 fev. 2009.

WILKS, Yorik; BALLIM, Afzal. Liability and consent. In NARAYANAN, Ajit; BENNUN, Mervyn (ed.). *Law, computer, science and artificial intelligence*. Nova Jersey: Ablex Publishing Corporation, 1991.

WILLFORD, Kenneth. **The self-representational structure of consciousness**. *In:* KRIEGEL, Uriah;
WILLIFORD, Kenneth et al. Self-representational approaches to consciousness. Cambridge: M.I.T. Press, 2006.

WIRED. Human being 2.0. New & Improved, jul. 2004

WILSON, Daniel. **How to survive a robot uprising**. China/ New York: Bloomsburry, 2005.

WORLD Business **Forum**. Disponível em: <www.davidorban.com>. 24 MB. Milão: out. 2007.

ZANDONELLA, Catherine. **Computação a frio**. *Revista Info Exame*. Viva na casa do futuro hoje. P. 80-84, Abril, dez. 2010.

ZORPETTE, Glenn. **Waiting for the rapture**. IEEE Spectrum

Magazine. Jun./ 2008. Disponível: em <http://www.spectrum.ieee.org/jun08/6311>. Acesso em: 20 fev. 2009.

www.ingramcontent.com/pod-product-compliance
Lightning Source LLC
Chambersburg PA
CBHW060822170526
45158CB00001B/56